古代歷史文化研究輯刊

五編

王明蓀 主編

第28冊

美國參謀首長聯席會議對華主張之分析
（1947～1950）

吳昆財 著

國家圖書館出版品預行編目資料

美國參謀首長聯席會議對華主張之分析（1947～1950）／吳昆
財 著 — 初版 — 新北市：花木蘭文化出版社，2011〔民100〕
目 2+228 面；19×26 公分
（古代歷史文化研究輯刊 五編：第 28 冊）
ISBN：978-986-254-441-9（精裝）
1. 中美關係　2. 美國外交政策
618　　　　　　　　　　　　　　　　　　　100000598

ISBN-978-986-254-441-9

9 789862 544419

古代歷史文化研究輯刊
五 編　第二八冊　　　　　　　ISBN：978-986-254-441-9

美國參謀首長聯席會議對華主張之分析（1947～1950）

作　　者　吳昆財
主　　編　王明蓀
總 編 輯　杜潔祥
印　　刷　普羅文化出版廣告事業
出　　版　花木蘭文化出版社
發 行 所　花木蘭文化出版社
發 行 人　高小娟
聯絡地址　新北市永和區中正路五九五號七樓之三
　　　　　電話：02-2923-1455／傳真：02-2923-1452
電子信箱　sut81518@gmail.com
初　　版　2011 年 3 月
定　　價　五編 32 冊（精裝）新台幣 56,000 元

美國參謀首長聯席會議對華主張之分析

（1947～1950）

吳昆財　著

作者簡介

吳昆財

學歷：淡江大學歷史系、台灣師範大學三民主義研究所碩士、中正大學歷史所博士。

經歷：雲林科技大學、嘉義師範學院兼任講師，南台科技大學通識中心專任助理教授。

現職：嘉義大學史地系專任副教授。

主要研究領域：中美關係、國共關係、美國外交史、中國現代史。

提　要

　　1947 至 1950 年是美國與中國外交關係最為關鍵的年代，如何面對瞬息萬變的中國政局發展，一直是美國思索的外交主要議題之一。基於共同的反共理念，美國當然希望國民政府能穩定中國政情，以便對抗蘇聯在東亞的擴張。但事與願違，國共在戰後的對抗過程中，國民黨由最初的勝券在握，其後是敵長我消，平分秋色，結局則是風雲變色，中共席捲中國，接著中國赤化，國府不得不撤退來台，以台灣作為維繫政權的最後據點。

　　面對這種詭譎多端，甚至始料未及的中國政局，的確深深困擾著杜魯門政府的對華外交政策。姑且不論中國內戰的結果為何，如何探究這個時期杜魯門政府對華政策的制定，以面對風雲莫測的中國政局，就是一項頗具意義的課題。質言之，美國對華政策的制定，存在著外交與軍事上的考量，前者以國務院為主導，後者則以國防部與其所屬的參謀首長聯會議為諮詢對象。

　　本文主要的研究目的集中在探究美國軍方，尤其是參謀首長聯會議，無論國府是在中國大陸，或是在台灣，究竟以何種角度協助杜魯門政府制定對華政策。總之，探究軍事單位在美國政府對華政策上所扮演的角色，和傳統上以國務院的角度為切入點，是有所分別的，這也是本文主要的企圖心。

目次

緒　論

一、研究動機與目的

　　本文主要在探討美國軍事單位「參謀首長聯席會議」（Joint Chiefs of Staff），於 1947～1950 年，在對華政策制定上所扮演的角色。為何選擇研究這個軍事單位，動機主要有三：

　　其一，中美學界在研究 1947～1950 年美國對華政策時，大多著重對國務院的探討，而少有分析軍方之角色與態度。故美國軍方在對華政策所扮演的角色，有進一步研究價值。

　　其二，參謀首長聯席會議具有外交與軍事的兩重角色。當代知名的政治學者杭亭頓（Samuel P. Huntington）曾經歸納杜魯門（Harry S. Truman）時代對外關係的四股主要決策者：（一）杜魯門總統本人；（二）外交體系中的高層領導階人，如國務卿馬歇爾（George C. Marshall）以及艾奇遜（Dean Acheson）等人；（三）國務院中的單位如政策計劃處（Policy Planning Staff），與職業外交人員如肯楠（George F. Kennan）等；（四）軍方。〔註1〕這四股主力構成杜魯門政府的外交團隊，其成員的專業背景可以區分成軍事與外交層次。參謀首長聯席會議以軍方的身份，卻同時參與美國對外政策的制定，所以此機構的雙重性質，亦頗值得研究。

　　其三，在對國民政府的態度上，軍方較國務院要來得友善。〔註2〕不論是

〔註 1〕 Samuel P. Huntington, *The Soldier and the State -- The Theory and Politics of Civil-Military Relations* (Cambridge, Massachusetts: Harvard University Press, 1985), pp. 379~382.

〔註 2〕 事實上，理想主義與現實主義是美國外交的兩大流派，而以後者為主。理想

對國府在大陸時期，或是 1949 年退守台灣之後，國防部長詹森（Louis Johnson）、參謀首長聯席會議、前方戰區司令等，都比國務院對國府要來的友好（友善的原因容待後敘）。故軍方對中國與國府的考量，也值得深入探討。

　　基於上述的三種動機，本文將就 1947～1950 年間，參謀首長聯席會議在美國對華政策上的主張與態度深入分析，並探討其與國務院的互動關係。

二、研究文獻與範疇

　　本文所採取的文獻資料來源有三：其一是政府出版品、檔案，如參謀首長聯席會議的檔案，以及國務院的美國外交文件等。其二是重要當事人如李海將軍（William D. Leahy）、馬歇爾、杜魯門以及艾奇遜等人的個人著作、傳記等。其三是專書與研究成果。

　　在政府出版品以及檔案方面，最主要的史料有二個，其一是 *Foreign Relations of the United States*。其中收錄不少有關參謀首長聯席會議與中國的重要文獻。不過因 *Foreign Relations of the United States* 是由國務院所出版，所以收錄文獻的觀點以外交系統為主，軍方的意見則屬次要。其二為 *Record of the Joint Chiefs of Staff*。〔註3〕此批檔案由 University Publication America, Inc.以微卷的形式發行。此微卷中的第二部分包括 1946～1953 年的遠東，其中主要為戰後的中國。此微卷主要是根據參謀首長聯席會議的檔案，內容除與 *Foreign Relations of the United States* 重疊部分之外，另有如聯合軍事顧問

　　主義本來就不是美國外交的主軸，類似賽珍珠（Pearl Buck）對中國所懷有的特殊感情，或者二十世紀初，美國傳教士曾想把中國基督教化的理想主義，在外交政策並不多見。美國的立國者警告，在進行外交政策時，不可以對於特殊的國家進行長期與頑固的敵對態度。同時也不可對其他國家賦予永久的感情，換言之，就是要盡力摒除不切實際的理想主義。美國首任總統華盛頓曾在著名的告別演說（Farewell Address）中，明白告戒美國民眾：「一國對於他國有熱情的喜愛，也一樣的能產生各種壞處。由於對於所喜愛的國家的同情，遂幻想彼此有共同的利益，實則所謂共同利益僅是想像的，而非真實的，於是把他人的仇恨灌注於自己，結果遇他國與人發生爭執或戰爭時，自己並無充分的理由，而亦陷入其中……我們處理外國事務最重要的原則，就是與他們發展商務關係時，盡量避免與之發生政治關係。」孫同勛譯，《不朽的美國歷史文獻》（台北：新亞出版社，1976 年），頁 48～49。

〔註 3〕至於國府檔案中有關美國軍事顧問團，可以參考國史館的所藏的《蔣中正總統檔案》，以便和美方資料互證，尤其本文在第陸章的美國軍事顧問團中，會運用《蔣中正總統檔案》作為佐證。

團等史料。

　　除官方的史料以外，也參考重要人物的著作，除杜魯門總統、馬歇爾將軍、艾奇遜國務卿等人外，此時期參謀首長聯席會議兩位成員也有個人作品。其一是參謀首長聯席會議的首位臨時主席李海（William D. Leahy）的 *I Was There*。此書雖然以二戰結束之前爲主，不過文中涉及不少作者對中國、蔣介石的意見。其二爲布萊德雷（Omar N. Bradley）的 *A General's Life*，布萊德雷是這個單位首任的正式主席，他於 1949 年接替李海成爲正式參謀首長聯席會議的主席。他在參謀首長聯席會議對華政策，尤其是對台的評估上，扮演著主導的角色。至於專書與研究成果，容後再敘。

　　由於過去中文學界對於參謀首長聯席會議的介紹與討論均很少，故本文對此一機構，也作一概略的探討，以便於呈現參謀首長聯席會議的特質。

　　此外，除了對此機構之發展、組織、職掌加以探討外，本文亦對參謀首長聯席會議中之靈魂人物——主席加以分析，因該組織的主席能出席國家安全會議，代表軍方專業立場表示意見，故參謀首長聯席會議之主席的角色特別值得注意，而在此期間的二位主席李海（1942～1949）、布萊德雷（1949～1953），均在對華政策上有特別的立場，故本文除分析該組織的整體對華態度外，亦將另闢專章分析李海與布萊德雷的對華態度與主張。

　　本文的研究斷限是 1947～1950 年，所以選擇這四年進行研究，原因有二：

　　（一）1947 年正好是參謀首長聯席會議正式成立，該組織被法律授權可以參贊總統進行外交與軍事的規劃。

　　（二）1950 年則是韓戰爆發，韓戰可以被視爲是美國對華政策的轉捩點。不過本文限斷的前後數年，其他的事件若與本文相關也會加以分析。

三、章節安排

　　本文除緒論與結論外，全文共分七章。第一章主要是針對文獻與研究成果進行分析探討。由於參謀首長聯席會議是美國政府的一個重要軍事單位，美國學界對此機構的研究頗爲豐富，故研究成果分析上，將以美方的著作爲主。以時間爲經，組織發展爲緯，交叉討論以呈現過去學界對此組織之研究。

　　第二章探討戰後美國的外交策略。將論述美國從戰前的孤立政策到戰後的全球主義，其間的轉變過程是如何考量，同時美國在推展全球主義之際，

如何面對來自以蘇聯爲首的共產集團嚴峻挑戰和重重阻礙。〔註4〕

第三章，則是分析參謀首長聯席會議的源起、成立、運作以及改組。

第四章，分析1947～1948年，參謀首長聯席會議的對華政策。由於參謀首長聯席會議能在杜魯門政府的外交決策過程中表示立場與意見，因此掌握其對中國的看法，有助釐清華府的對華政策。本章將追索「參謀首長聯席會議1721系列文件」（JCS-1721）、「國家安全會議第22、34號文件」（NSC-22、NSC-34）之擬定與內容，以評估參謀首長聯席會議在美國對華政策之立場與影響。

第五章，分析1949～1950年，參謀首長聯席會議的對台看法。由於中共從1948年底，在大陸取得全面性的勝利，國府於是從1949年起，開始退守到台灣。國務院事實上已放棄台灣，有坐待「塵埃落定」之打算，但參謀首長聯席會議卻在此時爲杜魯門政府提出它的對台主張。本章將討論其在美國對台策略上之建議，並就此分析其在美國外交上之影響力。

第六章，論述參謀首長聯席會議如何規劃美國在華軍事顧問團。美國在華軍事顧問團，對於戰後中國軍事的重整與建構，具有相當重要的意義。它除了代表美國願意以軍事方式協助國民政府建立現代化軍隊外，還象徵美方對國民政府的支持。顧問團起源於1945年蔣介石主動向華府提出，卻延宕到1948年十一月，始在南京正式運作。不過當顧問團甫抵中國，國共內戰已近尾聲，致使顧問團未能發揮功效，並於同年十二月就結束它在華的任務，離開中國。顧問團的規模、性質、任務等，可以說是由參謀首長聯席會議一手策劃的。故藉對此顧問團進的探討，可以進一步探究參謀首長聯席會議的對華理念。

第七章，分析首任臨時與正式的參謀首長聯席會議主席李海和布萊德雷，其對國民政府的看法。根據規定參謀首長聯席會議主席雖然位高權重，但他卻不能逾越該組織的共同決議，換言之，主席的職權只不過在執行該組

〔註4〕 孤立主義一直是二次世界大戰以前美國的外交的一個重要傳統。就以一次世界大戰直到二次世界大戰前的美國對外政策而論，華府希望透過二個方法維持全球的和平，其一是試圖運用國際間所簽定的條約，例如1922年在華盛頓所簽署的四國公約、五國公約以及九國公約。其二則是希望利用各地區的主要強權，如在歐洲借重英國，在東亞則以日本爲主。總之，在孤立主義的指導下，美國寄望運用這兩種方法維繫全球和平，其重要的考慮不外乎是要儘量避免美國捲入國際政治之中，以保持美國孤立的傳統。

織的主張。但不同的主席，基於個人的對華主張，在該組織制定對華政策過程中，肯定會產生影響力。故本章分析李海與布萊德雷兩人的對華主張與態度，可以得出那一位的理念是較有利於國民政府。〔註 5〕同時，由分析李海與布萊德雷，更可以顯示此時期參謀首長聯席會議的對華態度。

〔註 5〕 這二位主席在對華政策上均曾展現個人的主張，前者對國民政府的支持遠大於後者，前者的理想色彩也遠大於後者。其實，歷來不少美國對華政策的主導者在面對中國問題時，也都是在理想與現實主義之間選擇。舉例而言，如同學者柯瑞（Roy W. Curry）在分析威爾遜總統的遠東外交政策時，他指出威爾遜雖帶有宗教理念與改造中國的理想主義色彩，不過究竟威爾遜還是抵不過遠東地區的強權政治，最後是現實戰勝了理想主義。Roy W. Curry, *Woodrow Wilson and Far Eastern Policy, 1913~1921* (New York: Bookman Associates, 1957), pp. 311~322.

第一章　文獻分析

　　1947～1950 年間，中美關係上產生了許多頗具重要的史事，其中有矛盾、衝突與合作，深深影響日後中美之間的互動。故中外學者曾對於這一時期的研究，積極投注不少的心力，也有相當的研究的成果。例如 Suzanne Pepper, *Civil War in China: The Political Struggle, 1945~1949* (Berkeley: University of California Press, 1978); William W. Stueck, Jr., *The Road to Confrontation -- American Policy toward China and Korea, 1947~1950* (Chapel Hill: The University of North Carolina Press, 1981); Steven I. Levine, *Anvil of Victory: The Communist Revolution in Manchuria, 1945~1948* (New York: Columbia University Press, 1987); June M. Grasso, *Truman's Two-China Policy* (New York: M. E. Sharpe, Inc., 1987); David M. Finkelstein, *Washington's Taiwan Dilemma, 1949~1950 -- From Abandonment to Salvation* (Maryland: George Mason University Press, 1993)等都是非常傑出的著作。本文在分析 1947～1950 年中美關係的研究成果上，主要採取下列三個方向：

　　第一是以時間的斷限來取捨。本文在進行成果分析時，選取之對象主要時間斷限集中在 1947～1950 年。不過許多著作都是橫跨在此一時期之上，例如 Lewis M. Purifoy, *Harry Truman's China Policy -- McCarthyism and the Diplomacy of Hysteria* (New York: A Division of Franklin Watts, 1976); Gordon H. Chang, *Friends and Enemies -- The United States, China, and the Soviet Union, 1948~1972* (Sanford, California: Stanford University Press, 1990); Tomas J. Christensen, *Useful Adversaries: Grand Strategy, Domestic Mobilization, and Sino-American Conflict, 1947~1958* (Princeton: Princeton University Press, 1991);

Shu Guang Zhang, *Deterrence and Strategic Culture -- Chinese-American Confrontations, 1949~1958* (New York: Cornell University Press, 1992)等，亦將一併予以探討。

　　第二是研究的領域。早期學者的研究根據所能掌握的史料，往往把焦點放在政治、外交方面。例如，學術界曾有一段很長的時間把二十世紀初至 1930 年代的中美關係作為研究的對象。〔註1〕其後，學界又將焦點轉移至戰時的中美關係，因為他們認為戰時的中美關係，關係到美國捲入日後東亞近數十年的外交與軍事糾葛之中。〔註2〕學者也關心到美國如何把中國帶入國際政治體系之中，羅斯福總統如何提昇中國的國際地位，戰時國際會議與中美外交的關係，以及美國如何援助中國，對抗日本等，〔註3〕這些都屬於政治、外交的

〔註 1〕關於此時期的主要著作可以參考 A. Whitney Griswold, *The Far East Policy of the United States* (New Haven, Connecticut: Yale University Press, 1937); Dorothy Borg, *American Policy and the Chinese Revolution* (New York: the Macmillan Company, 1947); Roy Watson Curry, *Woodrow Wilson and Far Eastern Policy* (New York: Bookman Associates, 1967); Arthur Waldron, *How the Peace Was Lost :The 1935 Memorandum -- Development Affecting American Policy in the Far East* (Stanford California: Stanford University, 1992)，尤其是 Arthur Waldron 的著作值得注意，此一著作主要根據曾於 1925～1929 年任職美國駐華公使馬慕瑞（John Van Antwerp MacMurray），在 1935 年所寫的一份備忘錄為主，進而分析美國的遠東政策。本書主要分成二個部分，第一部分是備忘錄的背景介紹；第二部分則是備忘錄的全文。作者指出一個重要的論點，馬慕瑞認為日本並不是如當時美國大部分人所想像的，是導致亞洲大戰的惡棍。日本在 1930 年代的外交政策，並不存在著軍國主義思想，而是一直希望遵守 1922 年的華盛頓條約。而它之所以會對發動 1931 年的「九一八事變」，主要是因為其他國家的行為不斷的破壞華盛頓條約所致。而這些國家則包括中國與美國。Ibid., p. 2.很明顯的，馬慕瑞認為「九一八事變」，錯不應在日本，而是亞太其他國家違反了國際條約，這些國家也需負起責任。儘管馬慕瑞的備忘錄似乎對中國的外交政策，多所指謫。但如作者所言，備忘錄已成為此時外交事務的經典之作，而柯立芝總統（Calvin Coolidge）更盛讚馬慕瑞是「我們的最高中國專家」。Ibid., pp. 8~9.質言之，此書頗具參考的價值。

〔註 2〕Warren I. Cohen ed., *Pacific Passage -- The Study of American-East Asian Relations on the Eve of the Twenty- First Century* (New York: Columbia University Press, 1994), p. 165.

〔註 3〕關於國際會議與中美外交的關係，可以參考，李榮秋，《珍珠港事變到雅爾達協定期間的美國對華關係》（台北：東吳大學中國學術著作獎助委員會，1978 年），Richard L. Manser, *Roosevelt and China: Form Cairo to Yalta* (Pennsylvania: Temple University, 1987)。有關於美國對華的軍事與經濟援助可參考 Arthur N. Young, *China and the Helping Hand: 1937~1945* (Cambridge, Massachusetts: Harvard University Press, 1965)；葉偉濬，《戰後美國軍經援華之研究（1946～

範疇。故可見許多皆採傳統研究途徑，著重在分析政府間的外交關係。

　　但 1980 年代以後，學術研究的範疇有擴大之趨勢，除傳統的政治、外交領域以外，學術界把關注擴展到其他橫向面上，例如同時期中美知識份子、新聞界以及教會等在中美關係上所扮演的角色。學術研究的範疇所以會有大幅度的進展，主要受到三項因素所促成：其一是科際整合；〔註4〕其二是史料開放已朝向自由化；〔註5〕其三是國際外交的和解。〔註6〕

1949）》（台北：中國文化大學中美關係研究所碩士論文，1981 年）；李文志，《美援來華（1946～1948）之政治經濟研究——歷史結構的觀點》（台北：台灣大學政治學研究所碩士論文，1989 年）；文馨瑩，《經濟奇蹟的背後——台灣美援經驗的政經分析（1951～1965）》（台北：自立晚報出版社，1990 年）；陳俊宏，《美國對華經濟援助之研究（1937～1948）》（台中：東海大學政治學研究所碩士論文，1995 年）；沈慶林，《中國抗戰時期的國際援助》（上海：上海人民出版社，2000 年）等。值得一提的是沈慶林的著作，此文與其他著作不同處，在於它不但注意到美國對中國的援助，同時也全面的分析各國政府，乃至民間人士的對華援助，這在此研究範疇中是相當罕見而且突出的著作。

〔註 4〕 史學界大量運用社會學科的研究方法，例如外交史學者借用威斯康辛派的理論（Wisconsin School）。Nancy B. Tucker, "Continuing Controversies in the Literature of U. S.-China Relations Since 1945", Warren I. Cohen ed., *Pacific Passage -- The Study of American-East Asian Relations on the Eve of the Twenty-First Century* (New York: Columbia University Press, 1994), p. 214。另外也可參考陳寶鈴所著，《美國對華政策之研究（1947～1950）——以紐克特蘭國家利益架構分析》（台北：淡江大學美國研究所碩士論文，1990 年），都是借用社會科學的例子。也有學者把觸及面延伸到中國內部如何看待中美關係，關於中國社會如何看待此階段的中美關係，可以參見 Helen Esther Fleischer Anderson, *Through Chinese Eyes: American China Policy, 1945~1947* (Charlottesville, Virginia: University of Virginia, 1980)。有學者則把焦點放在美國國會以及國內政治團體對行政部門的壓力，關於美國國會如何影響行政部門的中國政策，可以參見 James Alan Fetzer, *Congress and China* (Michigan: Michigan State University, 1969)。同時，學界也越來越重視輿論所發揮的影響力。關於美國輿論界對於華府的中國政策，可以參考，張慶琪，《紐約時報的對華政策（1945～1949）》（台北：輔仁大學歷史研究所碩士論文，1982 年）。質言之，1980 年代以後的研究範疇可謂是包羅萬象。許多新的學科，新的研究方法與理論，被導入歷史領域，以期突破傳統研究的窠臼與限制，進而提出新的觀點與創見。也因為這些科際整合的應用，與大量史料的解禁，使得1980 年代以後的作品，往往更為成熟。另外一個差異點，就是 1980 年代以來的學者在分析研究時，除了注意重要歷史人物與事件之外，也非常重視政策制定時的文化、經濟、心理與社會等諸多背景。Warren I. Cohen ed., *Pacific Passage -- The Study of American-East Asian Relations on the Eve of the Twenty-First Century*, p. 214.

〔註 5〕 無論是美國，大陸與台灣三方面皆有大量新史料的開放。早期由於此段歷史

第三是主要研究者的國籍，這以美國、台灣與大陸三個地區爲主。本文在分析時，儘量把這三個地區，同時期，同領域的作品，作比較分析。

第一節　有關參謀首長聯席會議著作的研究分析

本文首先分析最近幾年來學術界中，有關於參謀首長聯席會議的論著。〔註7〕此方面之研究以美國方面學者爲主。若歸納有關撰述參謀首長聯席會議的博士論文與專書，可分爲二大範疇：（一）著重於分析這個組織如何參與美國全球戰略的規劃，以及區域性戰爭。（二）至於專書部份則集中在論述參謀首長聯席會議的組織結構與制度，他們與上層領導階級的互動，以及這個組織未來的可能發展。

第一個範疇主要以博士論文爲主，包括：Lester J. Foltos, *The Bulwark of*

〔註6〕的研究，存在諸多的禁忌，如事涉國家安全與軍事機密，當事人皆還未謝世等因素，因而使得這時期的學術受到局限。雖然八十年代以後的兩岸官方檔案的逐步開放已有一定的成果，台灣方面也有檔案法的制定。不過，就如同有中共學者所直言，現在中美關係史主要還得依靠美國的官方檔案與私人資料。這顯然不是一種正常的現象。所以學者建議，中共相關部門應該有計劃地、分期地、分批地出版一批檔案資料。汪熙、王邦憲著，〈我國三十五來的中美關係史研究〉，收錄於復旦大學國際政治系編，《美國研究》（上海：復旦大學出版社，1986年），頁8。總之由於時空的轉移，當此階段的人物逐漸走入歷史，以及意識型態的減輕等，形成有利學術研究的大環境，遂促成諸多的官方檔案史料以及個人資料的問世。許多學者就在這種前所未有的時空環境下，利用眾多的資料，和新的研究方法，撰述出不少與早期截然不同的作品。

〔註6〕由於國際社會上冷戰的結束，蘇聯與東歐共產主義的解體，全球外交的舒緩，進入後冷戰時代。大陸方面從1978年以來的改革開放，藉由新檔案的公布，以及政治環境的放寬，有較週延與深入的學術性著作。汪熙、王邦憲著，〈我國三十五來的中美關係史研究〉，頁3。另外，有關於此時期大陸學界的著作分析，可參考王成勉，《馬歇爾使華調處日誌（1945年11月～1947年1月）》（台北：國史館，1992年），頁10～11。雖然改革開放的過程中，受到1989年的天安門事件的衝擊，政治的氣氛又趨緊繃，但還是有幾位年輕、受過良好訓練的學者，從事學術性的研究與著作。Warren I. Cohen ed., *Pacific Passage -- The Study of American-East Asian Relations on the Eve of the Twenty-First Century*, p. 214。至於台灣方面，也受到所謂「第三波民主化」的影響，政治環境的限制不再，學術研究的空間也受到相對保障。加上有不少接受西方學術訓練的學者，投入此一領域中，從而產生不少與往昔不同論點與範疇。

〔註7〕事實上，除了專著研究參謀首長聯席會議外，還有非常多的單篇文章與評論談及這個單位，但限於能力與時間，所以本文不作介紹。

Freedom; American Security Policy for East Asia, 1945~1950 (University of Illinois at Urbana-Champaign, 1980); 〔註8〕 Ohn Chang-il, *The Joint Chiefs of Staff and U. S. Policy and Strategy Regarding Korea, 1945~1953* (University of Kansas, 1983); Charles F. Brower, *The Joint Chiefs of Staff and National Policy: American Strategy and the War with Japan, 1943~1945* (University of Pennsylvania, 1987); 〔註9〕 Richard Yuping Wang, *The Joint Chiefs of Staff and United States Policy on China, 1945~1949* (Mississippi State University, 1987); Richard Mandel, *The Struggle for East Asia's Rimlands: Franklin D. Roosevelt, The Joint Chiefs of Staff, and U. S. Far East Policy, 1921~1945* (Cornell University, 1990)等。〔註10〕另外有二篇博士論文則分析參謀首長聯席會議的組織結構與制度，這包括芝加哥羅耀拉大學 John C. Binkley, *The Role of the Joint Chiefs of Staff in National Security Policy Making; Professionalism and Self-perceptions, 1942~1961* (Loyola University of Chicago, 1985)，以及 Gwendolyn M. Hall, *Managing Interservice Competition: The Relation between the Secretary of Defense and the Joint Chiefs of Staff* (University of Maryland College Park, 1992)等。

　　第二個疇範則以專書為主，如果以參謀首長聯席會議演進過程來分析上述專書，也可分成二個階段，而以 1986 年的高華德──尼古拉斯法案（The

---

〔註 8〕 作者在本文中詳細研究參謀首長聯席會議如何規劃戰後的遠東政策，所以對於想瞭解這個組織的對華政策，是頗有助益的。

〔註 9〕 Brower 的文章提及到參謀首長聯席會議在考量戰後遠東政策，也同時注意到如何定位中國的角色。

〔註 10〕 Richard Yuping Wang 的文章是目前唯一專論參謀首長聯席會議和美國對華政策的博士論文。此論文可以分為三個部分：（一）分析美國戰時的對華政策，以及參謀首長聯席會議如何規劃美國戰後的對華政策；（二）作者分別以 1946 年的馬歇爾使華與 1947 年的魏德邁調查團來詮釋參謀首長聯席會議所扮演的角色；（三）分析 1948～1949 年中國的危機，美國的反應，以及參謀首長聯席會議的建議。作者的結論是，雖然參謀首長聯席會議希望美國能夠給予中國更多的援助，不過由於在這幾年中，參謀首長聯席會議所扮演的角色都是邊緣的，故其在對華政策上的影響有限。其時軍事部門內的意見亦時有不同。所以在對華的決策過中，參謀首長聯席會議通常只在執行國務院所規劃的政策，而國務院才是對華政策的最後決定者。學界過去研究中美關係，較少兼及軍方，尤其是參謀首長聯席會議的角色。故此篇博士論文是把研究焦點放在參謀首長聯席會議上，也注意到該組織在對華政策上扮演的角色，這的確是一項新嘗試。惟作者並沒有充分突顯該組織在對華政策上的主張與特色。

Goldwater-Nichols Act of 1986）爲分界點。1986 年之前的專書，分析參謀首長聯席會議時，有兩個注意的焦點，即 1947～1949 年參謀首長聯席會議的成立，以及 1953～1958 年的重組期。而自 1986 年之後，學界則多以高華德——尼古拉斯法案爲研究對象。這些重要專書包括：Arthur O. Sulzberger, *The Joint Chiefs of Staff, 1941~1954* (Washington D. C.: Marine Corps Institute, 1954); 〔註 11〕　Lawarnce J. Korb, *The Joint Chiefs of Staff -- The First Twenty-Five Years* (Bloomington: Indiana University Press, 1976); 〔註 12〕　Schnabel, James F., *The History of the Joint Chiefs of Staff -- The Joint Chiefs of Staff and National Policy*

〔註11〕　此書把參謀首長聯席會議如何從無到有，如何從一個在戰時的過渡性軍事參謀組織，透過戰後一連串的立法程序，轉變爲正式的軍事單位。作者對此一長達數年的立法過程，和美國政府如何思考參謀首長聯席會議在國家安全上的定位，作出深入淺出的介紹。而從本書可以得知三項事實：其一，參謀首長聯席會議的設立及其合法化，是經過縝密的思考，以及長時期的演化後，其功能與職掌才逐漸確立的；其二，美國基於在戰後的國防需要，乃有積極改組軍事系統的構思。而這個組織剛好正是屬於國防系統的一環，所以它也成爲此波軍事改革的對象；其三，美國此波政治體制的改革，主要是以宏觀的國家安全作考量。而此時的政策制定者，認爲國家安全必然涉及到外交與軍事兩層次，所以加以整合，乃有國家安全會議的成立。而參謀首長聯席會議也被賦予襄助如國防部長等，以及統合美國各種軍事力量的職責。

〔註12〕　本書有系統的介紹參謀首長聯席會議前二十五年的歷史、人事變化、組織結構，以及這個組織的內部運作等。全書分爲四大部分，第一部分首先是介紹參謀首長聯席會議的內部構造，及與政府其他部門（如國家安全會議）之隸屬關係。不過作者對於此一組織的運作過程卻有所攻訐，認爲會議過程有二個缺失：一是程序過於煩瑣；另一爲參謀首長聯席會議的成員太過於本位主義，屢屢以各自軍種的利益爲考量前提。Lawarnce J. Korb, *The Joint Chiefs of Staff -- The First Twenty-Five Years*, p. 24。第二部分，爲系統的分析 1947～1974 年間，總共二十八位參謀首長聯席會議成員。內容包含他們的軍種、年齡、任期、出生地，以及由那位總統所任命和成員的小傳等。第三部分，作者透過杜魯門、艾森豪、甘迺迪以及尼克森等四個政府，詮釋參謀首長聯席會議在政策制定中所扮演的角色。並分析他們與國防部長、國會之間的關係。第四部分則集中韓戰和越戰之際，參謀首長聯席會議如何在諸多的危機中，執行軍事與外交的顧問任務。作者在結論中對於參謀首長聯席會議之未來角色感到相當的悲觀。他認爲未來參謀首長聯席會議所面臨的困境與挑戰，將更甚於往昔，但 1947 年的國家安全法案，以及其後的修正法案，並沒有統一軍事事權，特別是參謀首長聯席會議，故參謀首長聯席會議成員在重要的議題上，經常無法口徑一致。另外就是未來參謀首長聯席會議的成員，威望恐將遠不如二戰結束後的成員。例如艾森豪能夠在 1953 年打敗對手當選美國總統，而越戰的聯軍指揮官魏摩蘭（William C. Westmoreland）卻在南卡羅萊納州長初選裡敗北。Ibid., pp. 179~181.

(Wilmington, Delaware: Michael Glazier, Inc., 1979); Samuel P. Huntington, *The Soldier and the State -- The Theory and Politics of Civil-Military Relations* (Cambridge, Massachusetts: Harvard University Press, 1985);〔註13〕 Edward C. Meyer、Bernard E. Trainor, *The Reorganizations of the Joint Chiefs of Staff: A Critical Analysis* (Washington D. C.: Pergamon-Brassey's International Defense Publisher, INC., 1986);〔註14〕 Ronald H. Cole, *The Chairmanship of the Joint Chiefs of Staff* (Washington, D. C.: Joint History Office, Office of the Chairman of

---

〔註13〕 杭亭頓在本書中，從軍事組織角度來詮釋，包括國防部、各軍部以及參謀首長聯席會議等軍方單位，在政府策決過程所扮演的角色，以及軍事組織和其他行政部門間的互動關係。他對於參謀首長聯席會議的論述可以歸納爲以下幾點：（一）參謀首長聯席會議可以透過正式法律與非正式的個人管道，與總統接觸。儘管在 1947 年以前沒有所謂的正式管道，但這個組織能夠經由個人管道與總統保持暢通的接觸。而在 1947 年以後，則以正式的管道加強雙方的溝通。（二）無論參謀首長聯席會議是否透過立法正式成立，此一單位皆擁有不少體制內與體制外的權力。所謂體制外的權力，是指軍事以外的政治影響力。在戰時，雖然這個單位對政治的影響力頗深，但始終隱藏在軍事之下。不過戰後則將對政治的影響力透明化，參謀首長聯席會議遂開始參與更多的政治事務。（三）因爲參謀首長聯席會議的出現，產生許多意外的影響力，所以國會乃透過 1947 年的國家安全法案，希望這個軍事單位的職掌明確規範。方法有二，一是縮小軍事職責，限制它的軍事功能；二是將此組織單純化，使其不致涉入政治議題。但作者明白指出國會在理論與實際運作上的落差。質言之，立法後的參謀首長聯席會議，依然超越軍事，而在政治事務上具有重要影響力。（四）影響參謀首長聯席會議無法專心從事純粹軍事任務的重要因素之一是，1949 年在國防部長佛洛斯特的建議下，正式設立參謀首長聯席會議主席。因爲除非發生全面性的戰爭，否則在平時，總統並不需要諮詢參謀首長聯席會議，只需借重主席。故主席通常會將政府的政治意見向該組織轉達，同時也把該組織的軍事意見呈交總統。在此角色下，主席遂涉入了政治與軍事中，無法專心於軍事事務。Samuel P. Huntington, *The Soldier and the State -- The Theory and Politics of Civil-Military Relations*, pp. 318~319, 323~324, 433~435, 436.

〔註14〕 此一著作主要探討爲何在 1980 年代，美國國內會有一股改革參謀首長聯席會議的聲浪。根據曾是參謀首長聯席會議成員梅爾（Edward C. Meyer）的分析，指出有兩個因素導致此改革的浪潮，一是由於這個單位浪費太多時間在無謂且瑣碎的事情上，而無充裕的時間去思考美國對外的軍事戰略及作戰的規劃；二爲會議成員依舊受到各軍種本位主義的約束，無法跨越視野以提供給文人首長更爲準確的軍事建議。使得總統不得不在軍事部門以外，另覓諮詢的管道。Edward C. Meyer, *The Reorganizations of the Joint Chiefs of Staff: A Critical Analysis*, pp. 55~58. 本書在書後附有書目，依照總類、美國的軍事史、韓戰、越戰、個人傳記、戰後政策與計劃，以及參謀首長聯席會議的演化等類排列，以方便學界對研究成果之掌握。

the Joint Chiefs of Staff, 1995); Gordon N. Lederman, *Reorganizing the Joint Chiefs of Staff -- The Goldwater-Nichols Act of 1986* (Westport Connecticut: Greenwood Publishing Group Inc., 1999)，〔註15〕以上是重要的專書。總之，博士論文大抵強調參謀首長聯席會議與美國對外軍事戰略和外交的關係；專書則集中在分析參謀首長聯席會議於體制內的角色，及其演變的過程。

第二節　中美關係相關著作的分析

一、美國方面的研究

在第二次世界大戰後至 1950 年的中美關係研究上，美國學者研究的較爲廣泛與深入，他們應用各種研究路徑，廣泛採集各種英文史料，往往有新的論點問世。若僅就本文所採用的美方學界著作——從 Ernest R. May 到 John W. Garver——分析這些著作如何詮釋參謀首長聯席會議的對華政策，可以歸納下列幾項重點：〔註16〕

〔註15〕 本書之書目共分爲十二類，包含相關的政治，軍事和其他戰爭著作，對於日後的研究者，助益甚大。

〔註16〕 關於美國學界以何種學派詮釋 1940 年代的中美關係，可參考孫同勛，*"Some Trends in Interpretations of Sino-American Relations of the Late 1940's by American Historians"* (Taipei: *Sino-American Relations*), 24:4, 1998, pp. 15~49，莊榮輝，《美國學者對中美關係發展（1949～1958）的看法》（台北：中國文化大學歷史學研究所博士論文，2000 年）。簡言之，「失去中國」、「失去機會」，成爲美方學者詮釋此一階段中美關係的兩大主要的理論。傳統派學者，在冷戰時期，由於反共意高漲，因而對於中國爲何落入中共之手，提出強烈質疑與批判，最後遂有所謂「失去中國」理論的出現。此派的代表人物，可以顧貝克（Anthony Kubek）的著作，*How the Far East Was Lost: American Policy and the Creation of Communist China* (New York: Twin Circle Publishing C., Inc., 1972)，顧貝克明白指出，中共的勝利就是美國政府的天眞與出賣的結果。但到了 1960 年末、1970 年代初，由於中蘇共的分裂、美國在越戰中的失利，以及美國總統尼克森（Richard M. Nixon）、季辛吉（Henry Kissinger）等人，希望改善美國與中共之間的關係，種種因素的影響。此時，美國學者又提出所謂「失去機會」的理論，即在 1940 年代末，華府失去了一個和中共交往，並建立正式外交關係的機會。修正主義學者，可以唐耐心（Nancy B. Tucker）爲最典型，她的重要代表作，可見其 *Patterns in the Dust* (New York: Columbia University Press, 1983)。本文所分析的著作中，有的是屬於傳統派學者，如恩內斯特‧梅（Ernest R. May），有些則爲修正主義學派如孔華潤（Warren I. Cohen）、唐耐心與張少書（Gordon H. Chang）等人。除了上述兩大理論外，還有再修正學派，如入江昭（Akira Iriye），即試圖跨越傳統學派與修正主義，

（一）學界越來越重視參謀首長聯席會議在對華政策上有矛盾現象。有學者批評，這個單位一方面對國民政府抱持較高的善意；但另一方面，在美國對台的軍事行動上，卻不願正面表明立場，而將責任推給國務院。〔註17〕

（二）參謀首長聯席會議比國務院要早建議華府軍援國民政府。這個組織從美國的全球戰略來考量，早在1947年初即向美國政府報告，美國應該要援助中國，以免中國被赤化。〔註18〕

（三）華府內部在對華政策上彼此衝突。國防部與國務院的對華政策相互衝突，已為人所熟知。不過國防部內軍種間在對華政策上的衝突，也引起不少美國學者的討論。〔註19〕

以下分別分析美方的主要相關著作：

（一）在 1975 年，恩內斯特‧梅（Ernest R. May）出版 *The Truman Administration and China, 1945~1949* (New York: J. B. Lippincott Company, 1975) 一書，論及軍方和參謀首長聯席會議在對華政策上的角色，以及對美國政府軍援中國之建議。Ernest R. May 的論點可以歸納成以下數項：

其一，從制度而言，自1947年參謀首長聯席會議成立後，由於軍事的專業性，使得它在軍方擁有相當大的影響力。這主要是因為在軍事專業諮詢上，在美國政府內找不到其他可與這個單位相對應的組織以供選擇。作者認為尤其在對華政策上，參謀首長聯席會議是具有影響力。〔註20〕

其二，作者認為從已開放的史料顯示，魏德邁將軍（Albert C. Wedemeyer）以及彼時的第七艦隊司令海軍上將柯克（Charles M. Cooke）在對華軍事援助，以及國府對美國國家安全重要性的評估上，其影響力是不容忽視的。

其三，參謀首長聯席會議早在1947年的春天，即評估中共會佔領大陸，長期嚴重危害美國國家安全。但若論對外的軍事援助優先上，中國仍然被評估為次要的。

來詮釋此時期的中美關係。入江昭的論點，可參考其著作，*The Cold War in Asia: A Historical Introduction* (Englewood Cliffs, N. J.: Prentice-Hall Inc., 1974)。本文所以選擇以下著作為論述對象，主要著眼於這些著作，不論是傳統學派或修正學派，均有比較多的篇幅在詮釋參謀首長聯席會議。

〔註17〕持此一論點是 Paul James Heer 等人，Paul James Heer 的看法後敘。

〔註18〕持這種論點的有 Ernest R. May 及 Edward J. Marloda 等人，兩人的看法後敘。

〔註19〕持此一意見者，包括 Ernest R. May、William W. Stueck Jr.以及 Edward J. Marloda 等人，三人的看法後敘。

〔註20〕Ernest R. May, *The Truman Administration and China, 1945~1949*, p. 16.

　　其四，作者表示，在 1947 年六月九日，參謀首長聯席會議提出一項與先前迥異的報告。即參謀首長聯席會議認為中共是蘇聯的工具，而如果蘇聯進一步在東亞擴張勢力，則會嚴重威脅美國的軍事安全。所以參謀首長聯席會議建議美國應該放棄不干預中國的政策，並對國民政府進行可能的援助。那怕是極少的援助，都將鼓舞國府士氣，並相對弱化中共的氣焰。〔註21〕

　　其五，不僅注意國務院的系統，Ernest R. May 還經常分析到軍方對華的態度。他的研究指出，儘管在 1947 年冬天以後，美國對華政策已傾向不干預的原則，但此時軍方的涉華人員如柯克上將、魏德邁將軍、陸軍顧問團團長魯卡斯（John P. Lucas）等人，依舊偏向主張繼續軍援中國。〔註22〕

　　（二）孔華潤（Warren I. Cohen）的"Acheson and China" (Dorothy Borg & Waldo Heinrichs ed., *Uncertain Years: Chinese-American Relations*, New York: Columbia University Press, 1980)。此文論及 1949 年八月美國對台政策的重要轉折時，曾分析國務卿艾奇遜（Dean Acheson）與參謀首長聯席會議的互動。孔華潤表示，1949 年的下半期，艾奇遜已準備放棄台灣。因為在台的蔣介石部隊一再重蹈他們在大陸失敗的覆轍，因此美國在台的任何努力都將徒勞無功，並會使離間毛澤東與史達林的策略造成反效果。故艾奇遜在 1949 年八月，曾試圖說服參謀首長聯席會議接受他的棄台策略。不過參謀首長聯席會議並未接受此意見，反在稍後與麥克阿瑟將軍聯合起來要求杜魯門政府援助台灣，對抗共產主義的侵略。但艾奇遜在獲悉此一消息之後，即刻「壓迫」參謀首長聯席會議撤回此一建議。〔註23〕

　　（三）1981 年，William W. Stueck, Jr.出版 *The Road to Confrontation -- American Policy toward China and Korea, 1947~1950*。作者提及在 1947 年六月，參謀首長聯席會議將中國放在美國的全球戰略中思考，曾力主美國應該對國民政府進行軍援。不過參謀首長聯席會議的此一構想卻遭到國務院反對，理由是因國務院質疑美國是否有足夠的力量介入中國；以及蔣介石政府尚不願進行改革，以充分使用美援。〔註24〕

〔註21〕 Ibid., p. 17.至於艾奇遜如何「壓迫」參謀首長聯席會議放棄軍援台灣的建議，可參考本文第五章第二節第四項。質言之，艾奇遜以政治考量高於軍事考量，說服參謀首長聯席會議。

〔註22〕 Ibid., pp. 24, 28.

〔註23〕 Warren I. Cohen, "*Acheson and China*", pp. 28~29.

〔註24〕 William W. Stueck, Jr., *The Road to Confrontation -- American Policy toward China and Korea, 1947~1950*, pp. 44~45.

William W. Stueck, Jr.之書與其他中美關係的著作較爲不同之處，是他以不少的分量，分析軍方的對華政策。作者認爲參謀首長聯席會議在美國行政系統中，是相當支持國民政府的，始終建議必須給予國府應有的援助。不過作者也表示，雖然軍方在對華態度上，較爲支持國府，但海軍與陸軍對於如何援助中國，經常發生爭執的現象。例如，當時海軍與陸軍曾對於應該如何建構在華軍事顧問團之事上，彼此產生扞格。〔註25〕

作者也特別分析軍方內部在對台政策上存有分歧。例如，當 1949 年十月六日，國會通過七千五百萬美元援華法案，參謀首長聯席會議即進行可能的援助計劃。〔註 26〕但海軍方面隨即表示在國家安全會議未能建構具體的亞洲政策之前，反對任何的軍援建議，而陸軍與空軍卻反對海軍的看法。陸軍參謀長柯林斯（J. Lawton Collins）即刻訓令下屬「計劃與作戰署」（Plans and Operations Division）署長鮑特（Charles L. Bolte）少將著手規劃七千五百萬美元的用途。最後，鮑特建議把軍援金額分成二個部分，一爲支持在緬甸、泰國、印尼以及中國（包括西藏與台灣）現存合法且反共的政府；二爲把其中的四千萬美元作爲臨時預備金，其中二千萬撥交台灣的國民政府，另一半則給東南亞國家。而爲援助台灣，陸軍部長葛雷（Gordon Gray）還與布萊德雷主席商談，建議參謀首長聯席會議可以規劃一項調查，即能否和台灣方面進行軍事的連繫。〔註27〕

作者指出陸軍的國際署（International Branch）也倡議應該以有限的軍事手段，結合經濟與心理上的援助以挽救台灣。陸軍認爲軍援應該包含派遣一個軍事顧問團到台灣；給予台灣空軍與海軍必要的軍需品；在台灣附近的海域停駐美國軍艦；以及由華府公開宣布，美國此舉目標是在防止中國大陸攻擊台灣。陸軍的這一建議，最後經由陸軍少將格倫德（Alfred M. Gruenther）所主持的聯合戰略調查委員會（Joint Strategic Survey Committee，參謀首長聯席會議的下屬單位）呈交給參謀首長聯席會議討論。〔註28〕

與此同時，空軍方面對於台灣議題的關心亦不遑多讓。空軍參謀長范登堡（Hoyt Vandenberg）非常擔心台灣一旦落入共黨手中，所可能引發的嚴重後

〔註25〕 Ibid., pp. 60~61, 67.
〔註26〕 其他著作在分析美國政府對台政策差異性時，主要集中在軍方與國務院。
〔註27〕 William W. Stueck, Jr., *The Road to Confrontation -- American Policy toward China and Korea, 1947~1950*, p. 138.
〔註28〕 Ibid., p. 138.

果。范登堡認為目前在台灣的國府，駐紮著許多的飛機與空軍武器，若為敵人所掌握，必然會損害到南亞與東亞的軍事平衡狀態。所以范登堡建議，即使美國目前不需要以佔領台灣來捍衛美國的國家安全，但是有需要在台灣成立一個小規模的連絡團體，協助改善國府空軍士氣，並防止空軍的叛逃，且能蒐集必要的情報。〔註29〕

　　作者認為由於陸軍與空軍的援華主張，加上國會已通過軍援台灣法案，導致稍後參謀首長聯席會議在 1949 年十二月二十三日，向國家安全會議提出那份令國務卿艾奇遜不滿的軍援台灣建議報告書。〔註30〕作者也表示，國防部以及參謀首長聯席會議之所以會強調對台軍援，並不是希望把台灣建構成一個不可攻堅的基地。其主要目的是著眼於中共軍力的擴大，必將危及中南半島。而為牽制中共向南擴張，唯一途徑即為利用台灣來牽制中共。〔註31〕根據作者表示，本書的完成曾經與許多重要的當事人如遠東司司長白德華（W. Walton Butterworth）等，進行直接的訪談以及書信接觸。

　　（四）由 Russell D. Buhite 所著 *Soviet-American Relations in Asia, 1945~1954* (Norman: University of Oklahoma Press, 1981)一書，曾有兩處提及參謀首長聯席會議與中國的關係。一為 1947 年九月，當魏德邁奉命使華調查有關中國實際情況之際。參謀首長聯席會議及陸軍和海軍部長皆同意應該給予蔣介石更大的承諾。參謀首長聯席會議在當時的「國務院、戰爭部、海軍部三部聯繫會議」（State Department-War-Navy Coordinating）的報告中，強調現在已沒有時間質疑是否要對蔣介石政權進行直接且實質的軍事援助。因為失去中國，不僅意味蘇聯將控制中國，而且代表蘇共最終將掌控整個亞洲。而對美國的軍事利益而言，國民政府代表是亞洲地區唯一能夠對抗蘇聯擴張的力量。所以他們建議美國政府必須對國府提供充分的援助，以便協助國民政府徹底消滅所有的共產反對勢力。

　　對於國務院一再強調給予國府的任何援助，都會鼓動中國內戰的說辭，參謀首長聯席會議與陸軍和海軍部長也有不同的看法。因為國務院的此一說法在邏輯上，代表美國政府已不準備給國府任何的援助。儘管不同意國務院的對華政策，但由於彼時美國政府在外交政策的制定過程中，國務院的影響力凌駕於軍方，所以參謀首長聯席會議的援華策略就在國務卿馬歇爾，以及

〔註29〕Ibid., p. 138.
〔註30〕Ibid., p. 139.
〔註31〕Ibid., p. 150.

遠東司司長范宣德（John C. Vincent）等人的反對下而作罷。〔註32〕

　　至於對台灣的援助，參謀首長聯席會議從美國的全球戰略評估，並不認為美國可以對台灣採取明白的軍事行動。但也提醒了美國政府不能忽略台灣問題。因為台灣對美國是有相當的戰略意義，是以美國不能坐視中共佔據台灣，而援助國府對美國利益是有一定的貢獻。1949 年十二月中旬，參謀首長聯席會議以三點理由，建議應該對台灣採取更多的直接介入。一是根據軍事援助法案，政府已可以對台灣提供援助；二是他們相信援助國府，可以對中共政權的鞏固造成壓力；三是如果不援助台灣，恐會對東南亞反共的國家造成負面的影響，而這些國家正是美國賴以圍堵共產主義的盟友。〔註33〕

　　作者認為在對台評估上，參謀首長聯席會議具有關鍵性的作用。因為參謀首長聯席會議在軍事上的判斷能力非常專業，所以不只在軍方，甚至在國務院也擁有不小的影響力。作者提出一項假設，倘若在 1949 年年末，美國的軍力夠強大，則台灣在參謀首長聯席會議評估中，應該會和先前有所不同。換言之，其重要性也會大大的增加。作者在文中更指明參謀首長聯席會議的對台評估是會對艾奇遜造成一定的影響。〔註34〕

　　（五）1987 年 June M. Grasso 出版 *Truman's Two-China Policy* (New York: M. E. Sharpe, Inc., 1987)一書。關於參謀首長聯席會議的對華政策，作者有以下的論述：

　　其一，1948 年以後，由於美國的全球戰略，主要著重在歐洲，加上美國戰後軍費的縮減，所以參謀首長聯席會議評估美國很難對在台灣的國民政府，作出重大的軍事承諾。因為一旦如此可能會給予中共與蘇聯藉口，表示美國準備從中國手上奪取台灣。〔註35〕

　　其二，參謀首長聯席會議也強調台灣的重要性。在 1948 年底，代理國務卿羅維特（Robert A. Lovett）詢問該組織，如果台灣一旦落入中共之手，是否會對美國的國家安全造成威脅時，他們回答這將造成嚴重的不利影響，因為台灣的地理位置對於附近其他海域的國家，如日本、菲律賓、琉球以及馬來半島，具有潛在的重要性。為此，美國應該儘可能使用政治與經濟手段防禦

〔註32〕Russell D. Buhite, Soviet-American Relations in Asia, 1945~1954, pp. 60~61.
〔註33〕Ibid., pp. 98~99.當然參謀首長聯席會議此一軍援台灣的建議，在韓戰之前因遭到艾奇遜等人所反對而作罷。
〔註34〕Ibid., p. 101.
〔註35〕June M. Grasso, *Truman's Two-China Policy*, pp. 7~8.

台灣。〔註36〕

其三，參謀首長聯席會議在 1949 年對於台灣問題，提出二種佔領台灣方式的建議，即：一是以武力佔領台灣，但此舉可能要面對國民政府的抵抗，以及中共的攻擊；二是美國可以在和台灣當局協商後佔領台灣，但美國也因此必須承擔台灣內外安全的責任。參謀首長聯席會議的看法是，前項要求武力佔台勢必面臨來自台灣與中共的挑戰，結果是美國必須把主力放在台灣，造成被牽制的局面。他們認為後者雖然較前者為佳，不過必將導致美國對台灣的長期軍事承諾，這也不符合此階段的局勢。〔註37〕

其四，1949 年八月，美國國務院逕自發表中國白皮書時，參謀首長聯席會議與國防部長皆曾站在反對的立場，他們以美國國家安全的理由，強烈反對過早發佈白皮書。〔註38〕

其五，參謀首長聯席會議主張有計劃的軍援台灣。在 1949 年十二月二十三日，該組織曾向國家安全會議提出一份名為「不涉及以主要軍力，美國可能對台所採取的行動」的備忘錄。他們建議一項適度且受到監督的軍援計劃，並可與現階段的美國對台策略相互整合，只要國家安全會議同意，他們可以指示第七艦隊司令，即刻派遣軍事團前往台灣，但此一計劃卻因國務院的反對而結束。〔註39〕

最後，就如作者所言，直到韓戰爆發之前，參謀首長聯席會議還是在重述希望軍援台灣。在一份給國防部長詹森（Louis A. Johnson）報告中，他們表示，如果在台灣的國民政府能夠成功的抵抗共產主義，這符合美國的軍事利益。〔註40〕

（六）在 1989 年，哈定（Harry Harding）與袁明合編了一冊 *Sino-American Relations, 1945~1955 -- A Joint Reassessment of a Critical Decade* (Wilmington, Delaware: Scholarly Resources Inc., 1989)，此書係為文集，書中有兩處涉及參謀首長聯席會議與中國之關係的論點：

其一，無論對於大陸時期或在台灣的國民政府，參謀首長聯席會議始終

〔註36〕 Ibid., pp. 165~166.
〔註37〕 Ibid., pp. 90~91.
〔註38〕 不過就作者所言，儘管有參謀首長聯席會議，以及其他親國府的反對，杜魯門總統仍然大力稱許白皮書的內容，最後並同意如期對外公布。見 Ibid., pp. 83~84.
〔註39〕 Ibid., pp. 135~136.
〔註40〕 Ibid., p. 139.

認為應該給予適當的援助，以對抗共產主義的擴張。〔註41〕

其二，參謀首長聯席會議並不同意 1940 年代末期，國務院官員肯楠（George F. Kennan）提出佔領台灣的大膽建議。為此，該組織甚至以「國家安全會議第 37 號文件」（NSC-37/7），〔註42〕否定肯楠的看法。〔註43〕

（七）另有張少書（Gordon H. Chang）所著的 *Friends and Enemies -- The United States, China, and the Soviet Union, 1948~1972* (Stanford, California: Stanford University Press, 1990)，〔註44〕曾有幾處提到一項相當有趣的對華政策轉變。即當在 1950 年四月，美國發表「國家安全會議第 68 號文件」（NSC-68）的外交政策時，作者認為整個態勢對於在台國府的重要性出現正面的作用。作者發現該份文件對於行政部門應該以軍事的觀點來正視中國問題，已產生強化的作用。其後，五角大廈更不同意杜魯門總統在 1950 年元月五日的對華政策聲明，而主張對華政策需要更加的堅定。

與此同時，參謀首長聯席會議也反對承認中共。在 1950 年四月二十七日，主席布萊德雷表示他們反對承認北京政權，不同意與北京交往，因為這些舉動勢必損及東南亞和日本的抗共行動，且會影響到美國的安全。

但由於杜魯門政府仍舊不同意對國府進行新的軍事援助以及派遣顧問，布萊德雷乃再度表示該組織的不滿，他以幾項重要事件來證明台灣對美國安全的價值：一是共產主義在中國的擴張超出美國的預期；二是艾奇遜公開表示，蘇聯所支配的中共政權已告完成，東南亞的局勢亦將岌岌可危。為此，參謀首長聯席會議強調美國可以透過國民政府牽制中共的主力，以解東南亞之急。所以，國民政府在台灣持續對抗中共，是符合美國的軍事利益。〔註45〕

〔註41〕哈定與袁明合編，*Sino-American Relations, 1945~1955 -- A Joint Reassessment of a Critical Decade*, pp. 104, 146,148.

〔註42〕此文件最早出現在 *Record of the Joint Chiefs of Staff, Part II, 1946~1953, The Far East*, (Washington, D. C.: University Publications of America, Inc., Microfilm, 1979), J. C. S 1966/17, 16 August 1949, "The Position of the United States with Respect to Formosa".亦可參見 FRUS, 1949, IX, "Note by the Executive Secretary of the National Security Council (Souers)", pp. 376~378，或本文第五章第二節第四項。

〔註43〕哈定與袁明合編，*Sino-American Relations, 1945~1955 -- A Joint Reassessment of a Critical Decade*, p. 74.

〔註44〕唐耐心將此書視為頗具爭議性的著作。見唐耐心，《不確定的友情──台灣、香港與美國（1945～1992）》（台北：新新聞出版社，1995 年），頁 455。

〔註45〕Gordon H. Chang, *Friends and Enemies -- The United States, China, and the Soviet Union, 1948~1972*, pp. 70~71.

　　（八）Edward J. Marolda 所著的博士論文——*The U. S. Navy and Chinese Civil War, 1945~1952* (Washington, D. C.: The George Washington University, 1990)，〔註46〕是少數以軍方與中國內戰關係爲研究主題的論文之一。〔註47〕分析本文可以歸納出幾個重點：

　　其一，軍方是杜魯門政府對華政策執行的最前線，但是海軍的領導人，上至海軍部長佛洛斯特（James Forrestal），海軍作戰司長雷德福（Arthur W. Radford），下至前線指揮官如西太平洋艦司令隊白杰爾（Oscar C. Badger）等人看法，皆與杜魯門、馬歇爾及艾奇遜所制定的對華政策有所抵觸。

　　其二，因海軍與杜魯門的不同調，嚴重弱化、複雜化杜魯門政府對華政策的執行。〔註48〕

　　其三，海軍親蔣反共的言論，在外給予中共宣揚反美的最佳藉口。在內則被共和黨中的反對人士以及中國游說團（China Lobby），用來攻擊杜魯門政府的遠東政策。〔註49〕此亦激化美國與中共之間的敵意，甚至引發雙方在1950年代，幾乎走向戰爭邊緣。〔註50〕

　　其四，就海軍與陸軍的大戰略而言，作者認爲陸軍傳統上主張以歐洲爲優先；而海軍則把焦點關注在亞太地區。因此，海軍較其他的軍種更強調援助國民政府。由於基本上海軍認爲中共是蘇聯的傀儡，因而對華政策反對杜魯門政府的中立態度。〔註51〕

〔註46〕與本書相類似的，尚可參酌 Lee Stretton Houchins, *American Naval Involvement in the Chinese Civil War*, 1945~1949. (Michigan: University of Michigan, Ph. D. dissertation, 1971)。本書的內容主要集中在分析海軍如何執行協助國軍收復華北及東北的任務，以及海軍與共軍的交涉，例如在煙台的接觸。而較少觸及到海軍如何涉及對華政策的規劃與制定，也沒有分析海軍與陸軍在對華政策上的差異性。

〔註47〕海軍在對華政策的制定與執行過程中，尤其是1949年後的美國對台政策上，扮演相當吃重的角色，有學者如 Micahael L. Baron 研究美國海軍與中央情報局對台灣的介入相當深。Baron 指出美國海軍曾在台灣的報紙上刊登欲招收本地警察，以便爲將來爲美國海軍在台灣的基地工作。Michael L., Baron, *Tug of War: The Battle Over American Policy Toward China, 1946~1949*. (New York: Columbia University, 1980), pp. 285~286.

〔註48〕Edward J. Marolda, *The U. S. Navy and Chinese Civil War, 1945~1952*, pp. 5~6.

〔註49〕Ibid., p. 372.

〔註50〕Ibid., p. 7.

〔註51〕Ibid., p. 374.爲反駁海軍兩極化國際體系的概念，作者一再指出，海軍領導人的養成教育大都著重於專業的軍事層次，因而導致他們未能充分認知國與國之間的互動關係，軍事與社會、經濟和政治之間的連結。Ibid., pp. 18, 116.另

其五，美國的遠東海軍艦隊在中國的內戰中扮演著重要的角色。在 1945 至 1946 年之間，美國利用艦隊載運海軍陸戰隊及國府的軍隊前往華北地區，甚至爲國民政府提供海軍和陸軍顧問，以強化和中共的鬥爭力量。〔註 52〕在韓戰爆發後，也是因爲海軍第七艦隊的巡防，才化解了一場可能的國共衝突，否則國府是沒有能力對抗中共的入侵。〔註 53〕

其六，海軍的高層中有不少人認爲，中國的赤化的重要因素之一，爲美國對華的軍事援助不夠徹底。而美國對蘇聯的軍援，更促成蘇共協助中共在內戰中取得勝利。持此論調者，當以雷德福爲代表。〔註 54〕

本書也有不少之處觸及參謀首長聯席會議與對華政策之關係，若歸納其內容可區分爲戰略與戰術二大部分：一是參謀首長聯席會議支持國民政府，主張應該給予國府必要的援助，例如在 1947 年六月即告知杜魯門總統，除非對蔣介石提供支援，否則亞洲最後一道抵抗共產主義擴張的防線必將崩潰。〔註 55〕二是則主張在台的國民政府，在求自保的情況下，可以攻擊在大陸的中共軍隊，以及沿海地區。〔註 56〕另外，在 1950 年七月下旬，參謀首長聯席會議鑑於國民政府偵搜共軍能力之不足，要求立即授權遠東艦隊，得在北緯三十二度以南的大陸沿岸地區，進行偵察工作，以期能掌握共軍任何犯台的舉動。〔註 57〕

（九）1991 年，Tomas J. Christensen, *Useful Adversaries: Grand Strategy, Domestic Mobilization, and Sino-American Conflict, 1947~1958*。這是一本相當傑出的著作，本書有一個特點值得注意，它應用不少的問卷調查來分析當時美國民眾對於杜魯門中國政策的意見，〔註 58〕用以證明美國民眾強烈支持台灣

外，作者也表示海軍完全忽略中共的本質裡，是含有濃厚的民族主義色彩。Ibid., p. 373.作者最後指出海軍獲得一項經驗，即欲解決政治問題，可透過有效的軍事力量以達成目的。這種以軍事力量解決政治問題，於日後韓戰與台海危機中，都得到證明。Ibid., p. 375.

〔註 52〕Ibid., p. 6.

〔註 53〕Ibid., p. 162.

〔註 54〕Ibid., p. 86.雷德福更是一位「我們失去中國」（we lost China）學派的堅定信仰者。Ibid., p. 87.

〔註 55〕Ibid., p. 59.

〔註 56〕Ibid., p. 165.

〔註 57〕Ibid., p. 169.

〔註 58〕譬如在 1949 年底至 1950 年初，作者表示，美國民眾反對承認中共政權的比例，從二比一，增加至五比一。作者在附錄一，也附上七張 1947～1950 年的蓋洛普（Gallup Poll）問卷調查圖，頗有參考的價值。Tomas J. Christensen, *Useful*

對抗共產主義。〔註 59〕作者由問卷調查也突顯一個問題，美國是否應該把台灣劃線爲防禦共黨擴張的陣地？他認爲此一問題在韓戰前，不少的美國人雖然希望把台灣納入防線，不過他們也同意杜魯門不準備劃線台灣的策略。〔註 60〕但是韓戰爆發，華府完全摒除此一策略，美國民眾認爲台灣不但是抵抗共產主義最突出的地方，而且它也是全亞洲最容易對抗共產主義，防守台灣較韓國更易成功。所以，參謀首長聯席會議主席布萊德雷甚至表示，美國「也許會失去韓國，但必須保住台灣。」〔註61〕

（十）1992 年，康乃爾大學的 Shu Guang Zhang 出版 *Deterrence and Strategic Culture -- Chinese-American Confrontations, 1949~1958* 一書。書中多處論及參謀首長聯席會的對外主張，其中與國民政府有關，而且時間在 1949～1950 年，主要有幾處。分析作者論點確實有不少獨特的見解：

其一，參謀首長聯席會議在 1948 年十一月曾經評估，爲了因應美國未來可能會和蘇聯發生戰爭，所以在大陸赤化之後，台灣可以取代大陸的地位。〔註 62〕

其二，本書的特別之處，是作者指出參謀首長聯席會議與國務院都主張，雖然台灣對美國的安全具有重要價值，但他們卻認爲一個由共產主義控制的台灣，也不會對美國造成立即的危險。〔註 63〕

其三，作者指出華府評估台灣在幾年內不會赤化，他們的理由是蘇聯不可能爲了台灣，而以武力對抗美國，而且中共也沒有能力以水、陸兩棲作戰方式登陸台灣，毛澤東可能會以滲透、顛覆的方式對付台灣，而不會訴諸武力。〔註 64〕

（十一）Ronald L. McGlothien, *Controlling The Waves -- Dean Acheson and U. S. Foreign Policy in Asia* (New York: W. W. Norton & Company, 1993)。此書係在詮釋艾奇遜爲國務卿時期，美國與亞洲各國之關係。其中第四章與第五章分別在分析艾奇遜與台灣和中國的互動。作者把 1948 年十一月至 1950 年十

Adversaries: Grand Strategy, Domestic Mobilization, and Sino-American Conflict, 1947~1958, Appendix A.
〔註 59〕Ibid., p. 114.
〔註 60〕Ibid., p. 114.
〔註 61〕Ibid., p. 137.
〔註 62〕Shu Guang Zhang, *Deterrence and Strategic Culture -- Chinese-American Confrontations, 1949~1958*, p. 46.
〔註 63〕Ibid., p. 47.
〔註 64〕Ibid., pp. 47~48.

一月之間的美國對台政策分為五個時期。〔註65〕指出此期間的美國有四個團體涉及對台政策，分別是參謀首長聯席會議、國務院東亞司、中央情報局，以及國會中的親蔣勢力。在 1948 年十一月，參謀首長聯席會議從歷史上評估，強調台灣對日本的高度重要性，台灣五十年來，始終是日本糧食與蔗糖的供應地。所以美國若要保護日本，則必須確保台灣免於赤化。但雖然參謀首長聯席會議強調台灣在戰略上的重要性，但基於美國自身實力的考量，充其量只能使用外交與經濟的手段，再加上少量的海軍船隻來協助台灣。〔註66〕

作者認為參謀首長聯席會議對台有兩種策略：一是該單位把台灣視為是美國與日本的戰略性工具；二是他們的對台看法與艾奇遜頗為吻合，所以艾奇遜樂於採納。由於參謀首長聯席會議的評估與艾奇遜對台政策相似，故其成為艾奇遜在韓戰前用來作為對抗國會中親蔣集團的護身符。只要艾奇遜受到對台援助不力批評之際，他即會以此參謀首長聯席會議的專業判斷來求自保。〔註67〕他的態度直到韓戰爆發之後才有所改變，同意給予台灣必要的軍事承諾。〔註68〕

（十二）Douglas Brinkley 編的 *Dean Acheson and the Making of U. S. Foreign Policy* (New York: St. Martin's Press Inc., 1993)。此一文集的第五部分，則收錄唐耐心的文章——*China's Place in the Cold War: the Acheson Plan*。唐耐心主要分析，艾奇遜在 1949～1953 年之間如何應付中國局勢。她的論點包括：其一，艾奇遜已決定放棄台灣；其二，美國所以會在放棄國府之際有所掙扎，主要是美國的政治現實與理想主義交錯的結果；其三，艾奇遜決定以經濟交往面對 1949 年後的新中國；其四，艾奇遜的對華政策，直

〔註65〕這五個時期包括 1948 年十一月至 1949 年三月、1949 年三月至 1949 年十月、1949 年十月至 1950 年三月、1950 年三月至 1950 年六月，以及 1950 年六月至 1950 年十一月。見 Ronald L. McGlothien, *Controlling The Waves -- Dean Acheson and U. S. Foreign Policy in Asia*, pp. 88~133.

〔註66〕Ibid., p. 88.在韓戰之前，國務院也反對海軍進駐台灣。

〔註67〕Ibid., p. 134.作者在內文裡特別提及孫立人，以及魯斯克（Dean Rusk）等人，都曾在 1950 年左右，希望透過以政變的方式，終結蔣介石在台的領導地位，進而在台建立一個民主的政府。尤有甚者，作者指出，早在二次大戰期間，美國即曾經動過暗殺蔣介石的念頭。本文還提及，杜魯門除了以正式的管道與台灣接觸外，在此階段，還有 Albert Chou, William Jack Chou 兩兄弟，以及 Karl W. V. Nix 作為他與蔣介石之間的特使。見 Ibid., pp. 120~121, 122~125.

〔註68〕Ibid., p. 130.本書作者曾親自與幾位當時重要的外交人員，如魯斯克、尼茲（Paul H. Nitze）、肯尼（George Kenny），進行訪談，或者是書面的聯繫。

到韓戰爆發後才告結束；其五，唐耐心認為在韓戰時期，艾奇遜對於中共會如何反應美國派遣第七艦隊前往台灣，與美軍跨越北緯三十八度線，產生誤判。

唐耐心也論述軍方與國務院在對華政策上的對立關係。例如在 1949 年十二月，國防部長詹森與參謀首長聯席會議曾試圖利用「國家安全會議第 48 號文件」（NSC-48）軍援台灣，不過最後為國務院所反對而作罷。〔註69〕此外軍方也反對和中共進行經濟接觸，軍方認為美國如果貿然與中共經貿交往，會給予中共鞏固政權的機會，而且中共與日本的經貿交往也會危及美國在西太平洋的安全。〔註70〕

（十三）關於參謀首長聯席會議對台政策的分析，David M. Finkelstein 所著 *Washington's Taiwan Dilemma, 1949~1950 -- From Abandonment to Salvation* 一書，與 Ronald L. McGlothien 的意見極為類似。作者指出，如果國防部認為台灣的赤化，會造成國家安全的嚴重威脅，則國務院會屈從於戰略的需要。但由於參謀首長聯席會議從 1948 年十二月起，已達成一項共識，即台灣雖具戰略價值，但並非重要到美國必須把有限的軍力投入台灣，所以反對以軍事力量介入台灣。再加上國務院原本既急欲與中共政權交往，所以乃決定採取所謂的「大戰略」——即放棄台灣，拉攏中共，對抗蘇聯的策略。〔註71〕

（十四）1995 年，Paul James Heer 所著 *George F. Kennan and U. S. Foreign Policy in East Asia* (Washington, D. C.: The George Washington University, 1995) 一書，亦觸及參謀首長聯席會議與國府的關係。作者認為其實不論參謀首長聯席會議或者是國務院，在美國政府對台政策的困境上，皆是採取逃避的態度。〔註72〕1948 年底之後，作者認為參謀首長聯席會議被詢及有關於美國應該對台採取何種明確的軍事行動時，始終把責任推給國務院，而採取迴避的態度。〔註73〕艾奇遜極度不滿參謀首長聯席會議此一舉動。不過當國防部長佛洛斯特尋問國務院，如果參謀首長聯席會議建議美國必須對台採取軍事行動時，國務院的反應為何？艾奇遜的回答是佔領台灣的行動，必須在聯合國

〔註69〕Douglas Brinkley, *Dean Acheson and the Making of U. S. Foreign Policy*, p. 112.

〔註70〕Ibid., p. 117.

〔註71〕David M. Finkelstein, *Washington's Taiwan Dilemma, 1949~1950 -- From Abandonment to Salvation* (Maryland: George Mason University Press, 1993), p. 198.

〔註72〕Paul James Heer, *George F. Kennan and U. S. Foreign Policy in East Asia*, p.76.

〔註73〕Ibid., p. 31.

信託的授權下才能進行。〔註 74〕

　　作者解釋國務院出現逃避的現象，原因有二：一是其實艾奇遜的看法是「政治正確性」高於「軍事正確性」。他認為此際對台若冒然採取軍事行動，必然損及到美國與中共的進一步交往。二是訴諸於國際組織來託管台灣，僅是一種不切實際的想法，因為艾奇遜不信任聯合國，他曾向美國人民表示，若要保護美國必須依賴經濟與權力，而不是聯合國，他明白指出，「聯合國只不過是一個演講的場地」。〔註 75〕

　　（十五）John W. Garver 所著的 *The Sino-American Alliance: Nationalist China and American Cold War Strategy in Asia* (New York: M. E. Sharpe, Inc., 1997)一書中，表示對於杜魯門政府在 1950 年初的從脫身台灣政策，參謀首長聯席會議與海軍更是強烈表達出不同的意見。〔註 76〕作者分析無論在戰時與戰後，由於台灣特殊的地理位置，美國海軍始終視它為具有高度的戰略價值。海軍此種強烈的感受遠遠超過於國務院，或其他的軍種。〔註 77〕除了海軍的對華評估外，作者也分析在韓戰之前，參謀首長聯席會議曾數次建議美國政府應該給予蔣介石必要的援助，以便國府保有台灣，但最後皆因杜魯門與艾奇遜反對而作罷。〔註 78〕

二、台灣與大陸方面的研究

　　至於台灣與大陸方面對於參謀首長聯席會議與中國的研究散見於各個單篇文章中。比較深入討論的是一篇碩士論文──《美國對華政策的轉變（1949～1950）》（*United States Foreign Policy Toward China, American Perspectives, 1949~1950*）。此論文是國立中山大學大陸研究所的是一位美籍研究生方可文（Karmen Lynelle Pfeiffer）在 1996 年以英文撰寫而成。

　　方可文的文章明白點出，他以參謀首長聯席會議、國家安全會議和國務院在對華政策制定過程中所扮演的角色為研究主軸。作者指出參謀首長聯席會議在 1948 年底所規劃的「國家安全會議第 37 號文件」（NSC-37），〔註 79〕

〔註 74〕Ibid., p. 75.
〔註 75〕LaFeber, Walter, *America, Russia, and the Cold War*. (New York: Newbery Award Records, Inc., 1985), pp. 466~467.
〔註 76〕Ibid., pp. 21.
〔註 77〕John W. Garver, *The Sino-American alliance: Nationalist China and American Cold War strategy in Asia*, p. 14.
〔註 78〕Ibid., pp. 18~19.
〔註 79〕關於「國家安全會議第 37 號文件」的內容，可參見 FRUS, 1949, IX, pp.

成為美國稍後對台政策的基礎。﹝註 80﹞作者認為參謀首長聯席會議之所以會在該文件的報告中，主張僅透過外交與經濟手段協助台灣，乃源自於肯楠在 1947 年所發表的圍堵理論。即是對共產集團的圍堵只能運用經濟、外交以及政治的方法。此種協助方式一直到韓戰爆發才加入軍事的援助。作者同時也指出，國務院曾表示，它與參謀首長聯席會議的對台評估是一致的。﹝註 81﹞此外，作者不認為韓戰的爆發是美國外交政策的轉捩點，因韓戰只不過是美國圍堵共黨擴張的一項既定政策延伸。不過若檢視作者的論證，不難發現他在邏輯推論，以及史料的運用上仍有不少值得商榷之處。﹝註 82﹞

在台灣除方可文直接探究參謀首長聯席會議在對華政策所扮演的角色以外，尚可參酌梁敬錞的作品——《中美關係論文集》（台北：聯經出版事業公司，1982 年），梁敬錞的對華政策分析，雖然還是以國務院為研究核心，不過在不少的佐證上，也注意到參謀首長聯席會議的角色，例如，在論述 1949 年八月的對華白皮書時，梁敬錞就曾提及參謀首長聯席會議強烈反對白皮書的發表。﹝註 83﹞

至於台灣其他著作，雖然有不少涉及此階段的中美關係，不過在範疇上，皆側重於國務院、杜魯門，或者是美國國會。如，李薆的《中美外交關係與美國對華政策》（台北：環球總經銷，1969 年）、劉國興之《評估美國杜魯門總統之中國政策：1945 年 8 月至 1950 年 6 月》（台北：台灣商務出版社，1984 年），胡永銘之《1949～1950 年美國對華關係：蔣公引退至韓戰爆發前夕》（台北：撰者自印，1987 年）幾乎焦點都集中在文人政府上。以參謀首長聯席會議，或軍方為主的研究尚屬少見。

大陸方面近幾年來在戰後中美關係上的研究，其範疇與規模進展非常快

261~262。
﹝註 80﹞ 方可文，《美國對華政策的轉變（1949～1950）》，頁 103。
﹝註 81﹞ 前引書，頁 36。
﹝註 82﹞ 例如，作者一再強調 1950 年元月五日，杜魯門總統的聲明並非如其他學者所言，美國政府準備要放棄國民政府，並從台灣脫身。相反的，美國政府是要預留日後援助台灣的空間。不過作者的論點卻有邏輯與事實的錯誤：（一）作者以韓戰爆發，美軍立即巡防台灣，就認定美國早有軍援台灣的意圖。此種以果推因，使之合理化，太過簡單。（二）作者又以為杜魯門總統之所以不同意在此時給予國民政府軍援，乃著眼於台灣沒有立即淪陷的危機，這又與當時政府的一些重要評估所有不同。另外，本文在中文的翻譯上似乎出現一些謬誤，例如作者竟把 The China Lobby，譯為「中共在美國的游說」（p. 65）。
﹝註 83﹞ 梁敬錞，《中美關係論文集》，頁 182。

速，質量也較改革開放前進步許多，不過關於參謀首長聯席會議與中美關係的專書，尚屬少見。但仔細分析大陸方面的作品，對於參謀首長聯席會議對華立場，基本上有一個論點，即謂參謀首長聯席會議其實亦是美國援蔣政策的執行者。尤有甚者，其支持國民政府的程度，更甚於杜魯門總統，以及國務院系統。例如，資中筠即曾表示，在 1950 年初至韓戰之前，軍方堅持要增加對台灣的軍援，並派遣軍事顧問團來台。參謀首長聯席會議更主張對台灣的援助應該延長到 1951 年底。此種援助國民政府的策略，在中共學者的眼中，即認定美國的目標是追求「永久」不讓共產黨得到台灣。〔註84〕從另一位學者時殷弘的說辭，更能體現大陸學者對於軍方乃至是其他行政單位的制式反應：

> 1949 年和 1950 年杜魯門政府對新中國的政策是美國外交史上可悲的一頁，無論從功利的或從道義的角度來看都是如此。它從國務院籌劃在政治上把台灣分離出中國開始，到麥克阿瑟在北韓慘敗為止，其間充滿了偏狹、虛妄和傲慢。杜魯門和艾奇遜、馬歇爾、布萊德雷等「一代精英」促使美國步入與中國敵對的歷程，美國將因此耗費數以萬計的生命和成千億美元，換來的是美國力量的衰減和阻礙中國與東亞人民自決的歷史名聲。〔註85〕

其實認為軍方在對華政策上，為反共助蔣的興起推波助瀾之功的，並不只有時殷弘一人而已，陶文釗也有以下的論述：

> 美國軍方在美國對華政策的逆轉中所起作用更大。參謀〔首〕長聯席會議的立場是，雖然美國不需要台灣作為軍事基地，但如果中國共產黨取得台灣，蘇聯在這裡建立軍事基地，那就會威脅美國在太平洋的整個生命線……參謀〔首〕長聯席會議堅信，只有最終在中國取得勝利，美國才能實現其在亞洲的目的。〔註86〕

由上述分析中，不難發現中共的學者，傾向於把軍方視為是一股比國務院更為反動的勢力。不過，當然也有學者發現到軍方與國務院的艾奇遜，在對華政策上有不少的衝突與矛盾。關於此點，時殷弘曾略有提及，他表示艾奇遜遭到的最大挑戰是來自軍方最高領導，即國防部長詹森和參謀首長聯席會

〔註84〕資中筠，《美國對華政策的源起與發展（1945～1950）》，頁 311。

〔註85〕時殷弘，《敵對與衝突的由來──美國對新中國的政策與中美關係（1949～1950）》，頁 258。

〔註86〕陶文釗，《中美關係史》（上海：上海人民出版社，1999 年），頁 12～13。

議。〔註87〕

至於其他與參謀首長聯席會議相關的文章還包括，任東來的〈1946～1949年美國軍事顧問團的若干問題〉（收錄於陶文釗、梁碧瑩合編，《美國與近現代中國》，北京：中國社會科學出版社，1996 年）。任的文章主要在詮釋美國在華軍事顧問團（JUSMAGChina）。資中筠的著作，《美國對華政策的源起與發展（1945～1950）》一文，也有提及美國在華軍事顧問團。整體而論，雖然大陸的著作範疇，不若美國學者的多樣性，不過若與台灣近幾年的論著相比較，大陸學者確實有相當大的進展。

從本章的研究成果分析可以得知，學術界從事參謀首長聯席會議的研究，無論探究其組織的立法過程、運作以及沿革，或是論述它的對華政策與其影響，主要還是以美國學界為主，究其原因不外有二：

（一）參謀首長聯席會議是美國國防部轄下的軍事單位，而且該組織在美國軍方中，佔有重要的地位，因此引發美國學界對它的重視，進而投入大量的精力對該組織作有系統的研究。

（二）參謀首長聯席會議受限本身的任務是以軍事為主，外交為輔，加上它和中國的直接關係，遠不如海軍或陸軍，導致其在美國對華政策的制定過程中的角色始終不太突出。〔註 88〕但即使研究參謀首長聯席會議頗有成績的美方學界，也都是在詮對華政策時，「順帶」對它提出一筆，試圖以參謀首長聯席會議為對象，分析該組織的對華政策，實在是少見。

〔註87〕 時殷弘，《敵對與衝突的由來——美國對新中國的政策與中美關係（1949～1950）》，頁 258。
〔註88〕 其實在外交方面，本與軍方不相干，但在此期間，軍方的意見竟成為重要的參酌，主要可能對華外交會涉及軍事行動。

第二章　戰後美國的全球主義與圍堵政策

　　1941～1947 年，是美國外交政策由孤立主義走向全球主義的重要時期。對於美國的外交政策而言，1941 年是關鍵的一年。在此之前，美國的外交主要以孤立主義爲原則，可是該年的十二月，日本偷襲珍珠港，迫使美國對日宣戰，並與中、英、法等同盟國共同作戰，對抗德、日、義軸心國。美國決定加入第二次世界大戰，正式宣告美國孤立主義外交政策的結束，進入全球主義時代。〔註1〕最能夠代表美國「去舊佈新」的外交思潮，可以舉軍事爲例。在 1939 年，美國軍隊僅有十八萬五千人，每年國防預算少於五億美元。美國未曾與他國結盟，海外亦少派有駐軍。但在二次世界大戰期間，美國軍力卻急劇膨脹，到了戰爭結束時，美國軍隊高達一千二百萬人，國防開支已達八百二十九億美元，並擁有世界上最強大的海軍、空軍和僅次於蘇聯的強大陸軍，且分別在全球五十多個國家，設立了三百多個軍事基地。〔註2〕美國這種

〔註 1〕　美國孤立主義最徹底的宣言，是 1796 年九月十七日華盛頓總統的告別演說（Farewell Address），他在文中明白表示，美國眞正的政策，乃是避免同任何外國訂永久的同盟。孫同勛譯，《不朽的美國歷史文獻》，頁 49。但羅斯福則坦言，孤立主義是一項錯誤。理由是如果匪幫攻擊世界，美國是不可能得到安全。John L. Gaddis, *The United States and the Origins of the Cold War* (New York: Columbia University Press, 1972), p. 1.爲了打破美國的孤立主義，羅斯福在總統任內，一直希望成立聯合國一勞永逸解決美國傳統的外交政策。Charles E. Bohlen, *Witness to History, 1929~1969* (New York: W. W. Norton & Company Inc., 1973), p. 177.

〔註 2〕　楊生茂編，《美國外交政策史》（北京：人民出版社，1991 年），頁 43。王國強，《美國有限戰爭理論與實踐》（北京：國防大學出版社，1995 年），頁 4。

主動參與主導國際外交、軍事事務的舉措，代表是徹底顛覆十八世紀以來的立國精神，改變昔日的傳統外交窠臼，走向全球主義。

但全球主義的思潮，並沒有因為二戰結束而消退，相反的，美國在戰後為了自身的利益、國際的秩序，以及對抗共產主義，所以全球主義從戰後至1947年有了更進一步的發展，其中最重要的里程碑是1947年三、六、七月，美國所分別發表、杜魯門主義、馬歇爾計劃，以及肯楠的圍堵理論，充分展現美國揚棄孤立主義，走向全球主義的決心。

歸納美國所以決心積極從孤立主義走向全球主義，有二項主要的因素：

一、軍事方面

二次世界大戰後，美國深深瞭解到自身的弱點，因此認為若要維護國家安全，則必須要在本土外，與敵人決一勝負。為此，美國政府大規模的發展武器，以及集體安全來避免另一次的禍端。在此思維下，美國大量的向海外駐軍，並積極在主要盟國佈署飛彈基地，以防禦蘇聯的擴張。〔註3〕

二、經濟方面

美國也體會到它在經濟上的弱點，隨著日益複雜的全球經濟體系，加上戰後廉價工業產品生產過剩，促使美國仰賴對外貿易，以消化國內過剩的商品。例如，1947年元月六日，杜魯門所發表的國情咨文即指出，美國的經濟發展已至空前的繁榮，食物生產創下新高點，國家收入也比戰前承平時期要

杜魯門總統更指出，美國為打贏二次世界大戰，曾付出高達三千四百一十億美元的代價。Charles Gati, *Caging the Bear -- Containment and the Cold War* (New York: Bobbs-Merrill Company, Inc., 1974), p. 8.不但如此，從1947～1951年，美國先後與四十一個國家地區訂立了雙邊或多邊軍事協定，主要有：1947年九月二日美國與拉丁美洲簽訂的「里約熱內盧公約」（即「美洲國家間互助條約」）；1949年四月四日與十二個西歐國家簽署「北大西洋公約組織」；1951年八月三十日與菲律賓簽訂「美菲共同防禦條約」；同年九月一日與澳大利亞和紐西蘭簽訂「美澳紐條約」；同年九月八日與日本締結「美日安全條約」。尤其是受人矚目的是，美國同意加入「北大西洋公約組織」，這完全打破美國傳統外交的歷史，不少人如美國外交官鮑翰（Charles E. Bohlen）皆表示，此舉意味美國孤立主義的結束。Charles E. Bohlen, *Witness to History, 1929~1969*, p. 267.此外，核子武器的出現，亦重大改變美國傳統的孤立主義觀念，正如戰前原本是立場堅定的孤立主義者，前共和黨參議員范登堡（Arthur Vandenberg）就表示：「當人類發明了像這樣的武器時，我們還能保持孤立嗎？」David McCullough, *Truman* (New York: Simon & Schuster, 1992), p. 531.

〔註 3〕 Charles Gati, *Caging the Bear -- Containment and the Cold War*, p. XII.

高，民眾已達到完全就業境界。〔註4〕此時，美國的貨物生產量竟佔全世界的百分之五十。〔註5〕因而美國政府認為戰後的經濟發展，勢必更需要仰賴於歐洲、亞洲地區等廣大的市場。所以杜魯門總統明確指出，美國未來的外交利益，主要將集中在西半球與太平洋地區。〔註6〕

除了杜魯門外，國務院助理國務卿克雷頓（Will Clayton）也指出，從美國國內經濟擴張與自然資源的日益耗損角度而論，皆使美國需要正視國外地區原料的取得。亦誠如艾奇遜表示：「美國若要促進國內的繁榮，需要與其他國家建立一個持續擴張的貿易。」〔註7〕總之，他們均主張公平的開放全球市場與資源。基於要求一個公開的戰後國際市場，更促使美國朝向全球化的思考。

在二次世界大戰之後，傳統強權紛紛退出國際競爭舞台，美國憑藉著自身的實力，如得天獨厚的地理條件兼之以強大的軍事與經濟條件，躍居為全球新霸權。華府以此強大的實力，大力推行它所主張的國際新秩序，以符合本身的國家利益。〔註8〕而其國際新秩序就是全球化（globalism），把美國推向全球。也要把資本主義與自由主義的美國主流價值擴散到戰後的國際社會。〔註9〕

由於在美國的領導下，盟國始能打敗日本軍國主義與希特勒的納粹主

〔註4〕 David McCullough, *Truman*, pp. 531~532.

〔註5〕 Walter LaFeber, *The American Age* (New York: W. W. Norton & Company, 1989), p. 457.

〔註6〕 Walter LaFeber, *America, Russia, and the Cold War* (New York: Newbery Award Records, Inc., 1985), p. 29.

〔註7〕 Ibid., p. 9.

〔註8〕 眾所皆知，美國是唯一在二戰中，本土未曾遭到砲火洗禮的大國。由於在戰爭期間向同盟國供應大批軍火，而有民主國家「兵工廠」的美譽。戰後初期，美國擁有共產主義以外世界百分之五十三點四的工業產量（1948年），出口貿易的百分之三十二點四（1947年），黃金儲備的七十四點五（1948年），以及世界穀物數收獲量的三之一。此時的美國亦是全世界最大的債權國。楊生茂編，《美國外交政策史》，頁437。

〔註9〕 其實，此種類似「美國責任」的理念，早於二次大戰期間即已萌芽。如時代雜誌的經營人亨利魯斯（Henry Luce）於二次世界大戰期間，曾經公開表示：「二十世紀將是的美國人的世紀。政治人物盡其所能對外擴張美國影響的勢力範圍；商人的足跡遍尋世界各地得以獲利的市場，同時擴展廉價的原物料產地；軍方則積極佈署海外軍事基地，而這些舉措毫無任何先天上的限制。」Stephen E. Ambrose, *Rise of Globalism* (New York: Penguin Group, 1993), p. XIV.

義，爲二次世界大戰帶來最後勝利。基於此種空前的勝利果實，促使美方樂觀的期待，雖然面對新的強敵——蘇聯共產主義，美國仍有能力可在將來協助國際社會，對抗史達林的野心。

不過，當美國基於軍事安全與經濟利益，全力進行全球化時，卻由於蘇聯等共產集團的向外擴張，引發自由世界的不安，華府於是又著手規劃另一項策略——圍堵（containment）。〔註10〕質言之，美國必須一手策劃全球主義，進行經貿的擴張；一手必須以圍堵政策遏止共產主義的擴張。但是基於國際現實考量，美國明瞭它無法僅憑藉著武力，即能達成捍衛自由世界的「重責大任」，此可用下述的二個面向分析：

一、蘇聯面向

從歷史而論，二戰之後的美國，所擁有的武力優勢並未能持續太久，1945年後的世界，並未能如華府所願，建立一個由美國支配的國際體系。雖然蘇聯在二次大戰受到嚴重的損害，但在二戰之際，蘇聯即已刻意保存與發展自己的軍事力量。致使在二戰結束之時，蘇聯不但重新佔領原沙皇時期的東歐與遠東勢力範圍，並發展出世界上最強大的陸軍。此外在 1947 年十一月，蘇聯對外暗示它已經擁有第一枚原子彈，此一宣布無疑打破由美國獨佔核武的局面。概括而言，蘇聯因爲國家實力大幅度的增長，加上對德日軸心國的勝利，導致蘇聯人民充滿高度的民族自信心。精神與物質的結合，使得蘇聯在戰後的國際社會上，創造出僅次於美國的另一強國。

二、美國面向

基於蘇聯強大的實力，所以如果美國決定要以武力摧毀蘇聯及其附庸，就必須要承受高度的風險，並付出高昂的代價。

即然純粹以軍事武力來對抗蘇聯已不可行，代之而起的則以「圍堵」的方式取代全面的武力攻擊，也就是以圍堵代替攻擊，以冷戰代替熱戰。從 1947 年七月，喬治肯楠在美國外交季刊以 X 先生之名，發表其著名的〈蘇聯

〔註10〕美國與蘇聯進行圍堵冷戰時，同時出現經濟與政治上衝突和矛盾。杜魯門與羅斯福總統時代的經濟顧問，貝爾（Adolf Berle）於 1946 年底時，坦白表示美蘇兩國已經爲爭奪與低度工業開發國家的結盟而開始作戰。四年內全球將面臨生產過剩的危機，美國的剩餘物資唯有用在新興的國家，並對這些國家的實際建設有所作用，如此才能解決戰前經濟循環現象對美國造成的傷害。Ibid., p. 51.

行為的根源〉"The Sources of Soviet Conduct"文章後，圍堵理論逐漸成為往後數十年，美國外交政策的主流。〔註11〕在肯楠的圍堵理論提出後，美國政府才有一系列的對蘇與共產主義圍堵政策。此時美國根據肯楠的圍堵理論，進行圍堵政策。圍堵政策最著名的例子，就是杜魯門主義與馬歇爾計劃，此兩者有效遏制共產主義在希臘與土耳其的擴張，並成功協助西歐戰後的重整。〔註12〕以下將略為討論肯楠的圍堵理論、杜魯門主義、馬歇爾計劃與另一份被喻為是延續肯楠圍堵政策的重要的文件——「國家安全會議第68號文件」。

第一節　肯楠的圍堵理論

幾乎與美國全球化外交策略提出的同時，國際間已經進入冷戰時期，即所謂二元體系的世界。〔註13〕東西方冷戰時代的宣言可見於1946年二月九日，史達林對於馬列主義的宣言；以及邱吉爾於三月五日在美國所宣告的「鐵幕」時代來臨。〔註14〕

在二月九日，史達林公開向蘇聯人民呼籲，要準備與資本主義作戰。他

〔註11〕 美國前參謀首長聯席會議主席惠勒（Earle G. Wheeler）在闡述美國建國後戰略演變時曾指出，從1786～1968年，美國根據不同的需要相繼採用西半球防禦、有特定目標的干涉主義和圍堵共產主義三大戰略。其中的第三大戰略是根據圍堵共產主義，和實現更加穩定的世界秩序政策而制定的。根據惠勒的概括，這個戰略主要組成部份是：（一）美國準備更直接和更有力地參加在歐洲的活動。（二）美國能夠向太平洋地區派出兵力。（三）只有美國可以制止戰後共產主義的擴張。王國強，《美國有限戰爭理論與實踐》，頁7。

〔註12〕 前者被視為是軍事戰略，後者則集中在經濟策略。

〔註13〕 冷戰究竟從何時開始，眾說紛紜，一般說法有三種：（一）邱吉爾在1946年的鐵幕演說；（二）西歐國家在1947年簽署和平條約，接受東歐衛星國；（三）蘇聯企圖進入地中海與中東地區。Charles E. Bohlen, *Witness to History, 1929~1969* (New York: W. W. Norton & Company Inc., 1973), p. 271.

〔註14〕 季辛吉表示，杜魯門就是基於此，才決定在1946年對蘇聯採取強硬政策（get-tough policy）。經過1945迷惑期一年之後，他瞭解到未來與蘇聯之間的鬥爭，不是政治勢力範圍的爭奪，而是善與惡的鬥爭。Henry Kissinger, *Diplomacy* (New York: Simon & Schuster Inc., 1994), pp. 446~447. John L. Gaddis也指出從1946年三月以後，杜魯門政府在外交政策上，開始不再認為蘇聯是一位疏離的盟友，是潛在的敵人。John L. Gaddis, *The United States and the Origins of the Cold War* (New York: Columbia University Press, 1972), p. 284. 關於1946年，美國應如何開始以強硬政策應付蘇聯可參酌John L. Gaddis此著的第九章。

表示因爲資本主義崎嶇不平的發展，必然會導致劇烈的動亂，所以馬列主義將會取得最後勝利。史達林更斬釘截鐵認爲，只要資本主義持續存在，雙方的戰爭是不可避免。爲此，蘇聯人民必須有重回 1930 年代，亦即要付出巨大犧牲的心理準備。史達林此宣言一出，立即在美國政壇引起不安與騷動，例如彼時自由主義派的大法官道格拉斯（William Douglas）即認爲史達林的此一宣示，已經意味是第三次世界大戰的宣言。〔註 15〕

　　與史達林宣示對抗西方的同時，邱吉爾亦在三月五日於美國密蘇里州的富爾頓，發表其著名的「鐵幕」演說。他指出：「從波羅的海的斯德丁到亞得里亞海的迪里雅斯德，已布下了一層鐵幕，把整個歐洲隔成兩半。」他警告，西方的資本主義和東方的共產主義根本無法調和，而且蘇聯對外擴張的企圖心是毫無止境的。邱吉爾呼籲美國和英國應與其他英語系人民，趁著目前美國尚擁有核子武器的優勢，即刻聯合起來一起抵禦蘇聯的霸權，重建世界秩序。〔註 16〕邱吉爾之言讓蘇聯感覺這是西方對東歐集團的直接挑戰，因而大肆攻擊美國及其盟國，並譴責他們是準備想統治世界。於是史達林遂在同年的春、夏之際發動一系列的政策。而這些政策亦標誌著是冷戰的重要里程碑。〔註 17〕

　　就在這個詭譎多端的態勢中，當時美國駐莫斯科大使館外交官肯楠，向

〔註 15〕　Walter LaFeber, *America, Russia, and the Cold War* (New York: Newbery Award Records, Inc., 1985), p. 38.

〔註 16〕　Ibid., p. 38.此一演說雖然引起美國社會對於共產主義的恐懼，不過仍有不少美國民眾基於傳統的恐英情結，加上英國又向美國借款，導致他們對於邱吉爾的演說懷有敵意。John L. Gaddis, *The United States and the Origins of the Cold War*, p. 317.

〔註 17〕　Walter LaFeber, *America, Russia, and the Cold War*, p. 39.史達林此際所採取的敵對措施，包括拒絕美國原先已答應的十億美元貸款，也拒絕加入世界銀行與國際貨幣基金。關於邱吉爾在富爾頓的問題，可參考 Clark Clifford, *Counsel to the President: a memoir* (New York: Bantam Doubleday Dell Publishing Group, Inc., 1991), pp. 99~108.學界對於冷戰的詮釋，分爲三大學派：（一）傳統學派。（二）修正學派。（三）後修正學派。傳統學派認爲冷戰應由蘇聯負最大的責任，此派以史勒辛格（Arthur Schlesinger Jr.）爲代表。修正學派的論點恰好與傳統學派相反，他們認爲杜魯門或小羅斯福，或是資本主義才是造成冷戰的禍首，此派以柯格（Gabriel Kolko）與加德勒（Lloyd Gardner）爲首。後修正學派則主張冷戰的發生，美蘇雙方皆應負起責任，此派以葛德士（John Gaddis）爲主。Walter LeFaber 則是修正學派。關於冷戰學派的分析，可參考陳驪，〈冷戰新詮釋〉，（收錄於國立中興大學歷史學系主編，《第三屆國際史學史論文集》，1991 年），頁 449～483。

美國政府發出一份頗富哲學性與想像力，字數長達八千字的「長電報」（long telegram），由於內文中對史達林外交政策進行詳細且有系統的分析，使此文件成爲重新塑造美國爾後世界觀的重要依據。〔註 18〕肯楠指出，本質上，蘇聯的外交政策是共產主義的意識型態與舊沙皇擴張主義的混合體。〔註 19〕肯楠的看法是，史達林始終仇視西方資本主義，因而美蘇之間的衝突，不是雙方溝通不良或誤解，而是蘇聯以共產主義及沙皇時代的標準看待外在世界。基於美蘇兩國的理念與目標無法妥協，所以美國必須爲長期的鬥爭做好心理準備。〔註20〕其後，當肯楠調回華府，乃又於 1947 年七月，在美國《外交季刊》（American Foreign Affairs）以 X 先生之名，發表其著名的〈蘇聯行爲的根源〉 "The Sources of Soviet Conduct" 一文。

　　此一文章認定史達林的策略是馬克思與列寧主義的混合體，此意識型態的基本理念是資本主義必亡，並倡議只有使用革命方能打敗資本主義。〔註 21〕肯楠指出列寧認爲由於資本主義的不平均發展，會導致社會主義能夠在少數，甚至是單獨的國家贏得勝利。這項戰果對內可以讓普羅大眾當家作主，並引發其他資本主義國家裡，受壓迫的階級群起效法，起而對抗統治階級。

〔註18〕 肯楠受業於普林斯頓大學，個性相當安靜、喜好讀書。在 1920 年代他進入外交系統。精通俄語、德語，對於十九世紀的俄國文學與二十世紀的政治相當熟稔。其後他成爲對蘇政策制定的專家。在 1933 年，他被派往蘇聯協助美國首任駐蘇大使蒲立德（William Bullitt）。直到 1945 年之前，肯楠一直在蘇聯與東歐地區。他深愛著蘇聯人民與 1917 年之前的俄國，但強烈厭惡俄共革命。肯楠曾目睹 1930 年代史達林的血腥鎮壓，以及這個警察國家和美國之間的許多磨擦。之後，他就成爲蘇聯的批判者。Walter LaFeber, *The American Age* (New York: W. W. Norton & Company Inc., 1989), pp. 473~474.

〔註19〕 Henry Kissinger, *Diplomacy*, p. 448.

〔註20〕 Ibid., pp. 448~449.長電報一出立即獲得美國政府相關部門的青睞，例如在 1946 年四月一日，國務院立即下令由所屬官員馬修斯（H. Freeman Mathews）執筆一份相當有系統的外交政策備忘錄，把肯楠對蘇聯的分析，轉換成可執行的外交政策。Ibid., p. 449.又如在同年的九月，杜魯門的特別顧問克里福德（Clark M. Clifford）根據長電報，對杜魯門總統提出一份「長政策報告」。在此報告中，他認爲蘇聯深信和資本主義的戰爭必將展開，軍力是唯一的語言。因而能阻止蘇聯的攻擊，所憑恃是國家的軍事力量。Arthur Krock, *Memoirs* (New York: Funk & Wagnalls, 1968), pp. 419~482.爲了圍堵蘇聯，美國除了保持強大的軍事力量以外，更應該爭取廣大的「中間地帶」。所謂的「中間地帶」就是要確保西歐、中東、中國以及日本的安全。王國強，《美國有限戰爭理論與實踐》，頁 9。

〔註21〕 George Kennan, "The Sources of Soviet Conduct", Charles Gati (ed.), *Caging the Bear -- Containment and the Cold War*, p. 23.

肯楠表示列寧強調如果沒有經過無產階級革命，資本主義是不可能被消滅的。而爲了給予搖搖欲墜的資本主義最後一擊，亦必須藉由無產階級革命不可。〔註22〕

肯楠相信史承繼馬列思想的史達林，想推翻西方政府的野心是不會緩和的，因此蘇聯的侵略野心，唯有透過一系列的反擊才能將之圍堵。美國絕對不可期待未來的歲月，能夠和蘇聯在政治上建立親密的關係，而須把蘇聯視爲是敵手而不是伙伴，因爲共產主義與資本主義兩者是不會共存的。〔註23〕不過肯楠評估目前蘇聯的局面處於弱勢，內部可謂危機重重，弱化了總體的實力，故如此態勢給予美國一定程度的信心，它可以進行一項長期、耐心但必須要有堅定的圍堵政策。〔註24〕而如果有其需要，在世界上任何區域，顯示出蘇聯已侵害到和平與穩定時，美國應得以逕行反擊蘇聯。〔註25〕

肯楠之文雖然成爲美國對蘇聯與共產主義圍堵的重要依據，不過它也引起了不小的漣漪與衝擊。例如，著名的媒體工作者，且被認爲是當代最具權威的政治評論家李普曼（Walter Lippmann），就不同意肯楠對蘇聯的評估。李普曼認爲史達林並不單單是馬克思與列寧主義的繼承者，而是兼具彼得大帝與蘇聯沙皇的特性。1945 年紅軍席捲東歐，即印證史達林已完成數個世紀以來沙皇所渴望的夢想。不過，李普曼認爲蘇聯的行爲，只是想維護國家安全而已，所以他強調美蘇雙方有可能在許多衝突的地區，達成和平協議。〔註26〕

李普曼憂心表示，如果依循肯楠的路線，爲了圍堵蘇聯，美國必將無窮盡的介入其他的國家。爲此一現象最後會導致三項結果：（一）西方世界組成一個無用的反蘇聯盟，可能犧牲聯合國；（二）破壞美國的經濟；（三）美國子弟將被送往前線與蘇聯集團作戰。李普曼更指出，若是肯楠的理論被美國接受，蘇聯勢必在冷戰中會率先使用武力。

〔註22〕Ibid., p.10.
〔註23〕Ibid., p. 22.
〔註24〕不過，肯楠也表示，其實蘇聯對於政治現實是頗具有權變性的，它對於尊嚴問題絕非是一層不變。如同其他政府一般，當現實告訴蘇聯無法承擔某些壓力時，它就會試圖妥協。以人類心理學角度分析，蘇聯領袖意識到自我控制與情緒的失控不是政治事務上權力的來源。基於此，肯楠建議，外交部門若欲達成與蘇聯協議，其必要條件是任何時間皆須保持冷靜，與之交往要適度顧及而不要太傷害蘇聯的尊嚴。Ibid., p. 18.
〔註25〕Ibid., p. 22.
〔註26〕Walter LaFeber, *America, Russia, and the Cold War*, p. 64.

　　儘管李普曼之言頗有遠見，不過仍未能打動美國政府，主流意見還是接受了肯楠論點，認為以聯合國為主的「一個世界」已不再有其正當性，未來的國際政治，將面對兩個世界的態勢。〔註27〕

　　總的而論，肯楠主張美國應該維持冷靜，並準備與蘇聯進行長期的政治鬥爭。〔註28〕因為肯楠發現史達林為鞏固內部的領導權，會把西方視為是一個邪惡的對手，所以他強調西方世界應以圍堵的方式對付蘇聯，但是肯楠並不主張使用極端的方法與宣戰方式對付蘇聯，因為：（一）西方對付蘇聯並不像希特勒一般，具有急迫性與時間表。（二）肯楠亦承認美國無法以武力征服蘇聯。

　　肯楠圍堵理論被認為是日後美國外交政策的神奇名詞，廣為流傳。為何肯楠的圍堵理論會成為主流價值，且更被華府人士喻為是「圍堵政策之父」。〔註29〕根據 Walter LeFaber 的分析如下：

　　（一）時機非常正確，當史達林質疑華府的伊朗、土耳其與德國政策時，肯楠即刻對史達林的行為，提出詳細的解釋。

　　（二）由於肯楠極力的譴責蘇聯，所以他的論點在華府非常具有吸引力。〔註30〕

　　（三）肯楠的圍堵理論以及不與蘇聯談判或妥協的論調，正好符合杜魯門與國務院的觀點。〔註31〕

〔註27〕Ibid., p. 65.

〔註28〕他早在 1945 年時，即表示不同意羅斯福與蘇聯的合作。LaFeber, *The American Age*, p. 474.

〔註29〕Stephen E. Ambrose, *Rise of Globalism*, p. 81.

〔註30〕雖然此種「一廂情願式」的論點，顯示出華府還是犯下了自 1917 年以來，美國對蘇聯所既有的相同敵視態度，不過在此時空環境下，華府當然不會坦承此一態度的嚴重性。

〔註31〕LaFeber, *The American Age*, pp. 475~476.當然圍堵以外，兩強之間的外交對話還是在進行著。不過在此一時機上，美國官員著眼在蘇聯事務上，可能是經濟與軍事手段更甚於外交對話。順帶一提的是，有學者指出，1949 年八月所發表的「中國白皮書」，受到肯楠理論的影響頗為深遠，這是值得注意的。Heer, Paul James, *George F. Kennan and U. S. Foreign Policy in East Asia* (Washington D. C.: The George Washington University, 1995), p. 55.

第二節　杜魯門主義

1947 年二月二十一日，英國以經濟崩潰的理由，向美國政府表示，不再繼續援助希臘與土耳其，並且將在三月底之前撤離。〔註 32〕爲了應付這突如其來的危機，杜魯門總統召開一連串的內閣會議，最後根據肯楠圍堵理論，以及克里福德的政策分析，作爲理論依據和基本綱領，於稍後向國會發表了極具關鍵性的演說，此即爲人所悉知的「杜魯門主義」（Truman Doctrine），主要目的就是試圖挽救希臘與土耳其所面臨的赤化危機。〔註 33〕

爲援助希臘與土耳其，杜魯門總統、馬歇爾國務卿以及副國務卿艾奇遜等人乃於二月十六日，開會共同研商對策。會中，艾奇遜提出所謂的骨牌效應論點，即如果希臘淪陷，土耳其守不住，則蘇聯勢將控制黑海出口。同時連鎖效應會擴及到義大利、德國以及法國等地。爲此，美國幾乎沒有其他任何的選擇，必須立即採取行動。〔註 34〕

杜魯門總統經過與內閣及肯楠等人磋商後，乃決定於 1947 年三月十二日，向參眾兩院議員發表演說，要求即刻援助希臘與土耳其，他明白指出：

> 現今世界，幾乎每個國家都必須選擇自己的生活方式。其中一種是奠基於多數人的意願，它的特色爲自由的制度、代議政府、自由選舉、個人自由的保障、信仰與言論的自由，以及免於政治壓迫的自

〔註32〕 對於美國而言，這等於英國欲放棄中東地區，而給予美國介入此地區一個絕佳的機會。自從 1944 年希特勒退出希臘後，英國即有意在希臘恢復君主制度，但希共積極反對並得到眾多的支持。這主因是希共曾帶領希臘人民對抗希特勒。雖然美國曾在 1947 年初曾透過英國援助希臘二億美元，不過希共卻得鄰近共產國家的協助，尤其是南斯拉夫的狄托（Josip Broz Tito）的大力支持。狄托是想取得希臘的部分土地，不過此舉卻引起史達林的不滿。爲此，他並於 1944 年向邱吉爾保證，將從希臘撤退。史達林的脫手政策，使得美國無法公開指責蘇聯對希臘野心，這給杜魯門政府帶來進退維谷的困境。此外援助土、希兩國所需的龐大經費，勢將引起國會的反對，尤其自 1776 年以來，美國社會即對大英帝國存在著一種不信任感。不過這些問題，都在 1947 年二月下旬，由艾奇遜一一解決。LaFeber, *The American Age*, pp. 476~477. 在此一提的是，LaFeber 乃爲威廉斯學派者，強烈批判美國的冷戰政策，認爲華府應該負起冷戰的責任，甚至質疑美英兩國的外交關係。事實上，有不少的美國人皆視英國爲其母國，尤其在兩次的世界大戰中，美英更是同盟的夥伴。

〔註33〕 王國強，《美國有限戰爭理論與實踐》，頁 9。

〔註34〕 對於希、土危機，杜魯門總統後來也表示，在他之前的總統，從未有人遭遇到類似他本人所面臨，如此具急迫性的課題。Stephen E. Ambrose, *Rise of Globalism*, p. 80.

由。其二是少數人的意志硬加在多數人之上。它的基礎在於恐怖鎮
壓、控制電子媒體、固定式選舉，及抑制個人自由。我相信，美國
的政策應該是支持那些反抗擁有武裝的少數人或外來的壓力企圖征
服他們，而他們正在予以抵抗的各自由民族。我相信，我們必定會
幫助這些人以他們的方式戰勝命運……值此關鍵時刻，如果我們不
援助希臘和土耳其，不但影響了西方社會，還會擴及東方各國。我
們必須立刻採取行動解決……。〔註35〕

分析杜魯門的演說，他把世界分爲兩個對立的陣營，強調美國要承擔重大的
責任，領導自由世界對抗共產主義。尤其此演說更被視爲是自1823年門羅主
義以來，美國一項外交政策的大轉變，可謂爲「世界性的門羅主義」。〔註36〕
如同當時中國駐美大使顧維鈞所言，杜魯門主義確實是美國外交政策史上一
次劃時代的大事，因爲它意味著美國今後將不僅使用外交手段，還將使用經
濟和軍事行動來實現它的全球利益。〔註37〕因此，當杜魯門主義被提出之後，
立即引發全美熱烈的討論，大致而言，興論界方面對杜魯門的論點是相當支
持。幾個重要的媒體均支持杜魯門，如紐約時報以此篇演講和門羅主義相比。
生活雜誌認爲杜魯門的演說像一盞明燈，照亮了國際間混沌不清的氣氛。民
間亦紛紛響應杜魯門的訴求，一位退伍軍人即說：「我要我太太把我的軍服拿
出來撢一撢灰塵。」〔註38〕

〔註35〕Dean Acheson, *Present at the Creation* (New York: W. W. Norton & Company Inc.,
1969), p. 222.肯楠對於杜魯門的演說抱持不同的意見。因爲他認爲，第一，由
於蘇聯的威脅主要以政治爲主，加上土、希兩國並不存在軍事威脅，故美國
僅需要以政治與經濟支援即可。第二，杜魯門的演說內容，僅應針對單一國
家即可，不應擴張成全球性的政策。Stephen E. Ambrose, *Rise of Globalism*, p.
81.

〔註36〕有學者如王國強分析，杜魯門主義代表美國在外交策略與軍事戰略上出現五
項重要的轉變：（一）從二次大戰時與蘇聯結成同盟共同抗擊法西斯，過渡到
以蘇聯爲主要對手和主要作戰對象；（二）從古典的、傳統的常規戰略開始向
現代的、核武時代的戰略體系轉變；（三）從以美國本土爲中心的美洲堡壘向
眞正的全球戰略過渡；（四）從步西歐後塵到走進世界前列；（五）從軍事發
展緩慢到不斷更新。王國強，《美國有限戰爭理論與實踐》，頁10～11。

〔註37〕顧維鈞，《顧維鈞回憶錄》（北京：中華書局，1988年），第六冊，頁87～
88。

〔註38〕但另一方面，杜魯門主義一出，亦引起不少國內外的反對聲浪，在國內如《舊
金山檢查人報》（*San Francisco Examiner*）質疑：「我們是不是披上了十九世
紀英國帝國主義的外交？」某些自由派報紙則表現得很激憤。而最重要的反

　　如同艾奇遜所描述，雖然杜魯門的演說，在國會得到兩黨起立的鼓掌，但掌聲只是針對一個勇敢的人，而非全盤接受杜魯門主義。緊接著即是面臨國會能否通過援助法案的壓力。而這意味著在援助土、希法案上，尚須爭取國會的支持。

　　事實上，在參眾兩院分別所舉行的聽證會裡，存在著不少的反對浪潮。例如，共和黨的參議員塔虎脫（Robert A. Taft）、民主黨的詹森（Edwin C. Johnson）以及派波（Claude Pepper），既把杜魯門主義視為將把美國帶往帝國主義、勢力範圍的劃分以及戰爭的道路，並且認為此計劃太具「好戰」性質。〔註39〕

　　但在輿論的逐漸支持下，杜魯門政府克服反對意見。最後的結果是眾議院以二百八十七票對一〇八票，參議院以六十七票對三十票，通過「希、土援助法案」（Greece-Turkish Aid Act），而杜魯門也在五月二十二日正式簽署。〔註40〕稍後，國會同意分別撥款二億五千萬，以及一億五千萬美元給希臘與土耳其，並派遣三百五十名顧問前往希臘。〔註41〕

　　杜魯門主義的通過，如同傅爾布萊特（J. William Fulbright）參議員所言，它給予美國在全球進行軍事與經濟干預一個合理化的藉口，杜魯門主義更代表著美國對共產集團冷戰的宣告。〔註42〕而如鄒讜所言，杜魯門主義的宣布，它提供了一系列中國要求美援的背景，也提供了國民政府取得大規模援助的

　　　　對浪潮則以李普曼為顯著，李普曼雖同意援助希臘，但是卻不認同杜魯門主義。他指出政策不明確，讓人聽起來就像改革意識型態發出的警報聲，是沒完沒了，它既無法控制，效果亦難以預測。在國外，蘇聯大力抨擊杜魯門主義是美國方面對蘇聯控制地區與蘇聯擴張的一個公開威脅。David McCullough, *Truman*, p. pp. 548~549.

〔註39〕事實上，稍早國會對於杜魯門政府的歐洲政策與財政預算出現不同的意見，例如，民主黨的國會議員在一個秘密會議中警告杜魯門，他們對英國在地中海，以及支持希臘君主制度的政策，是不贊同的。而參議院在三月四日，以及稍早眾議院分別刪減杜魯門政府下一年預算四十五億美元，六十億美元。Dean Acheson, *Present at the Creation*, p. 224.

〔註40〕當時美國在討論杜魯門主義之前，國內已有一股「紅色恐懼」（Red Scare）的思潮，杜魯門主義的出現，更加是火上加油，因而引發不少人士的擔憂。為此，當參議員康納利（Tom Connally）在質問艾奇遜，是否土、希兩國援助法案，會適用到其他國家時？艾奇遜的回答是，世界上其他國家絕不可能一體適用，皆必須根據各國的特殊環境而定。Ibid., p. 225.

〔註41〕LaFeber, *The American Age*, p. 478.

〔註42〕Alexander, Deconde, *Encyclopedia of American Foreign Policy* (New York: Charles Scribner's, Sons, 1978), p. 985.

希望。〔註43〕亦如顧維鈞所指明：

> 在當時的美國人民心目中毫無疑問，遠東問題和中國局勢對美國的
> 意義和影響要比希臘重要得多。客觀地說，如果杜魯門主義要付諸
> 實施，那就首先應該在中國實施，至少也應同時實施於中國。〔註44〕

質言之，顧維鈞認爲如果援助希臘，可以制止共產主義的擴張，那麼共產主
義在亞洲的威脅更甚於東地中海，所以美國更有理由應該援助中國。

　　但是事與願違，事實上當杜魯門總統提出杜魯門主義，以體現美國的理
想主義時，卻也顯示出美國對華政策的矛盾性。〔註45〕因爲一方面，美國正
極力援助歐洲對抗蘇聯共產集團，可是另一方面，它卻要求中國進行國共合
作。也難怪那位極端關注中國問題的國會議員周以德（Walter Judd）會質疑國
務院，爲何在杜魯門主義中強調反共重要性的當際，會在中國要求蔣介石與
中共合作？〔註46〕

第三節　馬歇爾計劃

　　1947 年初，馬歇爾卸下調停國共衝突的特使一職，返回華府。但當他回
到華府不久後，被杜魯門任命接替貝爾納斯（James F. Byrnes）成爲國務卿。
在他主掌國務院期間，影響後世最爲深遠的，恐怕非「馬歇爾計劃」莫屬。

　　對於一向重歐輕亞的美國政府而言，戰後西歐的諸多問題，是不可能漠
視不管的。事實上，美國從未曾間斷協助歐洲。就在杜魯門主義出現的同時，
美國政府也積極在著手另一項鉅大的援歐計劃──馬歇爾計劃。〔註47〕1947

〔註43〕 Tang Tsou, *American Failure In China*, Chicago: The University of Chicago Press, 1963, p. 452.此似乎也證明了同司徒雷登所言，美國把歐洲列爲第一，這事將來對於中國也有好處的論點。司徒雷登，《司徒雷登回憶錄──在中國五十年》（台北：江南出版社，1984 年），頁 191。

〔註44〕 顧維鈞，《顧維鈞回憶錄》（北京：中華書局，1988 年），第六冊，頁 90。

〔註45〕 前引書，頁 92。

〔註46〕 Richard M. Freeland, *The Truman Doctrine and the Origins of McCarthyism* (New York: Alfred A. Knopf, Inc, 1972), pp. 112~113.根據顧維鈞的分析，美國所以不願意把杜魯門主義應用到中國，背後隱藏著華府與重慶之間的裂痕。這一裂痕可以說是開始於 1942 年史迪威的使華，一直到馬歇爾來華及其使命的失敗。顧維鈞，《顧維鈞回憶錄》，第六冊，頁 90。

〔註47〕 其實，早在二戰期間美國就意識到有必要在戰後對歐洲進行經援。例如有美國商業團體表示，如果美國要避免戰後經濟衰退，則必須出口百億美元的商品，同時必須給予歐洲各國適度的貸款，以便他們得以購買美國的商品。這

年，副國務卿克雷頓（Will Clayton）對於西歐各國的處境，曾要求華府應積極援助西歐。〔註48〕五月二十七日，克雷頓呈給馬歇爾一份備忘錄，表示美國對於遭受戰爭破壞的歐洲經濟太過樂觀，美國只看到歐洲的表面傷害，而未能體會歐洲各國在經濟、政治、社會與心理上的損傷程度為何。為了拯救歐洲，克雷頓主張美國應立即給予歐洲二十五億美元物資援助，並同時在三年內，撥款六十至七十億美元。〔註49〕

馬歇爾對於此時西歐所處的困境當然相當清楚，因為早在四月時，他既曾前往歐洲，實地瞭解歐洲各國的現狀，而且也收到幕僚不斷反應歐洲的種種危機，他認為援歐行動已是刻不容緩。為了進一步掌握援助西歐的計劃，他更指示肯楠儘速規劃一份援歐的報告。〔註50〕與此時同，白宮、國務院與其他行政部門，曾對於歐洲問題，也舉行過多次的會議。最後，馬歇爾在徵求杜魯門同意後，決定在六月五日哈佛大學畢業典禮上發表一項「歐洲復原計劃」（European Recovery Program）的演說，他聲稱美國打算幫助歐洲走上復興之路，使自由制度賴以生存的政治和社會條件能夠實現。

其後，在1947年十二月十九日，杜魯門向國會提出「美國支持歐洲復興計劃」，要求在 1948～1952 年期間，為此撥款一百七十億美元，這一計劃後來被稱為馬歇爾計劃。〔註51〕分析該計劃的主要內容是：美國撥款援助西歐各國，以復原戰後經濟，但受援國必須購買一定數量的美國貨，接受美國對使用美元的監督，向美國提供戰略物資，拆除關稅壁壘，放鬆或取消外匯限制，保障美國私人投資的權益等等。

不過，無論馬歇爾如何解釋，這項高達一百七十億美元的援歐計劃，不

種援助西歐的概念，在戰後還是美國外交政策的主流。1946年，國務院官員尼茲（Paul Nitze）表示，歐洲現急需八十億美元。質言之，此時無論是政府官員抑或是商業領袖皆瞭解到，歐洲最嚴重的議題，是歐洲各國經濟的衰敗，會把歐洲關鍵的地區推向社會主義，並拖累美國的經濟，同時打擊到整個資本主義。LaFeber, *The American Age*, p. 479.

〔註48〕 Dean Acheson, *Present at the Creation*, p. 226.

〔註49〕 Ibid., p. 231.其實在早克雷頓備忘錄提出的二天之前，肯楠即曾以更強烈的口吻向馬歇爾報告，歐洲目前處境是危機四伏，岌岌可危。美國應該要協助歐洲促進經濟發展，以便恢復歐洲的社會活力。David McCullough, *Truman*, p. 562.

〔註50〕 此即為五月二十五日，肯楠所提出的「從美國觀點看歐洲復原問題」的報告。David McCullough, *Truman*, p. 561.

〔註51〕 「馬歇爾計劃」原定五年完成，不過由於執行順利，在1951年底就提前結束，並為共同安全計劃所代替。

是用來對抗任何國家或主義，純粹是爲了讓世界經濟得以正常運作。〔註 52〕
但這項計劃仍然被不少人視爲杜魯門政府具有外交與政治策略。因爲，杜魯
門政府試圖先以經濟手段結合西方世界，再將它轉化成軍事聯盟，來圍堵共
產國家。〔註 53〕就是杜魯門也在後來的回憶錄中坦承，如果沒有馬歇爾計劃，
西歐是很難避免共產主義專制統治的。〔註 54〕

　　馬歇爾計劃的另一項考量是想深化共產世界的矛盾。當馬歇爾在 1947 年
從中國調處回國之後，美國對於共產世界，尤其是中共與毛澤東，就抱持較
爲妥協的態度。國務院也認爲國際共產主義不可能口徑完全一致，在蘇聯周
邊以外的其他共產集團，蘇共是很難掌控的。所以美國應該利用機會分化共
黨集團，馬歇爾計劃恰好可被當作最佳的工具。〔註 55〕

　　總之，如上所述，馬歇爾計劃除了運用相當成功的經濟計劃援助西歐，
以配合杜魯門主義的軍事戰略外，它還達成外交、政治上的目的。所以杜魯
門才會說出，馬歇爾計劃將作爲美國對於世界和平的最大貢獻而載入史冊。
〔註 56〕

〔註 52〕　David McCullough, *Truman*, p. 563.爲此，他亦歡迎蘇聯及其衛星國共同參與此
　　　　一計劃。不過，馬歇爾的此一善意，稍後爲蘇聯所拒。LaFeber, *The American
　　　　Age*, p. 480.

〔註 53〕　其實，馬歇爾計劃尚有另一層目的，在馬歇爾使華調處國共糾紛鎩羽而歸後，
　　　　雖然他對中共多所指責，但是自此而後，不少的美國人似乎以更開放的角度
　　　　來面對中共。尤其是國務院中出現一種聲音，即認爲共產世界絕不可能是存
　　　　在著一致的意見，他們強調蘇聯對於它邊境以外的共產主義國度，勢將難
　　　　以駕御。所以馬歇爾計劃就是抓準蘇聯此一弱點而趁機提出。國務院的此一
　　　　論調，在狄托反叛共產集團後，更能證明此一說法。John Lewis Gaddis, *We Now
　　　　Know -- Rethinking Cold War History*, p. 61.

〔註 54〕　他甚至形容杜魯門主義與馬歇爾計劃是「一母雙胞」的謀略（two halves of the
　　　　same walnut）。Walter LaFeber, *America, Russia, and the Cold War*, pp. 62~63.有
　　　　學者指出杜魯門主義對反共國家的意識型態與軍事承諾，以及馬歇爾計劃之
　　　　經濟承諾，實際是一體兩面，密不可分。Alexander, Deconde, *Encyclopedia of
　　　　American Foreign Policy*, p. 983.

〔註 55〕　眾所皆知，馬歇爾計劃援助的對象，僅限於民主國家，但由於此一計劃的成
　　　　功，會引發共產集團內部勢力的鬆動與矛盾，所以又具有分化的作用。事實
　　　　上，稍後南斯拉夫狄托與蘇共翻臉，更證明馬歇爾計劃的前瞻性。John L.
　　　　Gaddis, *We Now Know -- Rethinking Cold War History*, p. 61.

〔註 56〕　王國強，《美國有限戰爭理論與實踐》，頁 13。

第四節　國家安全會議第六十八號文件

1950 年初，美國所制定的「國家安全會議第 68 號文件」（National Security Council paper 68），在外交上有二個重大結果：（一）影響往後二十年美蘇關係；（二）成為美國日後制定全球外交策略的主要依據之一。〔註57〕此一文件不僅是肯楠圍堵政策的延伸，更是顯現美國政府，冀望能夠徹底打敗蘇聯。〔註58〕如同該文件政策主導人艾奇遜事後所言，國家安全會議第 68 號文件的影響力令人無法忽視。〔註 59〕以下分為背景、內容與影響三個面向，分析該文件。

一、背　景

促成國家安全會議第 68 號文件的制定，最重要的兩個因素是蘇聯的核子製造能力以及中共在亞洲大陸的全面勝利所刺激的：〔註60〕

（一）蘇聯核武試驗成功的因素

在 1949 年九月，杜魯門政府宣佈蘇聯在八月已經進行過一場原子彈試爆。而美國專家也預測在 1950 年，蘇聯即可擁有原子彈。此消息一經披露，立即引起全美民眾的震撼。為此，杜魯門總統在蘇聯核武試爆後的一個月內，也即刻要求所屬備妥各項因應事務。〔註61〕簡言之，由於蘇聯的原子彈威力，

〔註57〕關於國家安全會議第 68 號文件的詳細內文可參見 FRUS, 1950, I, pp. 234~ 292.

〔註58〕Walter LaFeber, *America, Russia, and the Cold War*, p. 97, LaFeber, *The American Age*, p. 506.不過有學者如 John Gaddis 則指出「國家安全會議第 68 號文件」，終結了肯楠所提倡的據點防禦的策略。Tomas J. Christensen, *Useful Adversaries: Grand Strategy, Domestic Mobilization, and Sino-American Conflict, 1947~1950* (Princeton: Princeton University Press, 1991), p.124.

〔註59〕Dean Acheson, *Present at the Creation*, p. 374.

〔註60〕John L. Gaddis, *We Now Know -- Rethinking Cold War History*, p. 76, Gordon H. Chang, *Friend and Enemies -- The United States, China, and the Soviet Union, 1948~1972*, p. 69.當然「國家安全會議第 68 號文件」的目的，就是要訴求美國社會同意增加國防預算。這個目的在後來也被證明成功了，美國政府把 1951 年的國防預算從原先的四百五十億美元，增加為五百億。Tomas J. Christensen, *Useful Adversaries: Grand Strategy, Domestic Mobilization, and Sino-American Conflict, 1947~1950*, pp.122~123.

〔註61〕參謀首長聯席會議主席布萊德雷為此曾試圖安撫人民：「美國人以愈平靜的態度來接受這個消息，我們的情勢愈有利⋯⋯從四年前開始，我們就做好心理準備。」艾奇遜亦曾追述，蘇聯的原子彈改變了每一件事。John L. Gaddis, *We Now Know -- Rethinking Cold War History*, p. 504.

造成美國人相當大的恐懼，所以必須思索因應之道。

（二）中共成功佔領大陸的因素

由於 1949 年，國民政府在大陸統治的失敗，導致中共佔領中國，造成美國在東亞原先所規劃的區域關係，受到嚴重的阻礙。另一方面，由於國府的失敗，艾奇遜逐漸成為中國集團（China bloc）的箭靶，儘管艾奇遜表示國民政府的挫敗，並非物資的缺乏。〔註62〕但是中國集團依舊指責杜魯門與國務院，他們認為：其一，杜魯門出賣了中國，並且把資本主義體系販售給共產黨員；其二，當毛澤東征服中國之際，作為全世界最強大的國家——美國，此時竟然是束手無策，這是令他們所無法理解的。因此中國集團懷疑國務院裡頭，是否隱藏著中共的同情者。有鑑於此種嚴厲的指責，國家安全會議乃在 1949 年底至 1950 年初，亦亟思重新評估一項新的外交政策——國家安全會議第 68 號文件，作為因應的對策。〔註63〕

國家安全會議第 68 號文件就是在此種嚴峻的國內外局勢下，由國務卿艾奇遜指示國務院政策計劃處所規劃而成。〔註64〕此一文件希望將美國的冷戰計劃，重新作一次更廣泛的評估。

二、內　容

分析國家安全會議第 68 號文件有二項主要的內容：一是分析戰後至 1950 年代的國際危機；二是建議美國政府應該採取必要的行動。就國際危機而言，該文件認為危機起源於二項：（一）蘇聯與共產主義不斷的外向擴張，以圖完成世界的霸權；〔註65〕（二）該文件估計，在四年內，蘇聯核子武器的發展，

〔註62〕　美國在華軍事顧問團團長巴大維亦明確指出，根據他的觀察，國府的軍事潰敗，任何一次戰役的失敗，從未因武器與物資的缺乏而引起，而應該是歸咎於世界上最差勁的領導權，以及諸多士氣低落問題，才致使戰爭的失利。Tang Tsou, *America's Failure in China*, (Chicago: The University of Chicago Press, 1963), p. 483.

〔註63〕　Walter LaFeber, *America, Russia, and the Cold War*, p. 77.

〔註64〕　「國家安全會議第 68 號文件」從 1950 年元月開始規劃，至四月才告完成。不過在完成之後，杜魯門總統有鑑於國內要求減少國際支出的訴求，再加上他也擔心美國民眾短時間內，尚不能接受國家安全會議第 68 號文件的內容，所以杜魯門一直將之擱置，直到韓戰爆發，方才對外公佈。Tomas J. Christensen, *Useful Adversaries: Grand Strategy, Domestic Mobilization, and Sino-American Conflict, 1947~1950*, pp. 123~124.

〔註65〕　Warner R. Schilling, *Strategy, Politics, and Defense Budgets* (New York: Columbia University Press, 1962), pp. 304~305.從該文件的內容又不難發現，雖然此一文

即可擁有足夠的原子彈以及發射能力，以對抗美國的核子武器。加上自由世界傳統武力的不足、西方聯盟的缺點，以及西歐經濟的衰退，均會造成無法對付蘇聯集團的軍事挑戰。〔註66〕

就建議採取的行動而言：國家安全會議第68號文件建議，除非是政治考量，否則美國不應與蘇聯進行談判。它認為想要與蘇聯達成有效的軍備條約是遙不可及的，因為這不符合史達林式的軍事理念。不過該文件仍然強調由於核武的發展，西方世界還是要努力與蘇聯達成軍備條約，尤其是自由世界應該強化與團結自身的力量。〔註67〕

在審度各種態勢後，該文件提出七項建議：（一）當情況還未能迫使克里姆林宮徹底改變它的政策時，美國應拒絕與蘇聯談判；（二）應發展氫彈以平衡蘇聯可能擁有原子彈的威脅；（三）積極建立傳統武力，以便預防可能的核武戰爭；（四）增稅以應付軍事費用；（五）動員美國社會，以便有朝一日為美國犧牲作準備；（六）由美國主導構成一個強大的聯盟；（七）結合蘇聯人民，以弱化蘇聯集權主義。〔註68〕

最後，國家安全會議第68號文件提出美國可以抉擇的四種政策：（一）保持現狀；（二）發動先發制人的戰爭；（三）撤退到西半球；（四）透過計劃強化與團結自由世界。該文件特別肯定第四種選項，因為它對美國的安全具有重大的意義。

該文件除了提供政策抉擇外，還得出二個結論：（一）該文件認為二次世界大戰後，全球權力平衡已經產生根本的變化。美蘇兩國分別代表兩個不同

件極力避免斷言克里姆林宮是因為意識型態，而欲達成世界的霸權，不過該文件最後還是承認美蘇雙方間與生俱來的利益衝突，是因為彼此意識型態的差異所致。

〔註66〕 不過該文件也強調蘇聯內部也有諸多問題需要面對，例如：（一）農業經濟的問題；（二）蘇聯人民與俄共領導階層間薄弱的關係；（三）蘇聯與附庸國之間的關係。即使蘇聯面臨這些困境，但該文件還是評估蘇聯快速的經濟發展，可以維持大規模的軍事力量。Ibid., pp. 305~306.

〔註67〕 為了擴張美國的軍備力量，此一文件還特別建議美國應該放棄國家無法承擔過多軍費的概念。該文件指出即使在承平時期，若因國家安全的考量，需要使用百分二十的國家預算，也不會造成經濟的崩潰。Ibid., p. 306.

〔註68〕 Walter LaFeber, *America, Russia, and the Cold War*, p. 97.儘管國家安全會議第68號文件試圖結合美國社會的各種力量，以支撐對蘇的冷戰，不過仍舊有人認為，它還未能考量政治、經濟以及軍事等諸多因素，將之整合成一份更具廣泛性的國家安全政策。Omar N. Bradley, *A General's Life* (New York: Simon & Schuster, 1983), p. 518.

的社會，這必然會招致雙方不可避免的衝突。（二）蘇共想絕對控制蘇聯人民，並且希望統治整個歐亞地區。〔註 69〕為此，該文件特別強調美國政府應該努力強化軍事力量，並以實際行動對西方世界作出更多的承諾，以防止美國在戰略上逐漸的惡化，並且能夠抑制蘇聯以武力攻擊西方的企圖心。〔註 70〕

三、影　響

　　國家安全會議第 68 號文件一出現，即刻取代原有 1948 年十一月的「國家安全會議第 20-4 號文件」（National Security Council paper 20/4），不但成為杜魯門政府日後軍事與外交政策的依據，〔註 71〕更是作為美國圍堵蘇聯的主要冷戰的基本政策，〔註 72〕所謂的基本政策即是以軍事力量對付蘇聯。〔註 73〕同時也有學者認為這份文件，實際上已揚棄了肯楠先前的圍堵策略，而將共

〔註 69〕　事實上，該文件並沒有得到國務院中兩位蘇聯專家肯楠與鮑翰的認同，他們二人始終覺得史達林並無意征服世界，主要還是以蘇聯集團為核心。作為一個保守主義者——史達林還甚至害怕過度擴張蘇聯的勢力範圍。肯楠因而主張對蘇聯應該採取談判，耐心對話的態度，而不是軍備競賽。肯楠發現這份文件，會讓美國對蘇的政策，走向僵固化、簡單化，以及軍事化。但艾奇遜並不接受肯楠的建議，其後肯楠辭掉國務院政策計劃署主任一職，改由尼茲接任，並負責撰寫這份文件。Walter LaFeber, *America, Russia, and the Cold War*, p. 96, LaFeber, *The American Age*, p. 504.

〔註 70〕　Warner R. Schilling, *Strategy, Politics, and Defense Budgets*, p. 307.

〔註 71〕　John L. Gaddis, *We Now Know -- Rethinking Cold War History*, 1997, p. 76.不過有學者則從另一種角度解讀該文件，認為它是代表美國有限戰爭概念的呈現。根據王國強的分析，在 1950 年代初之前，不少的美國人認為只要美國加入任何的戰爭，就只有二種簡單的選擇，即全面勝利和徹底失敗，別無它途。全力以赴爭取戰爭完全勝利成為美國軍事戰略的基本原則，沒有人敢對這種神聖的戰略原則提出異議。在美國壟斷核子武器時期，世界上也沒有發生足以迫使美國改變上述觀念的重大事件。不過當該文件分析在蘇聯的原子彈試爆，將於 1954 年趕上美國後，美國就必須認真考慮有限戰爭的可行性。尤其韓戰更是美國對有限戰爭的具體落實，誠如李威將軍（Gen. Matthew B. Ridgway）所言，由於韓戰使得美國第一次瞭解到有限戰爭的概念。王國強，《美國有限戰爭理論與實踐》，頁 1、20、22。

〔註 72〕　國家安全會議第 20/4 號文件於 1948 年十一月二十四日發佈，是第一份有關冷戰基本政策的決定性文件。它是美國在冷戰中，對蘇聯採取圍堵策略的基礎與形式來源。Omar N. Bradley, *A General's Life*, p. 500.

〔註 73〕　不過當時美國政府內部對於國防預算問題發生了嚴重分歧，艾奇遜力主擴張軍事力量，國防部長詹森因主張削減國防預算，因而不贊同國家安全會議第 68 號文件，但他的下屬三個軍部部長、參謀長以及參謀首長聯席會議卻明確選擇支持國務院。Ibid., p. 518.

產主義視為一種全球整合性的行動，對美國的威脅也是全面性的。〔註74〕質言之，國家安全會議第 68 號文件已成為冷戰中，美國新的理論依據。

最後，韓戰檢驗了這份新的理論。國務院是經過重重困難後，才主導出的這份國家安全會議第 68 號文件，不過此份文件需要透過一個事件以印證它的合理性。〔註75〕終於在 1950 年六月二十五日韓戰爆發，給予該文件最好的檢驗機會——一場有限的戰爭檢驗一個戰爭的理論。〔註 76〕由於美國決定在這場冷戰時期裡，代表亞洲地區第一場熱戰中，派兵前往韓國對抗共產集團的擴張。至此，這份文件才由理論層次，提昇至實際層次，檢驗與落實了這份文件內容與建議。〔註 77〕所以艾奇遜會脫口說出：「韓戰來了，也救了我們。」〔註 78〕

附帶一提的是，雖然國家安全會議第 68 號文件較少提及中國，但毫無疑問，中國的未來地位在該文件中已被強化。因為分析該文件，可以發現有三點涉及中國：（一）美國此時的全球政策，已不應該在歐美與亞洲地區採取不同的模式。〔註 79〕（二）遠東地區是冷戰時期混亂的焦點之一，而中國被認為是共產主義在東南亞地區擴張的跳板，重要性則不言可喻。（三）因為該文件強調國際間任何軍力的改變，都將危及到美國，所以美國在全球軍力上，應該採取平衡戰略。也由於這種平衡戰略的理念，進而突顯了台灣問題。〔註 80〕

〔註74〕肯楠把國際社會對美國的重要程度，區隔為主要與邊緣兩部份。John L. Gaddis, *We Now Know -- Rethinking Cold War History*, p. 76.

〔註75〕艾奇遜自己坦言 1950 年對他而言，在國會中他就如同祭品。另一方面，他又需要走遍全國宣揚這份文件。Dean Acheson, *Present at the Creation*, p. 375.

〔註76〕所謂有限戰爭，是指共產主義進行軍事冒險，不是計劃要消滅西方，而是純粹要擴張共產主義勢力範圍。它的野心是有限的，如果美國因而使用核子武力消滅他們，這在道義和權宜之計上都是不相稱的。王國強，《美國有限戰爭理論與實踐》，頁 20。

〔註77〕John L. Gaddis, *We Now Know -- Rethinking Cold War History*, p. 76.

〔註78〕Walter LaFeber, *America, Russia, and the Cold War*, p. 98.

〔註79〕不過必須一提的是，在傳統上，美國的外交政策始終是重歐輕亞的，即所謂的歐洲中心主義（Eurocentrism），無論是孤立主義時代，抑或是二戰後皆然。John Lewis Gaddis, *We Now Know -- Rethinking Cold War History*, p. 54.在東亞政策上，美國又把日本放在中國之上，尤其是大陸淪陷後，美國更希望把日本培養成穩定東亞的主要力量。因此以國府為首的中華民國，在美國外交政策上的「能見度」，以及重要性，總是屬於次要的地位，尤其是當 1949 年國府退居到台灣後，其作為美國利用來與共產主義對抗的工具性角色就更為顯著。

〔註80〕同時也有學者如張少書認為，該文件的起草者尼茲試圖修正杜魯門總統在

　　總之，自從 1940 年代的二戰期間，美國政府大幅度的修正先前孤立主義的立國政策，逐漸走向全球主義。但美國在進行全球主義，與國際社會合作時，卻因以蘇聯為首的共產主義集團，大肆向外擴張勢力，於是美國又著手規劃圍堵政策對付共產主義，形成兩極對抗。此後，這種兩極對峙一直持續數十年。〔註81〕

　　圍堵理論的先鋒是肯楠，不過肯楠所主張的圍堵，是準備與共產主義集團，進行一項長期的政治、外交與經濟的鬥爭。但由於稍後國際局勢的發展，如 1948 年的柏林危機、1949 年中共在中國大陸的奪權成功，以及蘇聯擁有核子武器等，促使杜魯門總統在艾奇遜等人的建議下，改採更強硬的軍事武力對抗蘇聯勢力的擴張。

　　　　1950 年元月五日的政策宣示。尼茲希望以武力的承諾，協助台灣防禦共產主義的入侵。Gordon H. Chang, *Friends and Enemies -- The United States, China, and the Soviet Union, 1948~1972*, pp. 70~72.

〔註81〕圍堵政策是一種消極的方式，美國之所以採取此一政策，而不以更積極的態度面對蘇聯，乃是華府同意肯楠的意見，認為蘇聯內部危機重重，美國可以運用時間改變，甚至打敗蘇聯。

第三章　美國參謀首長聯席會議

「參謀首長聯席會議」（Joint Chiefs of Staff）是美國政府於 1947 年，所建立的戰後國家安全體系的其中一環。不過從它的成立開始，至 1986 年的重組為止，的確遭遇諸多的難題與爭議，例如該會議的性質、權力運作以及效能、效率等，歷來各方的討論未曾中斷。探討該會議歷經四十年的演變與改革，這是本章要探討的焦點。

1986 年十月一日美國又通過「國防部重組法」（Goldwater-Nichols Department of Defense Reorganization Act of 1 October 1986），這是由美國參議員高華德（Barry Goldwater）以及眾議員尼可拉斯（Bill Nichols）等人，所聯手推動完成。此法不但修正了過去國防組織中諸多的缺點，並且奠定了現今美國軍事組織的架構。此一在冷戰時期軍事思維下的產物，迄今雖然東歐共產國家紛紛解體，過去東西二元對立的國際體系，已轉變為美國超強獨大支配國際社會，但高華德與尼可拉斯等人所修正的國防結構，目前仍舊是美國國防單位重要的法源依據。

參謀首長聯席會議從戰前臨時性的設置，到戰後正式賦予法律地位，可以分三個部份：第一階段從 1942 年歷經二次世界大戰到 1949 年為止，此階級又可分為二個段落：（一）1942～1947 年七月「國家安全法案」（National Security Act）的通過為第一階段，參謀首長聯席會議由臨時性的組織，成為國防部所屬的正式軍事單位；（二）第二部份則至 1949 年再設立一位正式主席為止。

1953～1958 年，由艾森豪（Dwight Eisenhower）總統主導第二階段的改革。第三階段則由高華德和尼可拉斯聯手推動「國防部重組法」。在該法中，再一次界定與強化參謀首長聯席會議主席的職掌與功能，並釐清主席與該組織成員的法律關係。至此，參謀首長聯席會議的組織與運作，更符合美國現代國防的組織架構。

　　本章將分為三個部份探討美國參謀首長聯席會議：（一）從 1942～1986年之前，該組織的發展與立法的過程；（二）1983～1986 年，該組織的修正經過；（三）從 1986 年後，該組織的後續發展。

第一節　從臨時至正式單位

一、1942～1947 年的參謀首長聯席會議

　　1942 年對於參謀首長聯席會議的成立是非常關鍵的一年。1941 年十二月七日，日本偷襲珍珠港，美國正式加入第二次世界大戰。為了對抗軸心國的攻擊，並協調同盟國的軍事作戰，美國與英國於是倡議合組兩國的軍事領袖會議。同年十二月在華府召開的「阿卡迪亞會議」（Arcadia Conference）上，兩國同意成立「聯合參謀首長會議」（Combined Chiefs of Staff）。〔註1〕隔年年初，美國為因應聯合參謀首長會議的成立，於是本身也成立一個對應單位，此即參謀首長聯席會議。作為三軍總司令的參謀，這在美國的軍事歷史上是首創。〔註2〕

　　參謀首長聯席會議於戰時成立之初，原本只是臨時性的軍事單位，並沒有相關的法律規範它的聯責，完全是由羅斯福總統，依據戰時的軍事需要，

〔註 1〕　有關軍事參謀會議，對於英國人並不是一個陌生的名詞，早在 1924 年，英國即已建立參謀首長會議（Chiefs of Staff Committee），這個會議對英國在行政上的聯繫，戰術協調與軍隊的戰略指示，具有相當的效果。Ronald H. Cole, *The Chairmanship of the Joint Chiefs of Staff* (Washington, D. C.: Joint History office of Chairman of the joint chiefs of Staff, 1995), pp. 3~4.

〔註 2〕　James F. Schnabel, *The History of the Joint Chiefs of Staff-The Joint Chiefs of Staff and National Policy* (Wilmington, Delaware: Michael Glazier Inc., 1978), Volume I, 1945~1947, p. 5.在阿卡迪亞會議裡，把 "Joint" 界定是同一個國家，但涉及兩個以上的部會。"combined" 指意示是包含二個或是二個以上國家的組織、計劃以及執行。其實在二戰之前，美國軍方已有「聯合委員會」（Joint Board），其目的用來協調海陸軍相關事務。但在參謀首長聯席會議成立後，就吸納許多原先是屬於聯合委員會的功能與職掌。聯合委員會的功能，在於協調陸軍與海軍之間的共同問題，羅斯福總統在 1939 年把此單位置於他的指揮之下，並賦予此單位進行後勤規劃，與基本戰略分析的職責。William D. Leahy, *I Was There*, New York: Whittlesey House, 1950, pp. 101~102.

賦予該組織必要的職權與任務。〔註3〕羅斯福對該組織的基本構想，主要是想藉用該組織的專業軍事能力，以便協助政府完成打敗軸心國戰爭的任務。〔註4〕在此思考下，該組織乃被授予下列的功能與職掌：（一）直接向三軍統帥的總統負責；（二）向總統提供有關戰術與戰略計劃、美國與盟國之間的軍事關係、美軍軍需、運輸與所需兵員的建議；（三）負責研究軍事情報；（四）執行運輸、軍需品與石油的分配。〔註5〕

　　為了執行上述的任務，參謀首長聯席會議下設幾個附屬的單位，以協助參謀首長聯席會議，包括：「聯合副參謀首長會議」（Joint Deputy Chiefs of Staff）；「聯合秘書處」（Joint Secretariat）；「聯合戰略調查委員會」（Joint Strategic Survey Committee）；「聯合參謀計劃署」（Joint Staff Planners），此署包括一個相當重要的小組，即「聯合作戰計劃委員會」（Joint War Plans Committee）；「聯合情報委員會」（Joint Intelligence Committee），此委員會的成員包括「戰略服務處」（Office of Strategic Service）以及「經濟作戰委員會」（Board of Economic Warfare）；「聯合心戰委員會」（Joint Psychological Warfare Committee），此委員會的主席是戰略服務處的首長。〔註6〕

　　自從參謀首長聯席會議成立以後，與總統的配合度相當密切。在總統的充分授權之下，該組織可以下達全面的指令，把百萬計的美國士兵送往各戰場，並且組成了世界上最大的艦隊。而總統、參謀首長聯席會議與戰區指揮官的三角關係上，則是總統宣示政策與大目標；參謀首長聯席會議負責作戰

〔註3〕William D. Leahy. *I Was There*, P. 102.

〔註4〕James F. Schnabel, *The History of the Joint Chiefs of Staff-The Joint Chiefs of Staff and National Policy*, 1945~1947, p.2.

〔註5〕Ibid, p. 1.

〔註6〕William Leahy, *I Was There*, p. 102.不過，那時這些協助戰時參謀首長聯席會議執行任務的下屬單位，主要都是由跨部會的單位所組而成，因此都是屬於兼差的性質。這些單位均代表各自的部門，而不是單獨屬於參謀首長聯席會議的常設聯合參謀。參謀首長聯席會議的這些下屬單位，大小與重要性亦有所差別。有的純粹是技術層次，有的則具有計劃與執行功能。該組織的附屬單位中，最重要的當屬聯合戰略調查委員會（JSSC），它由三位海軍與陸將領組合而成，負責設計長程策略，並為參謀首長聯席會議提供有關戰略的諮詢。另一個重要的部門是聯合參謀計劃署（JSP），此單位根據參謀首長聯席會議的指令（偶而來自聯合戰略調查委員會），負責準備每一次計劃的詳細內容。此外，聯合情報委員會（Joint Intelligence Committee）與聯合後勤委員會（Joint Logistics Committee）都是參謀首長聯席會議的重要下屬機關。見 James F. Schnabel, *The History of the Joint Chiefs of Staff-The Joint Chiefs of Staff and National Policy, 1945~1947*, p.4.

計劃，以及調度戰爭所需要的各項物資；至於執行的細節則留給戰區指揮官。〔註7〕

　　至於參謀首長聯席會議的成員，在整個的二次世界大戰期間共有四位，分別是主席是李海（William Leahy）將軍（他是羅斯福總統的特別軍事顧問，頭銜是陸、海軍總司令的參謀長）、海軍作戰司令金恩將軍（Ernest A King）、陸軍參謀長馬歇爾將軍（George C. Marshall）以及空軍參謀長阿諾德將軍（Henry H. Arnold）。〔註8〕雖然在美國軍事傳統上，海軍與陸軍經常在戰略與建軍上發生許多扦格與衝突，不過在參謀首長聯席會議裡，隸屬三軍的這四位成員，卻能呈現出團隊合作精神。〔註9〕

　　參謀首長聯席會議通常在星期三中午開會，但如果有特別的會議則可以隨時召開。出席的成員僅限於上述四位將軍，不過若是戰區指揮官在華府，則會被邀請與會，討論各戰區的情況。有時候同盟國的代表，也被允許把他們的案子送至參謀首長聯席會議討論。〔註10〕

　　正因為參謀首長聯席會議是一個體制外的單位，致使它有更大的空間，加上團隊合作的精神，因而可以隨時協助美國政府應付戰爭時的各種變化，進而對二次世界大戰，作出重大的貢獻。〔註11〕基於此，不少的美國人認為二次大

〔註7〕　William Leahy, *I Wass There*, p. 103.

〔註8〕　Ibid, p. 104.不過這幾位參謀首長聯席會議成員在戰後即紛紛退休，由新的成員所取代。如1945年十一月十九日，艾森豪將軍（Dwight D. Eisenhower）取代馬歇爾的位置；1945年十二月十五日，海軍尼米茲將軍（Chester W. Nimitz）接替金恩；1946年三月一日，空軍斯帕茲將軍（Carl Spaatz）替代阿諾德。James F. Schnabel, *The History of the Joint Chiefs of Staff -- The Joint Chiefs of Staff and National Policy, 1945~1947*, p.3.

〔註9〕　由於參謀首長聯席會議成員均來自各軍部，如戰爭部（Department of War，即後來的陸軍部）、海軍部（Department of Navy）。所以當他們在執行參謀首長聯席會議的職務，也同時執行原各自單位的職權。實際上，他們還是各軍部部長的主要參謀。但當他們在參謀首長聯席會議時，雖然會接受到來自總統、國防部長與各軍部部長的指示，但該組織只對總統負責，並向總統提供軍事方面的建議，該組織沒有必要向各軍部首長諮商。另外，在戰時，參謀首長聯席會議與國務卿之間關係亦沒有清楚的界定，國務卿偶而會尋求該組織的建議。見James F. Schnabel, *The History of the Joint Chiefs of Staff -- The Joint Chiefs of Staff and National Policy, 1945~1947*, p.8.

〔註10〕 Ibid., p. 102.

〔註11〕 這個二戰時期體制外的軍事單位，如果它與總統擁有密切的關係，必然可以取得總統更多的信賴，當然該組織與總統是否能擁有良好的互動，部分原因視該組織的各別成員與總統之間的私人關係而定，例如李海將軍與羅斯福總統即是一例。另外，在戰時，該組織亦與美國另一個臨時性的聯席委員會有

戰的勝利，部分就是導源於參謀首長聯席會議有效率的運作與戰略規劃，所以給予該組織不少讚許與佳評。甚至對於軍方抱持懷疑態度的美國杜魯門總統，也對二次大戰中參謀首長聯席會議的表現留下深刻的印象。杜魯門（Harry Truman）曾對戰時聯席會議主席李海表示：「如果在南美戰爭中，南方能夠擁有像參謀首長聯席會議這樣的組織，則南方會贏得內戰的勝利。」〔註12〕

僅管參謀首長聯席會議在二次世界大戰期間，為美國與同盟國作出了重大的貢獻，但不可諱言，該組織的成立也埋下了幾點於後世爭議不斷的問題：（一）它是一個合議制的組織，陸、海、空三個軍種的代表完全平等；（二）該組織無法控制國防軍事預算；（三）該組織的任何決議均採取共識決（unanimous consent）。

二、1947～1949 年參謀首長聯席會議

（一）戰爭部、海軍部、總統以及國會和利益團體四角關係

戰後的參謀首長聯席會議，雖然具有高度的聲望，也受到許多的好評，

密切的合作關係，此聯席會議即是外、陸、海三部聯席委員會（State-War-Navy Coordinating Committee）。此一委員會成立於 1944 年十二月，成立的原因有二：其一，為處理戰後的國家政策，提供一個必要的單位；其二，它亦反映出國務院所涉及到越來越多軍事事務的事實。此外，美國政府也需要提供一個跨部會的單位，以便將外交政策與參謀首長聯席會議的考量相結合在一起，外、陸、海三部聯席委員會就在此情境下成立。三個部會首長，即新任國務卿斯退丁紐斯（Edward. R. Stettinius），陸軍部長史汀生（Henry L. Stimson）以及海軍部長佛洛斯特（James V. Forrestal）同意，每部各派一位代表組成此一委員會。此委員會負責處理國務卿手上正在研議中的軍事與政治議題，並整合有關三個部會的共同利益。三位部會的代表分別是國務院的鄧恩（James C. Dunn），陸軍部的陸軍助理部長麥克羅伊（John J. McCloy），以及海軍部的助理部長蓋斯（Artemus L. Gates）。而參謀首長聯席會議在首次此一委員會的顧問會議中，則派遣聯合戰略調查委員會主任海軍威爾遜將軍（Russell Willson）與會。在此一委員會中有關軍事議題部分，都會提到參謀首長聯席會議的觀點與評論為何。簡言之，外、陸、海三部聯席委員會體系與參謀首長聯席會議系統可謂合作無間。James F. Schnabel, *The History of the Joint Chiefs of Staff -- The Joint Chiefs of Staff and National Policy, 1945~1947*, pp. 9~10.

〔註12〕 William Leahy, *I Was There*, p. 105.基本上，參謀首長聯席會議是一個純粹的軍事單位。但由於軍事與外交皆涉及到國家安全與利益，而且軍事的規劃常會橫跨到外交議題上，因此無論在戰時與平時，這二個面向皆會互相影響。所以當參謀首長聯席會議著手一項重大的軍事戰略規劃時，或多或少都會衝擊到外交與政治層面。不過參謀首長聯席會議的本職還是以國防軍事戰略為主。

不過，此時卻有兩個因素，逼使美國政府必須考量到將該組織重新定位，一是組織合法化的因素：該組織主要是因應二次世界大戰而成立的臨時性單位，故其在戰後的美國政治體制中變得定位不明。為此美國政府有必要予以新的法律定位。二是軍事戰略的因素：由於美國在戰後決定對共產集團採取圍堵政策，但華府發現美國現行的國防立法和國防體制遠不能適應推行圍堵政策。此時，國內不但缺乏一個全國性的國防法案，而且也沒有一個統一的全國軍事指揮機構，以配合圍堵政策。質言之，美國此時需要一個強大的國防組織，以應付戰後的軍事需要，並配合圍堵政策。〔註13〕

　　基於上述因素的考量，並經過長期的醞釀和審議。於是在 1947 年初，先透過杜魯門政府建議立法，同年七月二十六日，再經由國會通過「國家安全法案」（National Security Act），一舉將國防部、中央情報局以及國家安全會議等三個單位合法化。〔註14〕而參謀首長聯席會議也在此國家安全法中，附屬於國防部，並得到合法的定位（見圖一）。〔註15〕

　　事實上，早在 1944 年初，美國政府對於戰後參謀首長聯席會議如何定位既出定非常激烈的爭辯。戰爭部（包括陸軍與空軍）強烈的支持應該擴大參謀首長聯席會議的職權，並主張該組織應該設立一位固定主席，以使決策過程能夠更為集中。為達此目標，戰爭部中的陸軍與空軍官員提出幾項建議：(1)軍事預算由文人掌控的戰爭部和海軍部，移轉至參謀首長聯席會議；(2)

〔註13〕王國強，《美國有限戰爭理論與實踐》，頁 11。

〔註14〕國防部整合原來的陸軍部與海軍部，再加上空軍部等附屬單位。

〔註15〕就權力結構本質而分析，美國政府將此類原本是總統為應付特殊國際局勢，所成立的單位，納入政府組織之中給予必要的規範，並取得合法的地位。就統治者而言，古今中外不少的領袖人物對體制外的諮詢有所偏好，就以小羅斯福總統為例，有學者對其領導風格作出以下論述：羅斯福總統對於政府事務，經常運用個人的途徑解決，包括對抗軸心國的戰爭。他深信所謂的權變之計。他喜愛個人式的諮詢，勝過於組織結構內的建議。見 James F. Schnabel, *The History of the Joint Chiefs of Staff -- The Joint Chiefs of Staff and National Policy, 1945~1947*, p.5.若仔細觀察美國政府的權力運作，不難發現始終在變動中。以國家安全會議而論，在詹森總統時代，他不是在國安會上制定外交政策，實際的政策決定是先以一個特別的團體（ad hoc group），即所謂的「星期二午餐」（Tuesday lunches）確立，而後再由國安會背書。待至尼克森總統時，亦如法泡製。首任的第三年起，政策決定即權轉移至白宮以及季辛吉（Henry Kissinger）的國安會幕僚（NSC staff）手上，這就是著名的「星期五早餐」（Friday breakfast）。Lawrence J. Korb, *The Joint Chiefs of Staff-The First Twenty-five Years* (Indiana: Indiana University Press, 1976), pp. 8, 10.

圖一：美國國防部的圖解〔註16〕

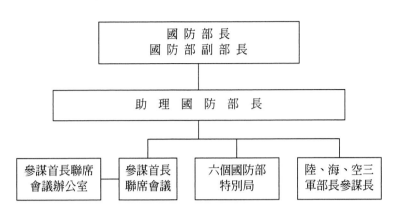

將戰時參謀首長聯席會議共識決，改爲多數決（majority vote）；（3）該組織設立一位高階指揮官或者參謀長，並給予他指揮各軍種的權力。不過海軍的態度卻與戰爭部完全相反，海軍極力主張應該維持一個有限權力的參謀首長聯席會議，而不是膨脹該組織的勢力。〔註17〕戰爭部與海軍部對於究竟應如何定位參謀首長聯席會議，乃從戰時的爭議延續到戰後。儘管杜魯門總統在戰時對該組織的運作留下深刻的印象，不過他對該組織也有批評，他曾對其顧問克里福特（Clark Clifford）表示，如果海軍與陸軍對敵人的作戰，能夠與兩部之間的衝突等量齊觀，則二次世界大戰應該會提早結束。〔註18〕基於戰後國家安全體系的改量，杜魯門亦決定改革參謀首長聯席會議，並頗爲支持陸軍的立場。不過杜魯門的計劃，卻遭到以海軍部長佛洛斯特爲首激烈的反對，佛洛斯特甚至表明以辭職來威脅杜魯門。〔註19〕佛洛斯特堅決的態度逼使杜魯門總統不得不作適度修正，以期爭取海軍、國會與其他反對者的支持。〔註20〕最後導致 1947 年參謀首長聯席會議規劃的內容，傾向於海軍的要

〔註16〕 Lawrence J. Korb, *The Joint Chiefs of Staff-The First Twenty-five Years*, p. 5.
〔註17〕 Amy B. Zegart, *Flawed by Design: The Evolution of the CIA, JCS, and NSC.* (Stanford, California: Stanford University Press, 1999), p. 110.
〔註18〕 Clark Clifford, *Counsel to the President: a memoir* (New York: Bantam Doubleday Dell Publishing Group, Inc., 1991), p. 146.
〔註19〕 Ibid., p. 151.
〔註20〕 杜魯門曾經想接受佛洛斯特的辭職，不過他也瞭解此舉恐將在國會中，引發更多海軍支持者的反彈，並使海軍更加堅定立場，這會把佛洛斯特創造成一位殉難者。其結果是軍事統一的希望將注定失敗。爲此，杜魯門決定運用耐心與巧妙的策略應付佛洛斯特，即儘可能與佛洛斯特保持距離，但又不失去他。Ibid., p. 151.

求。究竟對於在 1947 年參謀首長聯席會議的立法過程中，扮演關鍵性角色的海軍部、戰爭部與總統如何考量是值得分析，另外國會與利益團體也是不可忽視的兩股勢力。

1. 戰爭部

其實，素來海軍與陸軍，由於自身的作戰屬性，以及軍事理論的差異性，所以在軍事建制理念上，也出現不同的意見。基本上，海軍是以馬漢（Alfred T. Mahan）的海權論為指導原則。由於此時的海上活動，乃至對外的殖民，皆是以船艦為主軸，所以海軍認為優勢的海權，可以擴大國家的影響領域，例如英國即是最佳的典範。相反的，陸軍則以克勞塞維茨（Carlvon Clausewitz）的《戰爭論》（On War）為師，強調陸權至上，德國是最好的楷模。〔註 21〕因此，在二次大戰結束之前，戰爭部的文武官員均主張戰爭部與陸軍部，應合組成單一的國防部，戰爭部的構想欲將參謀首長聯席會議的權力強化與集中化。〔註 22〕為此戰爭部建議戰後的參謀首長聯席會議應該設立一位高階指揮官，以指揮陸、海、空軍，並得以規劃國防預算，而且該組織應採取多數決的方式。

戰爭部在許多公開的場所上，一再批評二戰期間參謀首長聯席會議的在聯合軍事作戰上缺乏效能，同時也反對所謂的共識決，導致以少數否定多數，形成軍事上無效率的現象。為此，他們表示了戰後國防力量能發展出高度的效率與效能，以維護國家安全，所以戰後該組織的結構應該改變。戰爭部部長派特森（Robert P. Patterson）於 1945 年參議院的聽證會上表示，由各軍種所成立的聯席會，較沒有任何聯繫工作為佳，但若有一個獨立指揮權協調聯繫工作則更為恰當。美國應該設立一個軍事單位作最後軍事決策的仲裁者。有人指出，對於指揮權的運作而言，一位窮蹙的指揮官是優於兩位優秀的指揮官。〔註 23〕

戰爭部認為應該統一軍事指揮權的另一項原因是著眼於經濟效用。戰爭部強調各自為政的海軍與戰爭部恐將增加國防預算的支出，這完全不符合戰

〔註 21〕 Gordon N. Lederman, *Reorganizing the Joint Chiefs of Staff -- The Goldwater -- Nichols Act of 1986* (Westport, Connecticut: Greenwood Publishing Group Inc., 1999), pp. 6, 16.

〔註 22〕 戰時參謀首長聯席會議的運作，屬於集體領導，可以決定軍事策略，擁有作戰指揮權力。

〔註 23〕 Amy B. Zegart, *Flawed by Design: The Evolution of the CIA, JCS, and NSC*, Stanford, pp. 111~112.

後美國大幅刪減軍事支出的潮流。派特森指出，如果實施一旦藉由新的國防體系，執行新的國防預算，將可以節省數十億美元。〔註24〕

不可諱言，戰爭部對於改革戰後美國軍事結構的理由，有其正當性。不過若從另一面向仔細思考戰爭部的動機，仍有其自身利益的考量。以將來參謀首長聯席會議的組成而言，陸軍擁有兩項優勢：(1)陸軍高級將領人數遠多於海軍，將來進入該會議的人選必多於海軍；(2)空軍部原本屬於陸軍，空軍將領亦由陸軍所訓練出來，因而具有陸軍的思想。

基於上述的理由，即使將來參謀首長聯席會議由三個軍種輪流擔任，海軍勢將居於落勢，陸軍則將佔有三分之二的優勢。按照過去該會議的共識決方法，只要有一個軍種的反對，就可以否決任何的提案。不過一旦決議方式改為多數決，則陸軍與空軍聯手，必可成為絕對多數。其實，陸軍想要爭取多數優勢的考量，在於戰後能夠爭取更多的軍事預算。除此之外，則涉及各軍種的軍事思維與作戰方式。傳統上，陸軍的作戰方式，強調軍事指揮權的統一，所以它力主在戰後成立一個強大的國防部，以統合三軍。並以參謀首長聯席會議促進軍權的統一。總之，就陸軍傳統的建軍思維，以及戰後美國因應冷戰的需要，改革軍事組織是有有正當性與必要性。但在海軍思考中，此一軍事改革不僅是陸軍的擴張勢力的陰謀，亦無異與海軍傳統軍事哲學，強調獨立作戰大相悖離。海軍就在海軍部長佛洛斯特的領導下，展開了一場與杜魯門和陸軍的激烈爭鬥。

2. 海軍部

以佛洛斯特為首的海軍是不同意戰後國防組織的改革，尤其是對陸軍部在參謀首長聯席會議的建議，就與陸軍、總統的意見相左。海軍極力阻止在參謀首長聯席會議內設立一位軍事主席，對於該組織將以多數決取代共識決也不認同，尤其對於該組織將控制戰後的軍事預算更是堅持反對。海軍的論調是應該維持戰時參謀首長聯席會議的體系，即所謂的共識決、有限的權力等。如同戰爭部，海軍部也同樣是以國家利益，向社會大眾訴求。海軍以兩個理由爭取社會輿論的支持：

其一，海軍指出，陸軍部統一軍事權的設計，將嚴重威脅文人統治軍方的傳統。海軍的顧慮，佛洛斯特早於 1944 年既已存在，而直到 1945 年，佛洛斯特與海軍才更直接的表明。在一次參議院的聽證會上，佛洛斯特作證表

〔註24〕Ibid., p. 112.

示，軍事組織的統一，會嚴重損會與孤立文人的統治權。海軍作戰司長金恩更進一步的表明，各軍種兵力若僅由一位獨立的指揮官掌控，則如一個人騎在馬背上。〔註25〕海軍的結論是，只有現行弱化的參謀首長聯席會議體系，才能維持文人與軍方的適度關係。

其二，從歷史上否定軍事中央化所產生的效能，則是海軍的另一個訴求。海軍認為任何一位統治所有軍事權的指揮官，其戰略思考與指揮皆受限於本身的軍事訓練。海軍時常提起歷史上因軍事中央化所導致的失敗經驗，如古羅馬帝國、拿破崙帝以及希特勒等皆是。

其實在海軍上述「冠冕堂皇」反對軍事中央化的背後，也有其自身利益的考量：

其一，海軍深信軍事指揮權的統一會損及到海軍的地位。對於此點，以佛洛斯特表達的最為明白。他指出此項計劃純粹是艾森豪的陰謀，也認為杜魯門的構想完全行不通，為此他準備給予回擊，他和海軍高級將領都不可能在國會的聽證會上支持這項計劃。〔註26〕表面上，海軍認為一位最高指揮官無可避免會低估或忽略其他戰鬥成員，但私底下，海軍非常擔心本身就是被忽略的戰鬥成員。

其二，海軍認為多數決的方式將導致海軍成為參謀首長聯席會議中的少數。尤其基於戰後國防預算的考量，更使得海軍深信只有否決權，才能維持海軍的權益。在戰時的體系下，海軍可以直接編列自己的預算，而不需要與陸軍協調，更能可以直接向國會遊說。不過如果按照陸軍的意見，會產生二種結果：(1)多數決將促成陸軍與空軍的預算凌駕於海軍；(2)雖然海軍可以把自身的「少數意見」呈給總統，但並不能直接與「預算局」（Budget Bureau）和國會進行溝通。

其三，新的國防組織法案完全違反海軍的建軍傳統與思維。海軍的建軍理念歷來強調集體決策與各軍種獨立作戰，集體決策代表海軍的立場可以充分表達，軍種獨立作戰可以更驗證海軍希望發展出完整的陸、海、空戰鬥力量。

總的而言，戰爭部與海軍皆是以戰後自身的利益思考國防組織的建構，因而從 1945 年夏天至 1947 年春天，雙方為此爭辯不已，那位「精力無限，

〔註25〕 Ibid., p. 114.
〔註26〕 Clark Clifford, *Counsel to the President: a memoir*, p. 149.

眼界有限」的佛洛斯特甚至明指：「我們將爲海軍的生存而奮戰。」〔註27〕

3. 總　統

在戰後國防建構的過程中，杜魯門總統扮演具有關鍵性的角色。質言之，他是支持戰爭部的立場，不過理由則和戰爭部不盡相同。杜魯門著重的目的，不是軍種的利益，而是國家的生存。在戰後，他需要一個新的軍事組織，以便提供高層次的軍事戰略，以及執行軍事作戰指令。杜魯門總統認爲要達成上述的目標只是透過參謀首長聯席會議的協助，由該組織來規劃國防預算，並設立一位軍事主席來領導該會議。爲此，杜魯門希望創建一個完整的參謀首長聯席會議，他唯一的動機全然超越於政治利益之上，而是著重在全盤的經濟利益，軍事作戰，乃至於總統對軍事權掌控的考量。如同杜魯門在 1945年所宣示，參謀首長聯席會議創立的基本問題，在於該組織在戰時與和平時期，能爲國家軍事提供最大的貢獻。〔註28〕總之，杜魯門總統是以國家立場而非派系角度，支持戰爭部的規劃。

4. 國會與利益團體

傳統上，國會與利益團體對於美國任何法案，皆具有一定的影響力。不過若觀察 1947 年國家安全法，以及參謀首長聯席會議的立法過程，則這兩股勢力顯得不如往昔的活躍。分析其原因有四點：(1)利益團體沒有任何動機要求出席國會作證，或對國會進行壓力；(2)國會議員也沒有太大的選舉驅策力，需要太過於介入軍事結構細節裡；(3)由於國防結構是一個非常專業的問題，但大部份的國會議員與利益團體，皆欠缺國防專業背景，致使他們也不能在立法過程中涉入太深。例如共和黨眾議員霍夫曼（Clare Hoffman）於 1947年眾議院的聽證會上曾指出，如果國會冒險要修改國防組織法，則成員將立即受到來自輿論的指責，認爲他們反對國防、反對政府。〔註29〕(4)當海軍與戰爭部在 1947 年國家安全法的最後立法階段，兩部會的高階將領又同時聯手，贊同此一法案，並將國會阻擋於立法的決策之外。〔註30〕

〔註27〕 Ibid., p. 149.
〔註28〕 Harry S. Truman, *Public Papers of the Presidents of United States: Harry S. Truman, 1945~1953*, 8 vols. (Washington: GPO, 1961), vol. 1, p. 550.
〔註29〕 Amy B. Zegart, *Flawed by Design: The Evolution of the CIA, JCS, and NSC*, p. 119.
〔註30〕 根據研究此時海軍在國會中的支持者遠多於陸軍。在眾議院中素有現代海軍之父的眾議員文森（Carl Vison），在參議院則以羅素（Richard Russell）兩人全力支持海軍。這兩位被喻爲最有力量的立法團隊。Clark Clifford, *Counsel*

　　總之，就在可能會動輒得咎，以及專業能力不足的情況下，國會與利益團體對於參謀首長聯席會議的成立，影響力是有限的。所以包含參謀首長聯席會議在內的國家安全法案，就在 1947 年七月十六日由國會通過。

（二）1947 年國家安全法下的參謀首長聯席會議

　　參謀首長聯席會議所以能從「臨時機構」一躍成為美國國防部下轄的一個正式單位，更由於其主席具有特殊軍人身分，是美國軍方當中的最高階，故得進入國家安全會議，成為總統與其他文人首長的顧問，參贊國政（見圖二）。〔註31〕最重要的轉折點是 1947 年七月國會所通過的國家安全法。

圖二：國家安全會議（National Security Council）〔註32〕

註：此表中，參謀首長聯席會議主席，不但是出席國家安全會議的三位顧問之一，也是國家安全會議所屬六個小組的成員之一。

　　1947 年的「國家安全法案」明確規範了參謀首長聯席會議的職掌與編制。此法案規定，國防部內設參謀首長聯席會議，由主席、陸軍參謀長（Chief

---

to the President: a memoir, p. 148.而根據學者賴德曼（Gordon N. Lderman）的分析，共和黨的國會議員也傾向支持海軍，其原因有三：（一）共和黨不信任杜魯門所欲建立的大政府，尤其陸軍的建議更是加強化了大政府的論點；（二）共和黨主張孤立主義，再加上該黨歷來傾向亞太地區，所以會偏向海軍。同時也不喜歡陸軍的歐洲主義，因而懷疑將來的大政府會使得美國涉入歐洲的事務；（三）共和黨以政黨政治反對杜魯門，而支持海軍。Gordon N. Lderman, *Reogranizing the Joint Chiefs of Staff -- The Goldwater-Nichols Act of 1986*, p. 16.

〔註31〕Lawrence J. Korb, *The Joint Chiefs of Staff -- The First Twenty-five Years*, p. 10.

〔註32〕Ibid., p. 8.

of Staff U. S. Army)、海軍作戰司長（Chief of Navy Operations），以及空軍參謀長（Chief of Staff U. S. Air Force）等四人組成。〔註33〕會議定位為總統、國家安全會議以及國防部長的主要軍事顧問，總統擁有對該組織主席的提名權，同意權則歸屬於參議院。〔註34〕主席應從三軍部隊的軍官中遴選任用，任期二年，得連選連任一次。但戰爭期間，則不受連選連任的限制。〔註35〕同時會議主席於任職期間，軍階超過所有三軍軍官，但主席對會議成員或者三軍沒有任何軍事指揮權。〔註36〕

〔註33〕 1986 年的「國防部重組法」中，則增設一位陸戰隊司令，以及一位副主席，但副主席沒有投票權，使得參謀首長聯席會議的成員變為六位。

〔註34〕 不過，參議院對於參謀首長聯席會議主席，設下了相當大的限制，例如主席在主持會議時，並沒有投票權。主因是國會並不樂見在軍事體系中，出現一位獨大的將領，可以凌駕於各軍事單位之上。同時，國會也不同意該組織主席以個人的身份，作為總統的主要軍事顧問，而規定主席必須是代表參謀首長聯席會議。Gordon N. Lederman, *Reorganizing the Joint Chiefs of Staff -- The Goldwater -- Nichols Act of 1986*, p. 19.

〔註35〕 C. W. Borklund, *The Department of Defense* (New York: Frederick A. Rraeger, Inc, 1968), p. 332.根據「國家安全法」，參謀首長聯席會議主席的職掌包括：（一）擔任聯席會議的主席；（二）提供會議開會的議程，並協助會議成員儘速推行業務。隨時向國防部長報告，並於總統或國防部長認為有必要時，向總統報告聯席會議尚未取得一致意見的有關問題。見 Ibid., p. 332.

〔註36〕 其實，美國政府希望把主席的軍階定位為三軍軍官之首，是有其先見之明。就舉韓戰時期，麥克阿瑟（Douglas MacArthur）與聯席會議成員之間的軍事經歷作比較，不難發現在相當重視軍中倫理的傳統下，如果會議成員的軍階、個人條件與經歷皆不足以服眾，則聯席會議可能成為各戰區司令的橡皮圖章而已。麥克阿瑟將軍在韓戰時，已是一位五星的將軍，同時擁有七年遠東司令的經驗。而成員中，只有主席布萊德雷（Omar N. Bradley）是五星上將，他亦是 1949～1953 年任職會議主席，稍稍可以和麥克阿瑟抗衡。但布萊德雷的年紀只有五十五歲，較麥克阿瑟為年輕。其他的成員都只是四星將軍，聲望與資歷皆不如麥克阿瑟，甚至曾在 1948～1952 年任職於聯席會議的范登堡（Hoyt S. Vandenberg），還是麥克阿瑟當軍校校長時的學生。此外，會議的成員中，除了海軍上將雪曼（Forrest P. Sherman）（1949～1951 年）曾在二次大戰有亞洲經驗外，其餘對亞洲局勢皆所知不多。在軍階與經驗都顯然居於劣勢之下，聯席會議即使強烈反對麥克阿瑟的作戰，也不敢直接挑戰他，或不願反駁他的軍事意見。Lawrence J. Korb, *The Joint Chiefs of Staff -- The First Twenty-five Years*, pp. 140~141.另外，五角大廈內的另一個五星上將是馬歇爾，與麥克阿瑟的關係也不甚融洽，據聞麥克阿瑟任職陸軍參謀長時，曾經阻止馬歇爾晉升為將軍。而當馬歇爾在 1950 年九月任職國防部長，成為麥克阿瑟的頂頭上司時，還特地以個人的名義秘電麥克阿瑟，表達善意，並希望消除他的疑慮。Lawrence J. Korb, *The Joint Chiefs of Staff -- The First Twenty-five Years*, p. 144.

在總統與國防部長的命令與指導下，參謀首長聯席會議應該：(1)擬定戰略計劃及負責三軍的戰略指導；(2)擬定聯合後勤計劃，並根據此等計劃，指定三軍所負的後勤責任；(3)於戰略地區成立統一部隊；(4)依據戰略及後勤計劃，審查三軍的主要物資及人員需求；(5)擬定三軍聯合訓練政策；(6)擬定協調三軍人員軍事教育政策；(7)依據聯合國憲章，派遣美國駐聯合國軍事參謀委員會；(8)執行總統或國防部長臨時交辦的事項。

為了完成總統與國防部長所交付的任務，除了聯席會議的四位成員外，另有其龐大的法定附屬組織以協助會議運作（見圖三）。

圖三：參謀首長聯席會議組織表

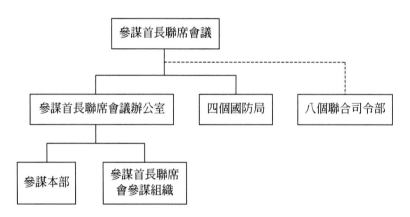

註：虛線表示參謀首長聯席會議對八個聯合司令部非具有直接指揮權。〔註37〕

〔註37〕參謀首長聯席會議和參謀首長聯席會議辦公室與四個國防局（Four Defense Superagencies）之間的關係是，後兩個單位直接向參謀首長聯席會議報告。而席會議與八個聯合司令部（Eight Unified Commands），則屬於間接的關係。國防部長指揮八個聯合司令部，其中七個指揮司令部是由二個以上的陸、海、空軍種所組成。另一個是特種指揮司令部，由單一軍種組成。指揮的過程是透過聯席會議的組織系統，向國防部長報告。八個聯合司令部，分別是屬於特種指揮部隊的戰略空軍司令部（Strategic Air Command），由空軍單位組成，司令部設在內布拉斯加州的阿伏特空軍基地（Offutt Air Force Base Nebraska）。其他七個統一部隊為：歐洲司令部（European Command），總部設在德國、阿拉斯加司令部（Alaskan Command），總部設在阿拉斯加州爾門多夫（Elmendorf Air Force Base Alaska）、大西洋司令部，總部設在維吉尼亞州諾福克（Norford Virginia）、大陸防空司令部，總部設在維吉尼亞州諾福克（Norford Virginia）、大陸防空司令部（Continental Air Defense Command），總部設在科羅拉多州安特空軍基地（Ent Air Force Base Colorado）、大平洋司令部（Pacific Command），總部設在夏威夷、南美司令部（Southern Command），

　　在所有參謀首長聯席會議的下屬單位中，最重要的組織是聯合參謀本部（Joint Staff），此係根據 1947 年國家安全法規定成立。其成員由聯席會議遴選，並經主席核准，名額四百名，成員包括陸軍、海軍、陸戰隊以及空軍。聯合參謀本部設一位主任（Director of the Joint Staff），主任的產生有兩個步驟：一是提名權，參謀首長聯席會議主席諮詢會議的成員後，規劃適當的人選；二是國防部長擁有同意權與任命權，由他根據所規劃的人選，作最後的裁決。此法也規定參謀本部主任不得超過一任三年，官階是三星中將，且不得高於參謀首長聯席會議的任何一位成員。他的職責是協助會議主席完成：(1)各戰鬥部隊的統一戰略指令；(2)將陸、海、空軍，整合成具有效能的團隊。同時，主任必須是軍職人員。〔註 38〕由於聯合參謀本部在參謀首長聯席會議體系中，負責處理此一會議的例行事務，因而佔有相當重要的地位。所以主任的功能，就如同參謀首長聯席會議主席的代理人，負責與各軍部的高階軍官協商各項事務（見圖四）。〔註 39〕

　　總部設在運河區（Canal Zone），以及備戰司令部（Readiness Command，有時亦稱打擊司令部（Strike Command），總部設在佛羅里達麥克狄爾空軍基地（Macdill Air Force Base Florida），備戰司令部可以在接獲命令後的數小時，飛往世界任何地區作戰。四個國防局分別是：國防通信局（Defense Communication Agency）、國防情報局（Defense Intelligence Agency）、國防測圖局（Defense Mapping Agency）、及國防核子局（Defense Nuclear Agency）。Lawrence J. Korb, *The Joint Chiefs of Staff -- The First Twenty-five Years*, p. 5, C. W. Borklund, The Department of Defense, p. 91.所謂的聯合司令部乃指由兩個或兩個以上軍種，組合而成的司令部；特種司令部則由單一軍種成立。Robert Previdi, *Civilian Control Versus Military Rule* (New York: Hippocrene Books Inc., 1988), p. 18.

〔註 38〕C. W. Borklund, *The Department of Defense*, pp. 332~333.
〔註 39〕Lawrence J. Korb, *The Joint Chiefs of Staff -- The First Twenty-five Years*, p. 12.各軍部參謀長所指派的執行代理人（operations deputy）和參謀本部主任合組成一個附屬單位，此即為有名的「執行代理人」會議（operations deputies, OPSDEPS）。「執行代理人」會議由參謀本部主任主持，處理一些較不重要的事題，或者是再事先檢視一些將呈給參謀首長聯席會議的重要議題。而此會議除了參謀本部主任是本部的人員以外，此單位並不隸屬於參謀本部。「執行代理人」會議之外，還有一個「副執行代理人」會議（deputy operations deputies, DEPOPSDEPs），以協助「執行代理人」會議。這個單位由本部副主任，以及各軍部的二星將領組成。同樣地，此會議除了副參謀本部主任是本部的人員以外，並不隸屬於參謀本部。

圖四：聯合參謀本部組織

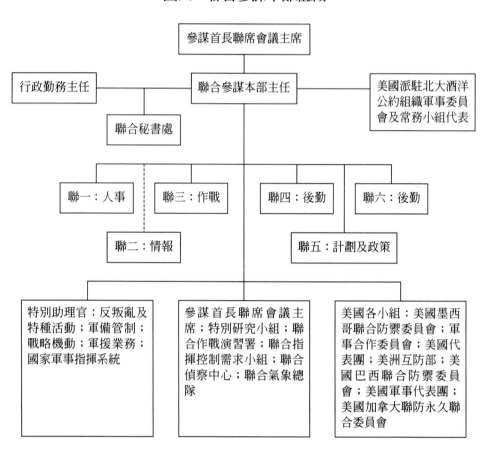

註：虛線部分，代表情報業務已由國防情報局接辦。〔註40〕

　　總之，1947 年因國家安全法使得參謀首長聯席會議主席，得以正式進入國家安全會議，進而參與制定美國國家安全的各項策略，是具有以下幾重意義：其一，他們可以直接向總統分析國內外軍事狀態，並提出各種軍事的主張與意見；其二，美國政府主要領導者，如總統、副總統與國防部長皆爲文人，因此需要有代表軍方的專業人士，參與國家安全會議，以提供他們有關軍事戰略與戰術，或者是專業方面的知識。而正如會議主席李海所言，這個會議與總統的關係，只不過是把總統交給他們的戰爭藍圖，轉換爲明確的戰略模式而已，戰爭的眞正決策者還是總統本人。〔註41〕

〔註40〕 C. W. Borklund, *The Department of Defense*, p. 91.
〔註41〕 William Leahy, *I Was There*, p. 106.

　　表面上，參謀首長聯席會議是合法了，也賦予軍事職權，但實際上卻也留下諸多的難題。質言之，在此一國家安全法中最大的勝利者——海軍部長佛洛斯特等人的堅持下，國防體系出現了以下的缺口有待解決：其一，法案中的國防部正式名稱為「國家軍事機構」（National Military Establishment），而不是「國防部」（Department of Defense）。〔註42〕其二，法案中的國防部長權力非常有限，沒有副部長，幾乎沒有幕僚。〔註43〕其三，雖有國防部，但不得合併各軍部或各軍種。〔註44〕其四，法案中規定不得設置單一的三軍參謀長（a single Chiefs of Staff over the armed forces），或是單一的三軍參謀總長（an overall armed forces general staff）。〔註45〕其五，此法案中的主席並非是正式，而是臨時性的。〔註46〕法中更明定參謀首長聯席會議才是總統、國家安全會議及國防部長的主要軍事顧問。〔註47〕如此導致成員內部出現紛爭時，唯一的仲裁者是總統。〔註48〕

（三）1949年國家安全法的修正

　　國家安全法通過後，杜魯門原本改慮任命戰爭部長派特森為首任的國防部長，但派特森以他在華府已經任職六年，個人財務狀況日窘，希望回紐約重執律師事業，明白拒絕了杜魯門的邀請。為此，杜魯門轉而決定任命最為反對成立國防部長的佛洛斯特。〔註49〕

　　佛洛斯特是在1947年九月十七日，沒有杜魯門總統在場的情況下，由美國首席大法官文森（Fred Vinson）監誓，就任國防部長。〔註50〕再加上：（1）

〔註42〕Clark Clifford, *Counsel to the President: a memoir*, p. 158.
〔註43〕Ibid., pp. 157~158.
〔註44〕C. W. Borklund, *The Department of Defense*, p. 317.
〔註45〕Ibid., p. 318.
〔註46〕Ronald H. Cole, *The Chairmanship of the Joint Chiefs of Staff* (Washington, D. C.: Joint History Office, Office of the Chairman of the Joint Chiefs of Staff, 1995), p. 6.
〔註47〕C. W. Borklund, *The Department of Defense*, p. 331.
〔註48〕Clark Clifford, *Counsel to the President: a memoir*, p. 156.
〔註49〕杜魯門選擇佛洛斯特居於二點理由：（一）佛洛斯特對於已對他弱化的部長一職，勢必將窮於應付；（二）既然他已接掌國防部長，則會全力讓此一職位正常運作。杜魯門此一任命可謂是高明的策略，不過這也間接造成他於1949年五月二十二日悲劇性的自殺。Clark Clifford, *Counsel to the President; a memoir*, pp. 158, 174，有關佛洛斯特自殺的原委可以參考前引書，頁171～174。
〔註50〕杜魯門此時正從巴西里約簽署「里約條約」（the Rio Pact）完畢，並搭乘密蘇里航空母艦返回華府途中。Ibid., p. 159.

在國家安全法中，他打敗戰爭部，爲海軍與海軍陸戰隊取得重大的勝利；（2）他長期以來主張的美國對蘇意見，也逐漸成爲華府的主流政策。所以在華府，除了杜魯門與馬歇爾外，佛洛斯特可和其他人並駕其驅。至此，他已處於政治生涯的高峰。

不過在佛洛斯特成爲國防部長後，接踵而來的是國防部內許多運作上的困擾，讓他不勝其擾，最後於 1948 年，他公開承認過去所犯的錯誤，並審愼思考如何修正國防組織法，甚至爲此和昔日的海軍戰友漸行漸遠。

佛洛斯特一上台就發覺受到諸多的限制，例如，國防部長只擁有少數幾位幕僚人員，沒有副部長，以及相當有限的權力。故他曾向克里福特表示，他在國防部內完全無法動彈。他必須親自處理每一件事，他和其助理每天幾乎有做不完的工作。〔註51〕爲此，他於 1948 年三月初，向杜魯門表示，總統應以行政命令修正國防部長的職權。稍後，佛洛斯特更決定要面見杜魯門總統，提出修正「國家軍事機構」的構想。1948 年十月五日，佛洛斯特於白宮正式向杜魯門坦承，他在 1946～1947 年間，對於國家安全法的立場是錯誤的，他已準備儘可能支持新的修正法案。〔註52〕

與佛洛斯特回心轉意準備支持修正國安法的同時，在杜魯門的任命，並由國會的授權之下，1948 年秋天成立「胡佛委員會」（Hoover Commission）進行國安法的修正工作。該委員會證實 1947 年的「國家軍事機構」是有瑕疵的而應該修正。〔註53〕至此，美國朝野對於國安法的修正，已經準備朝向：（1）把「國家軍事機構」合組爲一個單一的行政部門，即爲國防部；（2）國防部長將賦予充分的權力，以便控制所有軍事單立；（3）設立副部長；（4）陸、海、空三個軍部保留，但已非獨立的行政部門，必須合併於國防部之下，且三個軍部部長亦置於國防部長之轄下；（5）成立一位正式的參謀首長聯席會議主席。〔註54〕

〔註51〕 Clark Clifford, *Counsel to the President: a memoir*, p. 160.在就任國防部長之前，佛洛斯特曾把自己定位爲是政策制定者，而非行政管理者，因而只要求少數的幕僚。他更將此一職務定位在聯繫、計劃、整合而非執行者。Ibid., p. 159.

〔註52〕 Ibid., p. 161.

〔註53〕 此委員會的主持人 Ferdinand Eberstadt 也就是 1947 年海軍計劃的主筆者。Gordon N. Lederman, *Reorganizing the Joint Chiefs of Staff -- The Goldwaer-Nichols Act of 1986*, p. 18.

〔註54〕 Clark Clifford, *Counsel to the President: a memoir*, p. 161.

此一規劃的內容得到杜魯門與國會充分的支持，﹝註55﹞所以國會在 1949
年八月，通過了此一修正法案，內容與前述的規劃頗爲符合。就修正後的國
防組織中，有關參謀首長聯席會議的部份，主要是集中在主席上，其特色有
以下幾項：(1)參謀首長聯席會議正式成立一位主席，成爲該組織的成員之
一；(2)主席的任務是主持會議；(3)協助參謀首長聯席會議執行業務；(4)在
總統與國防部長的同意下，主席可對他們報告，該會議成員間未能達成的意
見。﹝註56﹞

總之，1949 年的修正法案，雖然未能盡如杜魯門之意，但國防組織卻也
朝向中央化邁進，無怪乎就在杜魯門於簽署儀式後，立即表示：「我們終於成
功」。﹝註57﹞

第二節　杜魯門總統的修法

1953～1958 年，在艾森豪總統的任期內，參謀首長聯席會議進入第二階
段的修正。分析此波參謀首長聯席會議的修正原因有二：（一）因飛彈技術的
高度發展，加上核子武器的成長，導致美國政府希望能夠由文人來控制核子
武器，並確定軍事指揮系統。（二）由於 1940 年代末期，美國國家預算的大
幅減少，造成 1950 年代初軍事組織必須進行合併。﹝註58﹞

由於艾森豪是二戰的美國英雄，在戰後也曾經參與 1947 年國防組織的規
劃。所以他對軍事問題是具有高度的專業能力與興趣，故在他的總統任內，
其行政焦點乃以建構軍事組織爲核心。﹝註59﹞爲此在 1953 年及 1958 年，他
分別提出了一套徹底的軍事改革方案。

艾森豪的軍事重建方案預計達成三大目標，就全盤軍事組織考量而言，
華府希望達成：（一）增強文人對於軍事的控制；（二）國防軍費能夠有效運

﹝註55﹞杜魯門只否決了計劃中設立一位三軍參謀的建議，理由是這會引起佛洛斯
　　　　特、文森（Carl Vinson）和海軍的反對。Ibid., p. 161.

﹝註56﹞Ronald H. Cole, *The Chairmanship of the Joint Chiefs of Staff*, pp. 203~204，不過
　　　　法案中，還是規定總統的主要軍事參謀是參謀首長聯席會議，而不是參謀首
　　　　長聯席會議主席個人。

﹝註57﹞Clark Clifford, *Counsel to the President: a memoir*, p. 162.

﹝註58﹞Gordon N. Lederman, *Reorganizing the Joint Chiefs of Staff -- The
　　　　Goldwater-Nichols Act of 1986*, p. 20.

﹝註59﹞Amy B. Zegart, *Flawed by Design: The Evolution of the CIA, JCS, and NSC*, p.
　　　　134.

用；（三）提昇戰略計劃的品質。

　　就參謀首長聯席會議而言，艾森豪主張：（一）釐清參謀首長聯席會議的角色。艾森豪認爲如果這個機構的角色模糊、責任不清，會影響到文人首長對他們的控制。所以艾森豪在 1953 年的重組計劃中，要求軍事指揮權依序應由總統、國防部長、各軍種部長以及參謀長掌握。（二）強化參謀本部的權力。〔註 60〕（三）艾森豪希望會議的成員不可有本位主義，成員們要對該會議投注更多的精力。

　　在 1953 年四月，艾森豪總統把名爲「重組計劃第 6 號文件」（Reorganization Plan No. 6）的國防重組計劃送交國會後，國會展開一連串的聽證會。國會方面主要擔心二件事：（一）參謀本部如果權力過度膨脹可能會形成「普魯士風格」（Prussian-style）的現象。〔註 61〕（二）在一個強大的國防部長下，海軍陸戰隊會直接受到他的控制，進而被瓦解。不過，在整個的聽證會過程中，列席的相關軍方人員，除了海軍陸戰隊代表外，幾乎都是支持艾森豪總統的國防重組案。〔註 62〕最後，國會經過一系列的聽證會，終於在 1958 年七月中旬，通過 1958 年國防部重組法案。

　　這個新的法案，有五項與參謀首長聯席會議相關：（一）參謀本部（Joint Staff）人數定爲四百人。參謀本部不可以擁有行政權力，參謀本部也不可以直接指揮各軍種的參謀單位。（二）參謀首長聯席會議的主席被賦予在會議中，擁有參與投票的權利（1958 年之前，主席沒有投票權，僅負責主持會議）。〔註 63〕（三）清楚規範了參謀首長聯席會議的功能，及其與國防部長的互動關係。在重組法案中建立兩種指揮系統：第一是各軍種的訓練與裝備系統的權力掌握在總統、國防部長、各軍種之文人部長，以及各軍種的手中。第二是至於軍隊的作戰與部署系統，則由總統、國防部長、參謀首長聯席會

〔註 60〕艾森豪也認爲在強化參謀本部主任職掌也，也賦予參謀首長聯席會議主席可以否決參謀本部主任的權力。

〔註 61〕所謂「普魯士風格」，意謂軍事參謀本部勢力過度擴張，會形成權力過大的現象。

〔註 62〕陸戰隊司令貝特（Randolph Pate）將軍作證時表示，他擔心修正法案會嚴重傷害到陸戰隊的權力。

〔註 63〕Gordon N. Lederman, *Reorganizing the Joint Chiefs of Staff -- The Goldwater-Nichold Act of 1986*, p. 22. 艾森豪總統所以會要求給予參謀首長聯席會議主席投票權，主要是想消除參謀首長聯席會議中，來自各軍種的成員仍然所存在的本位主義。必須一提的是，雖然該會議的主席擁有投票權，不過該組織仍採取共識決的方式。

議，以及各個聯合與特別司令部直接掌控。不過在作戰指揮系統中，聯席會議僅能夠傳達國防部長的指令，而不得逕自下達作戰命令。〔註 64〕（四）參謀首長聯席會議是國防部長的軍事參謀，為國防部長提供與分析各種軍事意見。（五）參謀首長聯席會議成員的職責必須優先於成員們的各自軍種。為此，當他們一旦進入該組織後，就必須把在各自所屬軍種的權責，委交副參謀長，以便他們能將全部心力投入這個會議。〔註 65〕

不過仔細分析 1958 年的修正法案，仍有幾項缺失：

（一）艾森豪仍然無法使參謀首長聯席會議成員瞭解「聯合」（joint）一詞的意義。成員們還是周旋於各自軍種與該會議之間，他們經常是軍種利益為至上。簡言之，一位無法在聯合會議上，捍衛自己所屬軍種權益的成員，必將失去各自軍種的支持，也會損及自身的聲望。

（二）雖然法案中規定各軍種再設置一位副參謀長以取代參謀長，但實際上，參謀長從不會把權力下放給副手。如同研究參謀首長聯席會議的專家柯博（Lawrence J. Korb）所言，一位服役幾近四十年的軍人，一旦進入該組織，腦中仍舊是所屬軍種的印象，他不認自己是總統與國防部長的首席軍事顧問。〔註 66〕質言之，軍種利益永遠超越在法令規範之上。〔註 67〕

（三）即使法案中規定作戰指揮權由總統、國防部長再透過參謀首長聯席會議，直接對前線聯合作戰司令下達指令。但該會議仍然能利用轉達（transmitting）指令，或發佈（issuing）指令的模糊地帶，爭取軍種的利益。甚至在聯合作戰部隊中，該組織成員也能夠追求自己軍種的利益。

總之，雖然艾森豪總統以軍事改革為施政之首要任務，但卻無法改變軍種權力與利益的事實，故如柯博所言，參謀首長聯席會議問題依舊，且會延續一代之久。〔註 68〕有學者更直指，1953～1958 年的艾森豪修正案是紙上談兵。〔註 69〕所以該組織的改革，必須有待 1986 年修正法案來解決。

〔註 64〕 Ibid., pp. 22~23.
〔註 65〕 Ibid., p. 23.
〔註 66〕 Lawrence J. Korb, *The Joint Chiefs of Staff -- The First Twenty-five Years*, p. 20.
〔註 67〕 舉例而言，法令雖然規定參謀本部人員增至四百名，且由各軍種分派，但各軍種都不會將最優秀的軍官送至參謀本部。甚至該會議成員寧願選擇各自軍種的參謀長，而不願成為該會議的主席。Ibid., pp. 20~21.
〔註 68〕 Ibid., p. 18.
〔註 69〕 Amy B. Zegart, *Flawed by Design: The Evolution of the CIA, JCS, and NSC*, p. 138.

第三節　高華德與尼可拉斯法

　　1986 年參謀首長聯席會議進入改革的第三階段。從 1958 年之後，二十多年中，儘管有不少的報告仍然對參謀首長聯席會議的結構有所批評，[註 70]甚至有不少的總統對該組織也頗有微詞。[註 71]不過基本上，此一軍事機構在法律上的組織並沒有太大的變化。[註 72]其後華府逐漸發現兩個理由，主張參謀首長聯席會議有必要再進行調整與改革：（一）這個會議浪費太多時間在無關痛癢的議題上，無法以更充裕的時間，思考美國對外的軍事戰略，以及作戰規劃；（二）其成員依舊受到各自軍種本位主義的約束，使其無法跨越軍種視野，以便提供給總統等文人首長更為準確的軍事建議。[註 73]因此，在進入 1980 年代初之際，美國政府乃著手對參謀首長聯席會議進行第三階段的改造工程。

　　綜觀數十年來的參謀首長聯席會議的運作，使其組織本身，出現了不少與現實環境脫節之處，例如其權責過於分散，內部的意見往往不具時效性。其成員仍受各自軍種的影響，仍然繼續扮演者雙重角色——參謀首長聯席會議成員與各自軍種的領導人。所以從 1980 年代初期，即有不少的有心之士，希望能修正參謀首長聯席會議的組織與功能。改革的焦點主要集中在幾個問題上：（一）如何強化主席的地位，把主席正式提昇為總統、國家安全會議，以及國防部長的首席軍事顧問；（二）給予主席監督部隊的權力；（三）設立

[註 70] Gordon N. Lederman, *Reorganizing the Joint Chiefs of Staff -- The Goldwater-Nichols Act of 1986*, p. 24.

[註 71] 例如，甘迺迪（John F. Kennedy）在古巴豬玀灣（the Bay of Pigs）事件後即對參謀首長聯席會議的功用產生質疑。Amy B. Zegart, *Flawed by Design: The Evolution of the CIA, JSC, and NSC*, p. 139.

[註 72] 從 1958 年以後的總統，為了彌補參謀首長聯席會議的缺失，以因應軍事需要，乃透過兩個管道取代該組織的功能：（一）引進其他軍事專家進入白宮，如福特（Gerald Ford）、雷根（Ronald Reagan）以及尼克森（Richard Nixon）皆是；（二）繞過該組織，而更依賴在國防部內的文職官員，尤其是國防部長。由於國安法賦予國防部長相當大的權力，所以歷任總統均會選擇一些強勢的部長。如甘迺迪、詹森（Lyndon Johnson）、卡特（Jimmy Carter）等人均採取此種方法。以 1961 年的國防部長麥克拉馬拉（Robert S. McNamara）為例，他的一些做法使得國防組織更朝向中央化、合理的軍事預算邁進。此外，他並不依賴軍事參謀長，反而引進一批文官的青年才俊，進行軍事預算與戰略的規劃，以打破軍種的藩籬。Ibid., p. 140.

[註 73] Edward C. Meyer, *The Reorganizations of the Joint Chiefs of Staff: A Critical Analysis*, pp. 55~58.

一位四星上將的副主席；（四）參謀本部從原先由參謀首長聯席會議指揮，轉移至由主席直接指揮。〔註 74〕

一、1986 年修正案的起因

分析從 1982 年開始，並歷經四年半才於 1986 年完成的第三階段國防重組，所以能夠根本改革四十年來的缺點，並成就軍事中央化的理念，乃因諸多因素所造成：

（一）參謀首長聯席會議主席瓊斯與陸軍參謀長梅耶的支持

此一波的改革創議者，竟是由參謀首長聯席會議的內部重要成員，一位該組織當時主席，空軍的瓊斯（David C. Jones）將軍，以及陸軍參謀長梅耶（Edward Meyer）於 1982 年二月首先發動，這是頗令人意外。〔註 75〕這兩位將軍在當時是頗具威望的搭檔，無論在國防部、國會乃至在整個華府皆享富盛名，受人尊重。由於他們史無前例，以現任該會議的成員，在國會的聽證會中，以及所發表的文章，公開批判現行該會議的體系，此舉對於社會大眾具有相當大的說服力。〔註 76〕簡言之，這兩位將軍強烈支持修正參謀首長聯席會議的專業軍事意見，獲得輿論的認同，因而對於此波的改革作出重大的貢獻。

（二）1983 年軍事的失利

有人指假如沒有下列兩個軍事意外，則此階段的國防改革，可能會「無疾而終」，所以歸結 1986 年參謀首長聯席會議的改革，實是一項意外的收穫。這兩項意外的事件是：(1)1983 年十月二十三日貝魯特美軍駐地爆炸案；(2)1983 年十月二十四日美軍入侵加勒比海的格瑞納達（Grenada）案。

1982 年八月，美國海軍陸戰隊奉命派駐貝魯特，監督「巴勒斯坦解組織」（Palestine Liberation Organization）從黎巴嫩南部撤退。不過在任務完成後，

〔註 74〕Ronald H. Cole, *The Chairmanship of the Joint Chiefs of Staff*, pp. 25~26.
〔註 75〕Ibid., p. 30.美國軍事此時面臨兩項問題，必須檢討：（一）作戰能力不足，從二戰後的韓戰、越戰以及豬玀灣事件，美國軍事行動幾無一成功的例子。尤其是 1980 年華府企圖以軍事行動，拯救在伊朗的美國人質，結果不但失敗，更造成八名突擊隊員喪失，令美國民眾記憶深刻。（二）國防經費的濫用，雷根政府的預算局長史塔克曼（David A. Stockman）在 1981 年坦承，五角大廈浪費民脂民膏，已達一百至三百億美元。Amy B. Zegart, *Flawed by Design: The Evolution of the CIA, JCS, and NSC*, pp. 142~143.
〔註 76〕Ibid., pp. 142, 147.

美軍並沒有立即離開貝魯特，還駐守在貝魯特國際機場內。此時，新任的參謀首長聯席會議主席維西（John Vessey）將軍和該組織，立即以二點理由，反對部隊繼續留守貝魯特：(1)陸戰隊的行動受到嚴格限制，禁止成員攜帶武器，以及除非遭受攻擊，否則不得先行開火；(2)駐守地點容易受到敵人從制高點的攻擊。〔註77〕

果然，1983 年十月二十三日，什葉派的恐怖份子以自殺卡車炸毀了機場內的美軍駐地，有二百四十一名美國士兵遇難，這也被喻為是美國軍事上最嚴重的災難之一。美軍對於此次災難的反應卻毫無章法，光是為如何後送受傷的陸戰隊員，軍種間即有所爭執。十六名受傷最嚴重的隊員，竟由空軍 C-130 運輸機將之送往路程較遠的西德，而不是就近在義大利的美國海軍醫院。尤有甚者，當海軍與空軍的官員在一架直昇機上爭論時，又有兩位受傷的陸戰隊員，因心臟病發而死亡。〔註78〕

目睹此一軍事指揮體系的紊亂，美國國防部於事後所成立一個調查委員會發現，陸戰隊對於恐怖活動的防範，完全缺乏連貫的指揮體系。依規定在貝魯特的陸戰隊，雖然指揮權由美國位於歐洲聯合司令（Unified European Commander）統制，但作戰權則由位於維吉尼亞州諾佛克（Norfolk）的陸戰隊本部，下達給貝魯特的陸戰隊指揮官。〔註79〕

貝魯特爆炸案的隔天，美國以拯救美國學生、恢復格瑞納達的民主，以及掃除古巴勢力等三項理由作為訴求，在一項名為「風暴行動」（Urgent Fury）的代號下，入侵加勒比海的島國格瑞納達。作戰計劃原本只想運用陸戰隊佔領全島，但在參謀首長聯席會議的堅持之下，最後以陸戰隊攻取北部，陸軍則進入南部，以便讓兩軍種分享勝利的榮耀。參議員高華德指出，此一作戰計劃造成的結局是，陸軍直昇機駕駛員竟然無法將受傷士兵後送至海軍的船艦上，只因為他們從來未受過著陸甲板的訓練。尤其美國以七千名士兵，竟然要花費七天的時間，才打敗只有五十名古巴軍人和數百名輕武裝工

〔註77〕 美月車所以繼續留守貝魯特的目的，是想要訓練黎巴嫩境內的基督教軍隊，此舉使得美軍逐漸失去了中立的立場，也埋下了駐地被炸的悲劇。Gordon N. Lederman, *Reorganizing the Joint Chiefs of Staff -- The Goldwater-Nichols Act of 1986*, pp. 65~66.

〔註78〕 Amy B. Zegart, *Flawed by Design: The Evolution of the CIA, JCS, and NSC*, p. 144; Gordon N. Lederman, *Reorganizing the Joint Chiefs of Staff -- The Goldwater-Nichols Act of 1986*, p. 66.

〔註79〕 Amy B. Zegart, *Flawed by Design: The Evolution of the CIA, JCS, and NSC*, p. 144.

人。〔註80〕

　　總之，上述兩項軍事意外不僅對於美國國防是一種警訊，同時也讓國會中的領袖人物瞭解到軍事重組已到刻不容緩的地步。這些國會領袖包括參議院的努姆（Sam Nunn）、高華德，眾議院的軍事委員會主席阿斯賓（Les Aspin），以及尼可拉斯等人。〔註81〕

（三）國會支持改革工作

　　以高華德與尼可拉斯為首的國會領袖，基於三點理由認為國家軍事組織，已到了需要徹底修正的時刻：第一，歷次對外作戰的失敗和缺乏效率。從越戰、伊朗人質拯救事件、貝魯特美軍駐地爆炸案，甚至入侵格瑞納達，皆顯示出在軍事危機中，美軍缺乏跨各軍部的聯繫。第二，缺乏在作戰前進行有效率的規劃。所以諸如人員的徵調、武器裝備與補給等，經常遭到輿論的指摘。第三，缺乏戰略方向。國防部並沒有一套長期的政策與戰略，往往只著眼於軍事資源的分配。〔註82〕

　　對於高華德與尼可拉斯而言，此次的國防重組法案，均可謂是他們代議士生涯的最後一役。〔註83〕當重組法通過後，兩人均退出政治圈，尼可拉斯且於1988年謝世。如同前文所述國防法的修正具有高度的專業性，不是一般人所能掌控。極力反對修法的美國前國防部長溫柏格（Caspar Weinberger）曾表明，在修正國防法的過程中，是要付出高昂的政治代價。〔註84〕除了支持

〔註80〕Barry Goldwater, *Goldwater* (New York: Doubleday, 1988), p. 350.

〔註81〕Robert Previdi, *Civilian Control versus Military Rule*, p. 17.

〔註82〕Ibid., pp. 17~18.

〔註83〕高華德（1909～1998年），出生於美國亞歷桑納州鳳凰城，是一位保守派的共和黨參議員，1953～1965年以及1969～1987年擔任參議員。任職國會期間對中華民國相當友善，也是一位著名的反共人士。不過在參議員的後期，則成為自由主義者，故而和眾議員尼可拉斯攜手改革國防部。其著作有：*The Conscience of a Conservative* (1960), *Why not Victory?* (1962), *Conscience of the Majority* (1970), and *Goldwater* (1988)。尼可拉斯（1918～1988），生於阿拉巴馬州。1939年畢業於阿拉巴馬州歐本大學（Auburn University），1941年於該校取得碩士學位。二戰期間服役於歐洲的美軍第四十五野戰炮兵團，作戰時失去一隻腿。1966年當選美國眾議員，之後連任至其1988年去世為止。Jonet L. McCoy Auburn University News, July 15, 1999.

〔註84〕Amy B. Zegart, *Flawed by Design: The Evolution of the CIA, JCS, and NSC*, p. 147.事實上，國防部內存在兩股勢力反對國防法的修改，一個是國防部內的文官，另一個是各軍種。對於文官而言，一個弱化的參謀首長聯席會議，必然導致各軍種間的競爭，進而強化文官對於軍事的影響力與控制。基於此，此階段的國防部文官極力反對參謀首長聯席會議的中央化，其中又以溫柏格

修正的意見外，國會議員中仍然存在不少反對國安法的聲浪。如同《華盛頓郵報》（Washington *Post*）記者摩根（Dan Morgan）所言，對於以各自選區的利益為考量的國會議員，他們當然反對軍事中央化，因為在行政部門中，一個分權的、無效率的軍事部門，可以為各選區提供最大的工作機會、金錢與各項贊助。〔註85〕

高華德曾經批評國會是美國軍事組織中央化的敵人，因為國會議員皆想分食這塊國防大餅。〔註86〕但以高華德為首的少數國會領袖，所以能夠抗拒來自國會同僚與行政部門的掣肘，完成修法使命，原因有三：

1. 高華德與尼可拉斯在軍事上享有聲望。尼可拉斯曾是二戰的老兵，並因而喪失一隻腿。高華德更是一位反共主義者，高華德在參院的一位同僚賓登（Joseph Biden）指出，只有高華德倡議重組國防單位，不會被冠上共產主義同情者。〔註87〕就是因為具有極高威望，才能使得他們在修法過程中，承受較低的改革代價。

2. 支持者眾心一志，積極推動修法。在四年的期間，國會總共舉行二十二次的聽證會，數百次的各項研究，投下相當大的人力、物力。

3. 對於高華德與尼可拉斯兩人而言，他們皆已表明不再競選連任，完全免除了個人政治的考量以及選票的壓力，得以全力支持此法案的修正。

（四）雷根總統保持中立的立場

不同於1949年、1953～1958年，分別由佛洛斯特與艾森豪積極推動國防組織的修正。雷根總統於此階段的修正，卻保持中立的態度，有兩項原因形成此一現象：一是雷根認為既使修正目前的國防組織，也不具有太大的意義與影響；二是雷根對於國防部的重組並沒有太大的興趣。就是基於雷根此種態度，留給國會相當大的空間，而不必擔心總統會行使否決權。

基於上述四種有利的因素，加上歷經四年半的討論，終於在1986年十月

為代表。在各種軍種的意見而言，不但海軍反對，連空軍、陸軍也不贊成此階段的修正，如同前參謀首長聯席會議的主席鮑威爾（Colin L. Powell）所言，該會議成員都不願意權力由主席獨攬，而想要強化自身的權威。Ibid., p. 153.

〔註85〕Ibid., pp. 145~145.
〔註86〕Barry Goldwater, *Goldwater*, p. 340.
〔註87〕Ibid., p. 146.

一日，通過了「高華德——尼可拉斯國防部重組法案」。〔註88〕

二、國防部重組法案的目標與內容

此次國會修法有以下幾個目標：（一）重組國防部並強化文官的權力；（二）改善軍事專業人才對文官決策者的顧問效率；（三）給予各戰區指揮官明確的職權，以符合其職權，令其足以完成指揮作戰的任務；（四）強化對於戰略與意外事件的規劃；（五）強化更有效率的使用國防資源；（六）改善聯合官員的管理效率；（七）增強國防部的管理與軍事作戰效能。〔註89〕

為達上述目標，此重組法案乃積極強化參謀首長聯席會議主席的權力，所以重組法案中開宗明義即把主席界定為總統、國家安全會議，以及國防部長的首要軍事顧問，並確定主席的六項職權。〔註90〕不過該組織的主席仍然不能擁有軍事的指揮權。基本上，參謀首長聯席會議主席以及此機構仍被視為是參謀顧問的性質，軍事的直接指揮權仍然掌握在總統以及國防部長手上。

簡言之，1986 年參謀首長聯席會議的重組法，結果是強化了會議主席的功能，並能發揮最高軍事參謀的作用。尤其是把主席的位階正式抬高為總統、國防部長以及國家安全會議的首要軍事顧問，而其主導參謀首長聯席會議，更反映出美國政府準備讓他肩負更多的職掌，如：（一）為總統、國防部長，就軍事戰略、國防預算、軍事教育、訓練等提供建言；（二）明定作戰指揮系

〔註88〕 此一國防的重組，被喻為是自 1947 年以來，影響美國國家安全體系，最重大的法案。法案最主要的目的，是試圖解決現存於國防體系之間，對於軍事指揮與控制上的糾葛。見 Gordon N. Lederman, *Reorganizing the Joint Chiefs of Staff -- The Goldwater -- Nichols Act of 1986*, p. 1.不過此一劃時代的軍事法案，卻美國輿論在當時，並沒有給予太大的迴響。如同眾議員阿斯賓所言：當參謀首長聯席會議已發生關鍵性變化時，相對在媒體毫無反應，原因是這些媒體並不瞭解變化的意義。Robert Previdi, *Civilian Control versus Military Rule*, p. 16.

〔註89〕 Gordon N. Lederman, *Reorganizing the Joint Chiefs of Staff -- The Goldwater-Nichols Act of 1986*, p. 76.

〔註90〕 Ronald H. Cole, *The Chairmanship of the Joint Chiefs of Staff*, pp. 25, 207~209.六項職權包括：（一）協助總統與國防部長，提供戰略指示給各軍種；（二）提供戰略計劃給總統與國防部長；（三）提供偶發與戰備計劃給總統與國防部長；（四）在國防預算上提供意見；（五）設計軍事法則、訓練與教育；（六）協助總統與國防部長，完成其他相關的軍事事項，如參與美國在聯合國的軍事活動。不過修正法也規定，當主席在執行職務時，需要徵詢過該會議成員以及相關的指揮官。同時也規定該會議成員仍是總統、國家安全會議以及國防部長的軍事顧問。

統由總統到國防部長，再到各區指揮官。不過總統可以透過主席的協助，執行指揮的功能。

　　綜觀此次修法的重要目的，對於強化主席與總統、國防部長的直接互動關係，並完成軍事中央化，已然有所成就。〔註91〕換言之，高華德——尼可拉斯法案亦可謂是自1947年國家安全法制定以後，最徹底的一次修正。如同高華德所言，此次修法是他在參院生涯中，最令人興奮的一刻。〔註92〕

第四節　高華德——尼可拉斯法後的美國軍事發展

　　儘管1986年高華德——尼可拉斯法，已經將國防組織朝向中央化、整體性考量，以及賦予戰區指揮官更多的權力，這三大原則邁進，但如同高華德所言，此法案仍然令人有些失望，也存在一些問題。在轉變的過程中，某些單位仍會反對，不過他相信在三至五年內，此法案會完全步上軌道。〔註93〕法案中的某些部分很快即能展現成果，如提高主席的地位，以及設立一位副主席。〔註94〕但另外有些部分則必須以更多的時間才能檢證，如聯合作戰的成效。其後，美國入侵巴拿馬、波灣戰爭、在索馬利亞和海地駐軍等，皆提供給美國檢驗聯合作戰的機會。尤其是冷戰結束導致國防預算的大幅度削減，以及人員的縮編，更增強了各軍種間對於軍事資源的爭奪，和冀望鞏固自身的勢力，這些現象在都會衝擊高華德——尼可拉斯法。

一、參謀首長聯席會議主席的變化

　　1986年的修正法，賦予了主席非常重大的職責，改變了主席與該會議間成員的關係，主席一改往昔僅作為會議的主持人（presiding officer），負責傳

〔註91〕 Gordon N. Lederman, *Reorganizing the Joint Chiefs of Staff -- The Goldwater -- Nichols Act of 1986*, p. 90.此法也規定主席的任用年限，二年一任，從奇數年的十月一日開始，可以連任二屆，但除了戰爭期間外，最多不得超過六年。主席也是所有軍事人員中，位階最高者，此一設計的目的，是希望主席以聲望，增加其個人的權力，並獲得文官決策者的尊重。除了主席以外，該組織另也設立一位新的副主席，以協助主席。此外，參謀本部亦規定接受主席的指揮與控制。同時也強化了戰區司令的權力，使其能積極整合各軍種力量。

〔註92〕 Barry Goldwater, *Goldwater*, p. 453.

〔註93〕 Ibid., p. 455.

〔註94〕 事實上也有學者對於設立副主席持否定的看法，如普雷維迪（Robert Previdi）即認為副主席會侵犯各軍種參謀長的權力。Robert Previdi, *Civilian Control versus Military Rule*, pp. 24~27.

遞成員的意見，給予總統、國家安全會議以及國防部長。進而成爲該會議的代表與發言人（representative and spokesman），並爲總統與其他政府要員的首要軍事顧問（principal adviser）。但修法之後的主席職權所以能夠鞏固，不得不歸功於二位該組織主席的努力，一是克勞威（William J. Crowe, Jr.）將軍；一是鮑威爾（Colin L. Powell）將軍。

（一）克勞威與參謀首長聯席會議

克勞威是該會議修法後的首位主席，由於國防部長溫柏格與該組織成員皆反對修法，所以主席位置對克勞威而言是一件相當大的挑戰，他得步步爲營。他所採取的步驟有：(1)擴大參謀本部，以協助他規劃聯合作戰和國防預算等。不過當他運用新主席的權力，對參謀本部下達指示時，則儘量避免對各軍種參謀長，進行不必要的攻擊。(2)儘量尊重其他成員的意見，並尋求一致的共識。不過成員間若相持不下時，他也會毅然作出決定，並提供意見給總統和國防部長，但也適度附上成員們不同的看法。(3)強化各戰區指揮官的權限，由於曾經是一位聯合指揮官，所以他非常贊擴大戰區指揮官的權力。爲此，他經常與指揮官們保持密切連繫，也召集他們赴華府商討軍事預算事宜。(4)在 1987 年七月，美國因兩伊戰爭，爲了保護波斯灣的油輪安全，所進行修法後美國首次的對外作戰——「嚴肅意志作戰」（Operation Earnest Will），克勞威利用新設的主席權力，成立「聯合特種部隊」（Joint Task Force），執行作戰計劃。〔註95〕

（二）鮑威爾與參謀首長聯席會議

1989 年接替克勞威爲主席的鮑威爾，是另一位奠定修法後主席權力的重要人物。鮑威爾是首位主席任職期間（1989～1993 年），〔註96〕皆含蓋於修法之後。由於鮑威爾在就任主席前，已擁有幾項可以充分擴大主席職權的優點：(1)曾任國防部長溫柏格的軍事助手；(2)曾擔任雷根總統的國家安全顧問；(3)在任職白宮國家安全顧問時，他與副總統老布希（George H. W. Bush）有密切的工作關係；(4)早在當時國防部長錢尼（Dick Cheney）爲共和黨眾議院的黨鞭時，鮑威爾既與他熟識。

基於鮑威的人際關係與公職經驗，再加上新修正法所賦予他的權力，使

〔註95〕 Ronald H. Cole, *The Chairmanship of the Joint Chiefs of Staff*, pp. 31~33.
〔註96〕 總統是老布希，國防部長是錢尼。

得他擁有較其前任者，更多的揮灑空間。尤其鮑威爾更借由 1989 年入侵巴拿馬行動，以及 1991 年波斯灣戰爭的成功，更進一步強化了主席的地位，他的方法有四項：（1）縮短官僚體系的顧問層級，因為這些層級會延誤軍機；（2）廢除主席的「幕僚群」（Staff Group），而直接接觸參謀本部；（3）迴避參謀首長聯席會議正式開會的場所「坦克」（The Tank），轉而在主席辦公室透過非正式的簡報，和該組織成員交換意見。例如在波斯灣戰爭期間，他幾乎是每天和該組織成員見面；（4）在後冷戰，雖然該組織成員均不贊成他所提出的戰略與軍事改革計劃，但鮑威爾成功的說服了老布希與錢尼支持他的計劃。〔註97〕總之，鮑威爾積極的行動使得參謀首長聯席會議主席一職，在他 1993 年退休之際，成為四十多年主席歷史中，最有權力者。

總之，國會給予修法後的主席更多的職權，使他成為無論在作戰或和平時期，均可作為總統、國防部長的首席軍事的顧問，協助他們對所有部隊下達指令。

二、戰區指揮官（Commanders-in-Chief）

即然國防組織與作戰概念強調中央化、區域性與全盤性，則必然將強化戰區指揮官的權責，賦予他們更多的權力，執行由總統、國防部長，再透過參謀首長聯席會議主席的任務指示。不不諱言，由於此一法案的修正，致使各戰區指揮官的權限大為擴張，而弱化了各軍種參謀首長對於各戰區的支配權力。甚至在國防部中，有人把戰區司令部形容為「采邑」（CINC-doms）。譬如，在 1991 年波斯灣戰爭中，在華府的海軍陸戰隊司令葛雷（Al Gray）將軍原本欲往中東戰區進行第三次視察，但由於美國中央區司令部指揮官（CINC of Central Command）史瓦茲科夫（H. Norman Schwarzkopf）認為，葛雷此行勢必影響戰區指揮工作，因而加以反對，最後葛雷不得不取消訪察之行。〔註98〕

儘管強化戰區指揮官的權力，符合美國現階段整軍的規劃，但此舉卻也產生不少的問題：（一）由於新修正的法案賦予戰區指揮官在國防預算上，擁有發言權，此舉造成戰區司令部成員，將注意力轉移至預算議題上，而忽略了他們原本的職責以及作戰能力。（二）雖然各戰區指揮官對於該戰區中的各

〔註97〕 Ronald H. Cole, *The Chairmanship of the Joint Chiefs of Staff*, pp. 33~35.
〔註98〕 Gordon N. Lederman, *Reorganizing the Joint Chiefs of Staff -- The Goldwater-Nichols Act of 1986*, p. 96.

兵種，具有統一指揮的權力，不過各軍種卻可以藉由輪調各自所屬軍隊的方法，降低戰區作戰的效能。一位陸戰隊指揮官薛翰（John Sheehan）將軍對此現象明白的指出，高華德——尼可拉斯法完全正確，但執行之時則完全錯誤。〔註 99〕（三）各戰區司令部權力的擴增，恰好遭遇後冷戰時期，使得它的權力除了運用在軍事外，又擴展到政治層面，結果則和國務院的權責重覆，甚至產生矛盾之處，這亦是修法時始料未及的。

綜觀從 1986 年以後的國防重組法，面臨了兩項重大的挑戰：（一）由於冷戰結束，國防預算大幅度的刪減，因而加劇了各軍種對於軍事資源的爭奪；（二）軍事科技武器的出現，所造成的軍事革命，也會挑戰美國傳統的軍事型態與思維。儘管如此，進入二十一世紀後，美國國防觀念一貫追求效能與效率是不變的。

歸納前文可知，從 1947～1986 年參謀首長聯席會議的立法與修正過程中，可以看出美國政府內部存在兩種對立與衝突：其一，對軍事發展觀點的不同主張；其二，政府內部的意見衝突，或者行政與國會之間的政治角力。就軍事發展而言，戰後美國的軍事發展方向已朝中央化、區域性責任，以及全盤性的觀點進行。基本上，美國的軍事組織理念，始終存在三種相互對立，不確定且衝突的觀點彼此激盪：此三種互為掣肘的軍事取向，分別是所謂的中央化與非中央化（centralization versus decentralization）的對立；功能性與區域性責任（functional versus geographic responsibility）的對立；專業性與整體性觀點（specializtion versus generalist perspective）的對立。〔註 100〕

就政府內部的意見衝突、行政與國會間的政治角力而論，此可藉由二件事得知，在 1947 年國家安全法的制定過程中，不但海陸兩軍彼此存有磨擦，行政部門與國會之間更是針鋒相對。

（一）海軍與陸軍在軍事理念上的扞格

海軍因為在作戰過程中，具有獨立的特質，所以向來主張軍事指揮系統應朝向非中央化。相反的，陸軍則極力支持杜魯門軍事中央化理念。所以海陸兩軍理念彼此衝突。不過在戰後，由於大環境變遷，為因應國家安全的需

〔註 99〕Ibid., p. 97.
〔註 100〕杜魯門的事理念就是希望透過中央化、區域性責任，以及全盤性的角度，建立軍事指揮系統，以整合各軍種的戰鬥力。參謀首長聯席會議後來的演進，也是在此軍事思維下進行一連串的修法。Gordon N. Lederman, *Reorganizing the Joint Chiefs of Staff -- The Goldwater-Nichols Act of 1986*, p. 2.

要，軍事系統的調整已有朝向中央化的趨勢。

（二）國會支持海軍對抗總統與陸軍

由於陸軍的建軍理念與杜魯門一致，所以國會轉而支持海軍的理念，以圖牽制行政部門。國會之所以會選擇支持海軍，乃基於三種考量：首先，共和黨的國會不相信陸軍對於軍事中央化的建議，因爲它認爲此舉將導致大政府的出現。所以國會接受海軍的軍事非中央化理念。其次，共和黨趨向於孤立主義，因而對於陸軍希望涉入歐陸事務，也採取懷疑的態度。不過，共和黨卻願意把焦點放在太平洋地區，此又與海軍不謀而合。最後，就是因爲政黨政治，共和黨的國會選擇反對杜魯門，而支持海軍。

如同學者雅斯培（Harry B. Yoshpe）所言，1947 年美國國家安全法案通過，不但對於美國的國家安全是一個劃時代的貢獻，〔註101〕同時對於參謀首長聯席會議的定位與職責也是一個重要的轉捩點。參謀首長聯席會議由一個臨時性的組織，提昇爲合法性的軍事機構，並成爲國家安全會議的首席軍事顧問。〔註102〕參謀首長聯席會議明確的由行政與執行單位，轉變成爲單純爲總統負責規劃軍事政策的幕僚。〔註103〕至 1986 年，國防部重組法案則規定，該組織的主席爲總統、國防部長與國家安全會議的首席軍事顧問。所以無論是在 1986 年之前，以該組織成員爲文人首長的主要軍事參謀，或者是 1986 年之後，該組織主席取代成員的地位，參謀首長聯席會議的確已成爲美國軍方不可缺少的軍事組織，參謀首長聯席會議的確已成爲美國軍方不可缺少的軍事組織。〔註104〕至此，儘管有學者仍然批判此一國防修正法，如普雷維迪

〔註101〕Harry B. Yoshpe, Stanley L. Falk, *Organization for National Security* (Washington, D. C.: Industrial College Of The Armed Force, 1963), p. 16.

〔註102〕參謀首長聯席會議成立時，不但只是一個臨時性組織，同時在小羅斯福總統的規劃中，更將之視爲他個人的軍事顧問。Mark A. Stoler, *Allies and Adversaries: the Joint Chiefs of Staff, the Grand Alliance, and U. S. Strategy in World War II* (Chapel Hill: University of North Carolina Press, 2000), p. 16.

〔註103〕Harry B. Yoshpe, Stanley L. Falk, *Organizatio for National Security.*, p. 15. 事實上，參謀首長聯席會議在戰時的權力與影響力，遠遠勝過於戰後時期，Mark A. Stoler, *Allies and Adversaries: the Joint Chiefs of Staff, the Grand Alliance, and U. S. Strategy in World War II*, p. 65.

〔註104〕Lawrence J. Korb, *The Joint Chiefs of Staff -- The First Twenty -- five years*, p. 132. 一般而言，美國軍人並不願意成爲各軍部的參謀長，甚至更排斥進入參謀首長聯席會議，而情願外放爲各戰區司令。究其因，是作戰區司令可以操縱部隊建立戰功，而作爲參謀，則妾身不明，羅斯福總統即曾言：「誰曾記得內戰與第一次世界大戰的參謀長？」而另一方面，一旦進入參謀系統，也意

（Robert Previdi）認為，雖然 1986 年的國防組織修正法是一項革命性的立法，想藉此提高參謀首長聯席會議主席的地位、賦予各戰區指揮官更多的權力，壓制各軍種部長與參謀長，以增強軍事效率，並強化文人對軍事的控制。不過結果可能適得其反，因該組織主席基於個人能力與私心，會誤導總統與國防部長的判斷，反而影響文人首長對軍事的控制，危及美國的自由。〔註 105〕但美國國防組織的重構，至此大致完成。

味著是軍職生涯的盡頭。

〔註 105〕Robert Previdi, *Civilian Control versus Military Rule*, pp. 18~19, 29.

第四章　參謀首長聯席會議政策計劃處對華主張異同之分析

　　參謀首長聯席會議在 1947～1948 年，曾就美國的對華政策提出說帖與建議。由於參謀首長聯席會議的考慮，可以顯示出軍事專業人員對外交上的考量與特質，故在此依年逐節分析，以突顯其思考的演化。同時，而在最後一節亦將與國務院政策計劃處的對華主張進行比較，以對照出這二個單位對華態度的差異性。（至於 1949～1950 年，這關鍵性的兩年，參謀首長聯席會議的對華主張與態度究竟為何，將於第五章分析）

第一節　美國對華政策的制定過程與特質（1947～1948）

　　研究美國如何制定對華政策，可以同時注意二個面向——機關與個人。所以本章先將美國對華政策的制定與執行過程略作解釋。美國對華決策中的單位機制方面，除非機制發生重大變化，否則它是固定的。透過固定的政府機制，如美國駐華大使館、遠東司、中國科、在華軍事顧問團，以及情報系統等單位，華府可以充分的瞭解中國政經與社會局勢，並得到各種建議，進而制定美國所需要的對華政策。

　　其二是個人範疇，除了政府機制外，對華政策的制定會涉及到個人。個人範疇經常在變換，實際上它隱含著外交政策規劃和執行者，與上層決策者之間微妙的互動關係。〔註1〕不同的人的不同意識型態與經驗，會導致他們在

〔註 1〕 美國外交無論是那個階段，其最後的決策者必是總統，因而不管是政府機制，或者參與者個人，只要能取得總統的任信，無形中就在外交政策上佔有重要

對華政策的評估上，會產生截然不同的看法，換言之，人事亦會影響政策。譬如以馬歇爾和麥克阿瑟為例，當馬歇爾對調停國共糾紛感到失望，指責國府之際，同樣在遠東的麥克阿瑟卻有不同意的意見，而主張援助中國。〔註2〕

　　根據恩內斯特‧梅的分析，1945～1949 年，美國對華政策的決策與執行過程，可以分為國務院與軍方二個部分。這兩個系統加上情報體系，使得華府得以決定和進行對華政策。但對華的決策過程中，還是國務院為「主導」地位，軍方系統則居於「輔助」角色（見圖五）。〔註3〕

　　從 1947 年初至 1948 年底，這兩年也正好是馬歇爾任職國務卿的任期，美國對華政策的特質為「舉棋不定」。為何在馬歇爾主掌國務院期間，美國對華政策會如此？根據司徒雷登的分析是導因於國際情勢、美國國內的反對，以及中國內部的局勢發展等三項原因，他說：

（一）歐洲的戰後發展令人非常吃驚，要我們採取行動的要求是緊急的，需要我們全神貫注的。在爭取全世界和平之戰略中，美國把歐洲列為第一，這是不可避免的……。

（二）在某些美國人看來，似乎有一種真正的危險存在。任何對華的有效援助，尤其是顧問式的援助，足以影響到國家政策和程序的顧問援助，會使美國更加不可解脫地被牽入中國內

的發言權。例如，1947 年五月五日，國務卿馬歇爾成立政策計劃處，由喬治肯楠主持，它的成立獲得馬歇爾與艾奇遜的信任，而使得它在外交政策的制定上，地位日形重要。不過在艾森豪總統主政期間，由於重用國家安全會議，政策計劃處轉趨沒落。另外，艾森豪時期，國務院在政策的制定過程，並不受到總統特別的青睞，不過國務卿杜勒斯（John F. Dulles）本人，由於與總統具有不錯的個人交情，因而外交影響力不減反增。凡此種種可知在面對美國制定與執行對華政策時，參與者是不可輕忽的一項因素。

〔註2〕麥克阿瑟早在 1946 年即向海軍部長佛洛斯特（James Forrestal）表示，雖然蔣介石與他的政府不是世界上最好的，但他們是站在我們這一邊，我們應該幫助他們。麥帥並譴責國務院中那些所謂的中國事務專家，赤裸裸的暴露中國政府的腐敗與無能。Michael Schaller, *Douglas MacArthur -- The Far Eastern General* (New York: Oxford University Press, 1989), p. 159.

〔註3〕Ernest R. May, *The Truman Administration and China, 1945~1949* (New York: J. B. Lippincott Company, 1975)，美國對華政策的諮詢與執行流程圖。在恩斯特‧梅的表中，可以發現美國對華決策過程，包括制定、監督與執行三個層次。參謀首長聯席會議，主要負責諮詢與監督。政策計劃處則以諮詢和規劃為主（表中的政策計劃處是本文所加）。另外，從此一表中也不難瞭解對華決策過程，軍方還是要依從於國務院。不過若對華政策中，涉及到軍事援助，或者戰爭事務時，軍方的專業發言也會受到總統的重視。

圖五：1945～1949 年美國對華決策過程流程圖

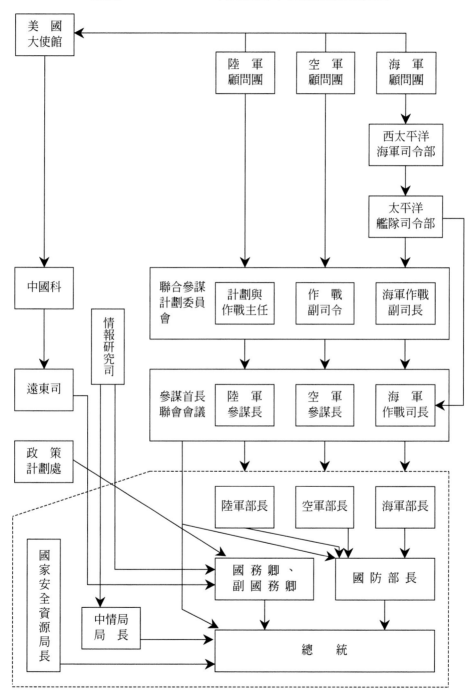

註：根據 Ernest R. May, *The Truman Administration and China, 1945~1949*。
　　五邊形虛線內為國家安全會議

政，而受到更深更強的束縛。這種發展縱使不被全體中國，
也會被某一些中國人猛烈反對；結果只會加重混亂的情形。
而且這辦法也會惹起其他強國的仇視和報復行動，因而會嚴
重影響我們在世界其他部分盡義務。

（三）美國政府與人民曾不斷敦促國民黨政府實行革新措施，並暗
示：我們是在等候目擊中國政府確實實施革新，或至少有意
圖革新的表徵，才肯給予援助。他們質問：「是否一個不能從
事有進步性改善的政府，能夠運用美援，利國利民？」〔註4〕

司徒雷登的分析，主要指出在這關鍵的兩年，美國的對華政策，受到重歐輕
亞、美國內部有人反對介入過深、以及國民政府之腐敗等三項原因的嚴厲挑
戰，才造成美國對華方面的政策舉棋不定，現在進一步來討論這三項原因：

（一）歐洲危機

當時美國傳統外交最關心的歐洲地區，正在遭受強大的威脅。為此，美
國必須把更多的資源用到歐洲，所以在 1947 年，杜魯門政府才會分別宣布
「杜魯門主義」與「馬歇爾計劃」，想要用經濟和外交的力量，挽救西方盟國
在歐洲的劣勢。故並不願意把援助力量分散到亞洲地區。〔註5〕此外，美國外
交決策者也估算以蘇聯現有的實力，不可能同時在歐亞採取雙面作戰的策
略。〔註6〕

蘇聯在歐洲所採取與美國的互動關係，和它在亞洲的立場有所不同。蘇
聯以主動的方式在歐洲發展，例如，它主動挑起柏林危機。不過，蘇聯在亞
洲策略則是消極的涉入中國內政。而美國卻是延續戰時它在東亞的策略，積
極希望在東亞建立一個親美的中國政府。〔註7〕總之，在美國外交政策的「歐
洲第一」排擠效應下，忽略了中國甚至是亞洲遭受共黨赤化的危機。

〔註4〕 司徒雷登，《司徒雷登回憶錄——在華五十年》，頁 191～192。

〔註5〕 肯楠的〈蘇聯行為的根源〉文章，對「歐洲第一」更是推波助瀾。他認為未
來的美蘇之間的冷戰焦點應該放在歐洲，所以他主張歐洲仍是將來美蘇外交
決戰的重心。不過，當時還是不少的親華人士反對美國政府過度的重歐輕亞。
例如麥克阿瑟就懷疑美國外交政偏向歐洲的正確性。

〔註6〕 在 1947 年六月二十日，范宣德給馬歇爾的報告中也指出，以蘇聯現況是沒有
能力支援中共。FRUS, 1947, VII, "Memorandum by of the Director of the Office
of Far Eastern Affairs (Vincent) to Secretary of State", p. 849.

〔註7〕 John L. Gaddis, *We Now Know -- Rethinking Cold War History* (New York:
Oxford University Press, 1997), p. 55.

（二）中國內部衝突加劇

　　從 1947 年初馬歇爾離華回美之後，美國的對華政策出現重大的轉折，它瞭解到國共的和平談判接近全面崩潰的地步，雙方武力的衝突已不可避免。所以，美國政府要面對一項嚴肅的課題，即美國是否願意為援助國府而涉入中國的內戰？美國必須同時考量中共有可能在未來打敗國府佔領中國。關於這一點，駐重慶總領事柯樂博（O. Edmund Clubb）在 1947 年八月二十八日給國務院的報告中，就指出中共是有可能打敗國府。〔註8〕在 1947 年之後，有越來越多的證據顯示，國民政府的力量正在急遽的衰退。1947 年五月三十日，美國駐瀋陽領事館就指出東北的危機：

> 過去兩個月以來，國軍之士氣加速降落……憤懣與失敗主義的心理，已在國軍各級官兵中普遍產生，進而出現叛逃的情事……共軍在數量上已取得優勢……以國軍士氣之低落達於頂點，已足使共軍隨時可能攫取整個東北。〔註9〕

國府不只是在軍事上處於危境之中，即使國內經濟上亦是岌岌可危。〔註 10〕總之，中國這兩年的局勢發展令華府產生嚴重的危機感。

（三）對華政策的爭辯

　　這兩年的美國對華政策，總是在現實主義與理想主義之間搖擺。在馬歇爾主導下的國務院，基於美國傳統對華政策和國際現實的考量，傾向不以武力援助蔣介石對抗中共。1947 年六月二十日，遠東司司長范宣德的報告，就指明美國不宜直接軍援中國。〔註 11〕質言之，美國國務院的對華政策是現實主義，加上傳統不干涉的原則。〔註 12〕所以，當馬歇爾返美之後，即刻把派

〔註 8〕 FRUS, 1947, VII, "The Consul General at Changchun (Clubb) to the Secretary State", pp. 264~265.

〔註 9〕 Department of State, *United States Relations With China: With Special Reference to the Period 1944~1949* (Stanford, California: Stanford University Press, 1967), pp. 315~316.白皮書也認為，雖然在 1947 年之際，國府還能保有華北如山東等地，但這種勝利實是一種虛幻的戰果，因為共軍所採取的戰略，乃是放棄沒有軍事價值的城市，以保存自身的實力。

〔註 10〕 據統計，從 1946 年十二月至 1947 年五月為止，短短半年內，南京的食米即上漲四點二倍，豬肉上漲三倍，大豆上漲五倍。僅是五月一日至十三日，米價飛漲百分之六十。丁永隆，孫宅巍，《南京政府崩潰始末》（台北：巴比倫出版社，1992 年），頁 161～162。

〔註 11〕 FRUS, 1947, VII, "Memorandum by of the Director of the Office of Far Eastern Affairs (Vincent) to Secretary of State", p. 849.

〔註 12〕 其實，不干涉中國是十九世紀末葉以來，美國對華政策的指導原則。此種原

駐在華北的四萬五千名陸戰隊員，驟減至只留四千餘名在青島。〔註 13〕華府的企圖就是希望把中國內部的糾葛「中國化」，讓國共雙方自行解決彼此的糾紛。

不過與國務院主張的現實主義，同時存在的是理想主義。《杜魯門傳》的作者麥克洛夫（David McCullough）對理想主義有一段描述：

> 廣大的美國人民對於中國有一分情感。數個世代以來，孩子們在上
> 主日學校時，總是會順手奉獻一些錢，支持美國在中國的傳教活動。
> 賽珍珠（Pearl Buck）描述有關於中國農民的書籍，曾經深探打動眾
> 多美國人的心靈。〔註 14〕

就是此種對於中國的理想主義色彩，促使美國政府不能輕言放棄中國。〔註 15〕

中國集團是美國理想主義的代表之一，這個集團在美國擁有龐大的勢力，其成員含蓋面非常廣泛，除國會議員之外，尚有商界、文化界人士。中國集團對於 1946 年美國政府的對華武器禁運，感到非常的不滿，所以他們趁杜魯門主義與馬歇爾計劃進行時，不斷的在國會與社會大眾之中進行遊說，製造援華的輿論，逼迫華府也必須給國府積極的援助，此外它亦不遺餘力的替國民政府募集大批金錢。

就是因為杜魯門總統需要國會中的共和黨人士支持他的援歐計劃，同時，他也擔心一旦不給予中國援助，可能會妨礙到援歐計劃。此考量下，杜魯門政府就在 1947 年的「臨時援助法案」（Interim Aid Bill）中，同意對歐洲援助時，亦提撥六千萬美元給中國。〔註 16〕

　　　則展現在 1899 年美國主張門戶開放，以維持美國在華的利益，和中國領土的
　　　完整。也展現在二次大戰之前，當日本對東北的入侵時，美國雖然不承認日
　　　本在中國的所作所為，但也不會介入中日戰爭。
〔註13〕張玉法，《中華民國史稿》（台北：聯經出版事業公司，1998 年），頁 439～
　　　440。
〔註14〕David McCullough, *Truman* (New York: Simon & Schuster, 1992), p. 744.
〔註15〕所謂的現實主義者重視權力與利益，強調對國際政治現實情況的瞭解，注重
　　　政治的解決途徑；理想主義者著重於國際秩序的改造，有藍圖思想的傾向，
　　　反對國家利益，而提倡以道德原則為國家行為的標準。根據學者們的看法，
　　　理想主義會流於象牙塔心態，而盲目地不顧現實情況；現實主義則會流於權
　　　術政治。理想主義之極端，會變成全然無視於權；現實主義之極端，會變成
　　　全然致力於權力鬥爭。見廖中和，《國際政治的理想主義與現實主義》（台北：
　　　台灣商務印書館，1985 年），頁 47。
〔註16〕葉偉濬，《戰後美國軍經援華之研究（1946～1949）》（台北：中國文化大學中
　　　美關係研究所碩士論文，1981 年），頁 122。但 1947 年對華的援助在司徒雷

　　總之，1947～1948 年的對華政策，就在歐洲危機、中國內部衝突、以及對華政策的爭辯，三項原因交錯下，造成此時美國對華政策的舉棋不定。一方面，華府急欲脫離對中國的糾葛，另一方面又在外交策略和輿論的壓力下，逼使杜魯門必須援助國府，以安撫反對派人士。既然美國無法輕言脫離與中國之間的關係，可是它又不願直接捲入中國內政的漩渦之中，所以在馬歇爾的主導下，國務院採取一項折衷的辦法：決定使用有限度的，次要的方式援助國民政府，此亦成為日後兩年美國對華外交的基本策略。

第二節　關鍵的 1947 年

　　從 1947 年七月，參謀首長聯席會議因國家安全法案通過正式合法化後，參謀首長聯席會議即屢次以軍事的角度，對於美國對華政策以及諸多軍事援助提出建議。1947 年不但是國際關係的關鍵期，也是國共鬥爭中關鍵的一年，因而參謀首長聯席會議究竟如何思考中國在美蘇冷戰中的角色，實有其重要性。〔註17〕不過在分析參謀首長聯席會議對華主張之前，首先要解釋 1947 年

登評估，仍然是微不足道。尤其甚者，司徒雷登更對有些不實的報導，指說美國將有大量援助中國計劃之事，給予嚴厲的批判。見司徒雷登，《司徒雷登回憶錄——在華五十年》，頁 192～193。

〔註17〕其實早在二戰期間，由於參謀首長聯席會議肩負著美國對軸心國的戰爭規劃，它必然也涉及到對華的軍事事務。例如，根據梁敬錞的研究，在雅爾達會議期間，以馬歇爾（他代表參謀首長聯席會議中的陸軍部門）為主的參謀首長聯席會議，是最極力主張美國應該促成蘇聯對日參戰。見梁敬錞，《中美關係論文集》，頁 14。可是梁敬錞亦明白指出，同意蘇聯出兵東北，其實是一種錯誤的軍事策略。因為美國對日戰爭，自 1944 年秋天後，已在西太平洋握有制空與制海權，雅爾達開會時，麥克阿瑟收復馬尼拉已三日，日本海軍已大部被殲。其實參謀首長聯席會議中，僅有陸軍幕僚主張美國陸軍登陸日本，蘇聯出兵東北之計劃。但海空軍幕僚，則多數以為擊敗日本無須陸軍登陸，更無須蘇聯參戰。海軍金恩上將以為打敗日本，只需要海上封鎖戰與消耗戰。空軍上將阿諾德（H. H. Arnold）則認為，若要戰勝日本，只須大批空中堡壘的轟炸，不需要借助蘇聯。參謀首長聯席會議主席李海更直言，戰勝日本，美國獨當即可，無須蘇聯助力。而儘管多數軍方人士皆不主張邀蘇聯進兵東北，不過由於馬歇爾的影響力，以及他獲得陸軍部長的支持，最後還是以他的意見佔上風，成為 1945 年元月參謀首長聯席會議的建議書。但梁氏認為馬歇爾對日本軍力的判斷，最後被證明是有誤的。梁敬錞更表示此種錯誤可能是美國情報的誤判，也可能是親蘇媚共人士的安排。見梁敬錞，《中美關係論文集》，頁 15～17。史密斯（R. Harris Smith）對誤判的看法，則認為係情報不足之所致。他表示，如果美國戰略服務處能夠滲入東北，他們會探知日本

初美國對華政策的考量。

　　事實上從 1947 年初馬歇爾宣布使華失敗，最後回美國接掌國務卿一職後，杜魯門政府即有意重新思考美國的對華政策。〔註 18〕簡言之，美國對於中共逐漸採取一種更爲彈性的態度，而對國民政府施加更大的壓力，杜魯門政府正試圖在國共政治糾葛的光譜上，往中間移靠。從 1947 年起，一方面，美國對華政策，明顯的以不介入國共鬥爭爲主軸。但另一方面，由於國內外環境的考量，又導致美國必須對中國做出必要的承諾與援助。〔註 19〕

　　基於內外環境的理由，國家安全會議訂出一項短期的對華政策——防止中國完全爲中共所控制。國家安全會議評估國府已無法單獨抵抗中共，必須依賴諸如美國外國勢力的協助。〔註 20〕但美國政府是否應該爲防止中國的赤化，繼續對中國政府進行軍事與經濟的援助，亦到關鍵的時刻。〔註 21〕所以，當馬歇爾走馬上任爲國務卿之後，立即希望尋求一項新的對華政策。遠東司

的軍力已到左支右絀的地步。此如其結果對蘇聯介入東北的正面功能評估，或許會下降。R. Harrison Smith, *OSS -- The Secret History of America's First Central Intelligence Agency*, p. 276.

〔註 18〕其實當馬歇爾承認使華任務失敗，要求杜魯門總統將他調回美國後。美國政府內部就出現不少檢討對華政策的聲音。例如屬於軍方體系的聯合計劃參謀署（Joint Planning Staff）就重新檢討 1946 年的中國政策。聯合計劃參謀署認爲從馬歇爾使華任務的失敗，已經證明杜魯門的對華政策是過時了。蘇聯把從日本沒入的武器轉交給中共，並以非直接的手段協助中共，助長了冷戰的加劇。共產主義對中國的威脅，已損及美國的安全。聯合計劃參謀署警告杜魯門總統蘇聯正在透過它的代理人——中共，企圖首先支配中國，以作爲全球擴張的第一步。最後，聯合計劃參謀署建議美國應該給予國民政府堅定的支持，即除了軍事介入外的所有其他可能的方式。見 *Record of the Joint Chiefs of Staff, Part II, 1946~1953, The Far East* (Washington, D. C.: University Publications of America, Inc., 1979), Microfilm., JCS 1721/4 21 May 1947, pp. 32~33, 或 Foltos, Lester J., *The Bulwark of Freedom: American Security Policy for East Asia, 1945~1950*, (Illinois: University of Illinois at Urbana-Champaign, 1980), pp. 98~99.

〔註 19〕所謂國內外考量包括：對內方面，杜魯門政府正著手要求同意國會同意協助歐洲戰後的重建，美國國會中親蔣派即趁此機會以援歐的馬歇爾計劃，必須援助中國爲交換前提，要求給予國府適度的援助，此是杜魯門政府不得不正視來自國會壓力之處。對外而言，美國考量到未來它必須與蘇聯在東亞競爭上，中國由於具有優越的地理位，以及眾多的人口，兩項重要的因素，使得中國在政治與軍事上，扮演關鍵的地位。FRUS, 1948, VIII, "Rear Admiral Sidney W. Souers, Executive Secretary to the National Security Council", p. 45.

〔註 20〕Ibid., p. 45.

〔註 21〕FRUS, 1947, VII, "The Ambassador in China (Stuart) to the Secretary of State", pp. 1212~1213.

司長范宣德特別在 1947 年二月七日,向他作了一份對華政策的報告。

在此報告中,范宣德分析了美國對華政策的目標、中國在遠東的地位,以及美國對中國援助的利弊。〔註22〕為此,他向馬歇爾提供了幾項策略:(一)美國可以繼續鼓勵中國以民主方式,完成國家的統一;(二)有條件的給予中國必要的經濟援助;(三)軍援中國若會激化內戰,則要加以限制。〔註23〕

在二月十一日,馬歇爾把范宣德的此一報告分送給陸軍部部長派特森,以及海軍部長佛洛斯特,共同就此文件研商對華政策。後兩者表示由於時間的匆促,故他們希望可以和幕僚就細節部份,進行更充分評估。〔註24〕

為此,當國務院、戰爭部、海軍部三部長會議之後,派特森與佛洛斯分別在二月二十六、二十七日答覆馬歇爾。〔註25〕派特森對馬歇爾表示,他與參謀首長聯席會議商討後,質疑中國不太可能建立一個多黨且民主的政府,因為中共與非共的政府存在差異性非常大。〔註26〕派特森還特別提醒馬歇

〔註22〕 Ibid., pp. 789~793.

〔註23〕 Ibid., pp. 793~794.

〔註24〕 佛洛斯特表示對於范宣德報告的部份內容,有一些不同的意見。Ibid., p. 797. 馬歇爾自從中國回到華府接任國務卿之後,對於以蔣介石為主的國民政府,其實是相當失望。儘管馬歇爾對於中共不滿意,可是他對國民政府卻是更加的厭惡。這主因是他認為蔣介石根本沒有進行民主改革的決心。馬歇爾認為只有中國的民主改革,國民政府才能得到中國人民的支持。也只有得到中國人民支持的政權,美國才能給予必要的援助。總之,馬歇爾在接任國務卿之後,他發展出一套對外援助的理論:(一)美國對於援助的結果必須要產生影響力。(二)被援助的國家一定要有能力充分的運用美國的援助。見 Foltos, Lester J., *The Bulwark of Freedom: American Security Policy for East Asia, 1945~1950*, p. 100.事實上,從 1947 年之後,馬歇爾是傾向不對國府進行軍事援助。

〔註25〕 這兩份回覆中,以派特森的分析較為詳實。事實上,軍方從戰後以來,對於國務院試圖以不干涉原則來處理中國問題,是不太同意的。佛洛斯特與派特森這兩位都是著名的反共主義者,更是對國務院的對華態度多所質疑。早在戰後之初,兩人即主張應該逐步擴大對國民政府的援助。兩人都主張美國的對華政策,應該是協助國民政府以去除此一威脅。因而他們建議杜魯門政府應該對國民政府進行長期的軍事協助,並派遣軍事顧問團協助國民政府。Foltos, Lester J., *The Bulwark of Freedom: American Security Policy for East Asia, 1945~1950*, p. 92.不過,軍方與國務院在對華政策的角力上,國務院明顯取得杜魯門總統的信賴。見 Ibid., p. 90.

〔註26〕 有人對於馬歇爾究竟是否瞭解共產主義是有所質疑的,例如魏德邁曾經表示馬歇爾無法掌握共產主義的本質與目標,尤其對於中共更是所知不多。見 ED Cray, *General of the Army: George C. Marshall -- Soldier and Statesman* (New York: W. W. Norton Company Inc., 1990), p. 633.

爾，國府的軍事挫敗意味中共將會佔領全中國，美國不應坐視不管。此外，派特森也要求參謀首長聯席會議據此對中國在遠東戰略地位作一評估，以便瞭解中國在遠東的戰略地位。〔註27〕

對於派特森的意見，馬歇爾的回答是，雖然國共雙方合作的誠意值得懷疑，但美國仍將鼓勵中國以和平的手段完成統一。另外，如果對華武器禁運會引發國府軍力的不足，他也不反對取消武器禁運。〔註28〕

由於馬歇爾與陸海軍部長無法就對華政策達成一致的意見，故同意由參謀首長聯席會議進行戰略評估。在派特森與馬歇爾等人的要求下，參謀首長聯席會議就對華政策提出全方位的戰略與戰術評估。爲此，參謀首長聯席會議於1947年六月九日向外、陸、海三部聯席委員會提出報告。恩內斯特・梅把此份報告視之爲是參謀首長聯席會議對於援華政策的重要轉折點，因爲此報告暗示一項建議——美國應該放棄不介入中國事務的政策。〔註29〕

參謀首長聯席會議的此份對華政策分析，可以歸納出幾項要點：（一）美蘇兩國在東亞地區的可能衝突，蘇聯可能取代美國在中國的地位；（二）中共與蘇聯的結盟會讓中共在國共衝突中取得優勢；（三）國民政府在聯合國的重要地位，會因國共內戰而受到嚴重的傷害；最後是參謀首長聯席會議建議美國政府如何選擇對國民政府採取積極的援助。

參謀首長聯席會議開宗明義即指出，就美蘇在東亞的對抗而言，若從軍事角度研究冷戰的崛起，美國必須把對華政策與蘇聯在全球的外交政策合併考量。蘇聯在中國、歐洲與中東地區的政策，就是要盡可能擴大控制與影響的範圍。蘇聯在中國的目標是希望美國盡速從中國撤出軍隊，並排除美國在中國的影響力，以便莫斯科可以取代美國在中國的地位。而中國的特殊情況，例如缺乏組織、交通與通訊設備等，又讓蘇聯有可趁之機。如果中國內部處於混亂的局面，必對於蘇聯大大有利。因爲它不但會阻礙國民政府在東北完

〔註27〕FRUS, 1947, VII, "The Secretary of War (Patterson) to the Secretary of State", pp. 799~802.最後，派特森也趁機提出一份對華的軍事援助內容，他提醒馬歇爾如果對華援助受到耽擱，而導致國府軍隊的裝備產生耗損，則國會與社會的輿論，恐將大大不利於政府。

〔註28〕Ibid., pp. 805~808.

〔註29〕Ernest R. May, *The Truman Administration and China, 1945~1949*, p. 17.不過參謀首長聯席會議此一建議，也在以馬歇爾國務卿爲首的國務院，應用兩項理由，其一是中國內戰太過複雜，不是美國政府所能掌握；其二，彼時美國的軍力是相對薄弱，最後否決了參謀首長聯席會議的報告。見 Ibid., p. 34.

成任何既定的目標。同時，亦有利於蘇聯在掌控東北後，進一步控制華北與新疆。

　　為此美國在中國的目標，應是和美國對其他地區的目標相同。只不過中國不同於其他地區之處，在於中國並沒有一個統一的全國性政府，足以有效的抵抗蘇俄的擴張政策。〔註30〕

　　此時參謀首長聯席會議對於蘇聯在東北發展也相當注意。參謀首長聯席會議認為，蘇聯似乎是想要把東北納入東西伯利亞的範圍之內。其證據為：（一）俄共企圖並已成功的阻止國府對東北主權的行使；（二）蘇聯把東北重要的工業設備，遷移至東西伯利亞；（三）1945年的中蘇友好同盟條約讓蘇聯可以合法的控制東北，並把大量的糧食與原物料運往蘇聯的工業區；（四）蘇聯透過在北韓、旅順與蒙古的強大軍力，以及鼓勵中共在東北的發展，可以有系統的控制東北。〔註31〕

　　參謀首長聯席會議預測，如果蘇聯把東北的經濟與軍事整合到蘇聯之內，這將使得蘇聯在其遠東的實力大增。果真如此，若再加上中國的內亂（內亂可能造成國府的崩潰，或者是屈從於蘇聯與中共的壓力），則必有利於蘇聯在東南亞、馬來西亞與印度的擴張。〔註32〕

　　參謀首長聯席會議認為，中共的屬性定位和其他的共產主義國家並沒有任何的差異，都是由蘇聯所催生的，同樣具有極權與反民主的本質。中共是世界共產主義的一部分，也是蘇聯的工具。參謀首長聯席會議舉證，中共近來之所以能夠在東北與華北取得優勢，就是因為及時得到蘇聯在東北之軍需武器，造成中共軍隊在此地區可以行動自如，而獲得前未所有的戰果與影響力。相反地，此際的國民政府卻被蘇聯摒除於東北之外，無法建立在東北的主權。除此之外，蘇聯在東北撤軍的時機又「恰到好處」，讓中共有足夠的時間，可以獲取日軍武器與蘇聯所「放棄」的設備。此一結果就讓中共在東北勢力壯大，並阻止國府清除共軍，擴大中國進一步的內戰，侵蝕中國的軍事力與經濟力。參謀首長聯席會議評估，一旦中共軍事勝利，毫無疑問會促進蘇聯在中國目標的達成。〔註33〕

〔註30〕JCS 1721/4 21 May 1947, pp. 32~33.

〔註31〕Ibid., p.33.

〔註32〕Ibid., p. 34.參謀首長聯席會議表示，如果中國要穩定政治，則必須要重構經濟，因為假如缺乏經濟的穩定，內戰的反動因素是不可能消除的。

〔註33〕Ibid., p. 35.為何參謀首長聯席會議會在此一報告中，首言蘇聯在華的角色，主

　　就中國在聯合國的地位而論，參謀首長聯席會議認為美國有必要協助國民政府，進而使中國能夠與美國、英國、蘇聯及法國等國，共同肩負維護國際和平與安全的責任。持續的中國內戰，不僅會使國民政府無法履行對聯合國的承諾，同時亦會對於聯合國的名聲造成損傷。尤有甚者，由於中國在聯合國的常任理事會中擁有否決權，如果一旦中共奪權成功，必然大大不利於美國的安全，再加上法國政權亦有可能落入法共之手，因此美國必須設法阻擋此一態勢的惡化。〔註34〕

　　就美國政府能對華進行何種援助行動而言，參謀首長聯席會議認為美國政府可以有二個選擇，其一是美國給予國府援助，以強化對蘇聯的抵抗。而且，這項行動足以讓國府有充分時間處理政治問題。其二則是美國選擇完全從中國撤退，而讓中國內戰持續蔓延，最後導致蘇聯全盤掌控東北，並延及到中國其他地區。如此則美國必須準備接受蘇聯支配亞洲的事實。參謀首長聯席會議強調如果蘇聯進一步擴張在遠東的勢力，必然對美國的軍事安全產生嚴重威脅，所以美國政府應該及早未雨綢繆。而戰後的亞洲唯一能夠抵抗蘇聯擴張勢力，只有國民政府。〔註35〕

　　而美國近幾年來援華未能造成太大效果，參謀首長聯席會議認為是因中國的政治與軍事太過複雜所致。該組織指出中國的軍事問題涉及到政治、心理與士氣等層次。有時在對抗中共之際，士氣比物質援助更為有效。而究竟中國需要何種特殊的軍援，參謀首長聯席會議並不敢確定。不過，參謀首長聯席會議也發現美國的對華援助總是片斷而缺乏協調，所以該組織主張只要美國能對國府施予小小的援助，就能有效強化國府的士氣，同時也能弱化中共。過去華府除了要求國共雙方簽署和平方案外，對華政策並沒有堅定的目標，而只要美國宣佈對國府堅定的支持，就會促使中共接受國府所提的停戰內容。萬一中共不接受，國府只要得到美援，必然有能力奪回現階段為中共佔領的地區。〔註36〕現階段的證據已顯示中共所想要的方案是繼續擁有政權，最後並建立共產中國，這是不利於美國軍事安全的。〔註37〕綜合上述評

　　　要原因是此時美蘇兩國在歐洲的冷戰與圍堵已經產生，參謀首長聯席會議必
　　　須關照蘇聯在華的未來意向。
〔註34〕Ibid. pp. 35~36.
〔註35〕Ibid., p. 37.
〔註36〕Ibid. pp. 38~39.
〔註37〕Ibid. pp. 37~38.參謀首長聯席會議發現美國政府在對歐亞自由國家的援助，實
　　　在是缺乏通盤性的計劃，所以它特別提醒華府，對於蘇聯勢力範圍的周邊國

估後，參謀首長聯席會議主張應該給予國府充分的援助，以便讓國府能夠清除所有軍事的共產反對勢力。〔註38〕

　　參謀首長聯席會議所以會主張要充分軍援國府，主要原因是此際國務院遠東司長范宣德提出對華政策時，建議美國扣留對華的軍援。〔註39〕參謀首長聯席會議認為，延遲對華援助是不符合美國對歐亞的政策，也不符合美國希望中國穩定的政策。而如果對華援助再繼續猶豫不決，則必然會影響到國府解決內戰，與抵抗蘇聯滲入中國的能力。其後果是形成軍事膠著狀態，或者是導致國府失敗。〔註40〕

　　此外，參謀首長聯席會議也從美國在華軍事顧問團的角度，反對扣留對華的軍事援助。參謀首長聯席會議認為，在華的軍事顧問團需要配合軍事援助才能達成在華使命。如果沒有軍援，軍事顧問團不如撤退，而一旦撤出軍事顧問團，國府即會屈從於蘇聯的壓力。〔註41〕

家，在援助的過程中應該是有一個全方位的考量。

〔註38〕Ibid. pp. 40~41.

〔註39〕范宣德向國務卿馬歇爾提出八項建議：（一）繼續鼓勵中國以民主的方式，完成統一；（二）以建設性與同情心面對對華的經援；（三）延緩對華軍援，以免造成中國進一步的內戰；（四）在華維持一個適度的軍事顧問團（參謀首長聯席會議建議刪除「適度的」字眼）；（五）在軍事與海軍任務法（Military and Navy Missions Bill）執行期間，不支持一項在華的軍事顧問團法（Military Advisory Group Bill）；（六）所有對華軍援的項目、種類、型態，由國務卿作最後裁決；（七）關於承諾協助國府建立八又三分之一的空軍大隊，而給予的軍事設備，要繼續留中不發；（八）如果國府有能力操作 159 艘商船，則美國同意撥給他們。見 FRUS, 1947, VII, "Memorandum by the Director of the Office of Far Eastern Affairs (Vincent) to the Secretary of State", pp. 793~794.

〔註40〕參謀首長聯席會議強調蘇聯在中國的勢力發展，時間是對他們有利。見 JCS 1721/4 21 May 1947, p. 41.

〔註41〕Ibid.,美國在 1947 年對於是否應該以軍援協助蔣介石，以武力清除共產勢力，國務院遠東司范宣德和參謀首長聯席會議持相左立場。范宣德表示反對意見，他提出五點理由：（一）會直接涉入中國內戰；（二）會刺激蘇聯採取同樣介入的方式支持中共；（三）除非美國準備無限期的接管中國軍事與政治，否則將無決定性的結果；（四）會引起中國人民的廣大反感；（五）不符合美國援外的優先順序。但參謀首長聯席會議則極力主張軍援國府，其理由是：（一）藉由美國的軍事與經濟援助，保證蔣介石可以功成的對抗共產主義；（二）一旦蔣介石政權失敗，必然會導致中國由蘇聯支配。關於參謀首長聯席會議的第二點，遠東司綜合評估中國的內部實力，中國人憎恨外國勢力的干預，以及蘇聯自身的能力種種因素後，表示此項理由並不足以構成美國介入中國的內戰。FRUS, 1947, VII, "Memorandum by the Director of the Office of Far Eastern Affairs (Vincent) to the Secretary of State", p. 849.

　　但是，此時國務院方面反對直接軍援蔣介石，認為不但無法消除中國的共產勢力，反而會導致下列幾項危機：（一）將不可避免使美國直接介入內戰；（二）會刺激蘇聯採取相同介入的手段，以援助中共；（三）除非由美國直接接國府，否則所有援助都將可能是徒勞無功；（四）會引起中國人民的反感；（五）若對中國給予戰略的承諾，將不符合美國的全球戰略規劃。〔註42〕

　　由於國務院的反對，所以縱使在派特森、佛洛斯特以及參謀首長聯席會議等極力主張軍援國府，仍然沒有效果。〔註43〕最後在六月末之際，由於國府在軍事、經濟以及社會各方面，已透露出相當程度的危機。於是，馬歇爾在七月一日決定派遣魏德邁為總統特使前來中國各地調查中國的實際現況，以便給予必要的援助。

　　過去的學界對於馬歇爾為何會派遣魏德調查團動機，存在著諸多的推測。〔註44〕王成勉則從兩個角度來分析，其一是積極性的角度，因為魏德邁與蔣介石本來就是舊識，在形式上對蔣較為有利，也可能使中國走向改革；〔註45〕其二是就消極面而言，任命魏德邁可以緩和國會的壓力，讓同情國民政府的魏德邁暫時離開華府，可以拖延對國民政府援助的時間。〔註46〕

　　從七月二十二日至八月二十四日為止，魏德邁以一個月的時間在中國各

〔註42〕參謀首長聯席會議則傾向給予國民政府直接的軍事援助，以便協助國府對抗共產主義。Ibid., p. 849.

〔註43〕就如福雷斯特・波格（Forrest C. Progue）的分析，擺在馬歇爾面前有兩套建議，一是參謀首長聯席會議的全力援助國民黨，一是范宣德和艾奇遜所建議略為緩和的方針。福雷斯特・波格（Forrest C. Progue）著，施旅譯，《馬歇爾傳（1945～1959）》，頁275。顯然，馬歇爾是支持范宣德的主張。

〔註44〕根據馬歇爾本人的表示是來自國會與其他方面的壓力，因而有必要重估美國對華政策。轉引自王成勉，〈馬歇爾與中國──國務卿任內之探討〉（台北：《國史館刊》，第二十二期，1996年），頁217。

〔註45〕不過在馬歇爾詢問魏德邁是否願意擔任此職之前的數個月，魏德邁還曾向馬歇爾表示美國的對華政策是不切實際的。當這反共主義者在思索是否要接受馬歇爾的任命時，他也坦然的提醒馬歇爾，中共是把他視為不受歡迎的人物。見 Ed Cray, *General of the Army: George C. Marshall -- Soldier and Statesman*, p. 633.有關魏德邁的使華調查團及中美各界的反應，可參考顧維鈞，《顧維鈞回憶錄》，第六冊，頁170～206；林秀美，《魏德邁與中國》（台北：淡江大學美國研究所，1988年）；黃春森，《魏德邁與中國（1944～1947）》（台北：文化大學中美關係研究所，1989年）。

〔註46〕王成勉，〈馬歇爾與中國──國務卿任內之探討〉，頁217。持一論調的尚有葛雷（Ed Cray），Ed Cray, *General of the Army: George C. Marshall -- Soldier and Statesman*, p.633.

地，台灣也包括在內，進行軍事與內政的訪問考察。其後，魏德邁再轉往韓國考察，最後在九月六日魏德邁飛抵夏威夷，動筆撰寫使華的報告。〔註47〕魏德邁的報告認為共黨勢力的擴張將對自由世界造成威脅，所以美國必須加以扼止。而遠東地區的局勢則以中國東北最為緊急，故東北應交由聯合國託管。國共的衝突中，國府已居下風，美國政府對國共內戰的最佳選擇是交由聯合國處理。國民政府的政經改革，需要有外援的配合。〔註48〕魏德邁在報告的結論中建議中國將東北交由聯合國監管或託管，明確的實施政治、軍事、財政改革，並接受美國顧問對美國之軍經援助的建議與監督。〔註49〕

　　如前文所述，當魏德邁給予國民政府嚴厲抨擊之際，卻在報告中建議美國政府有必要對國民政府進行軍事與經濟援助。〔註50〕其中原因或許如同是葛雷（Ed Cray）所言，魏德邁是一位熱情的反共主義者，因而無法捨棄反共的國民政府。〔註51〕但魏德邁的建議東北由聯合國託管，及以對中國進行經援和軍援等，皆不為國務院所接受。〔註52〕馬歇爾以及其他國務院官員如副國務卿羅維特、新上任的遠東司長白德華等人均主張，若一旦公開魏德邁的報告必將造成危機，最後馬歇爾不但決定將此一報告例為極機密文件，不對外公開，同時也訓令魏德邁等相關人士不准在外談及此一報告內容。至此，魏德邁的任務可謂實無重大影響。〔註53〕

〔註47〕事實上，魏德邁在使華調查的期間，曾嚴厲的批評國民政府。他曾電告馬歇爾，國民政府在精神上已經崩潰了；民眾對政府領導人已經失去信心；政府官員只知在國府垮台前大量貪污；前線士兵則失去了戰鬥的意志。但相反的，此刻中共卻是精神抖擻，鬥志高昂。即使是在離華前夕，魏德邁在八月二十二日對國府的一場演說中，仍是毫不留情指責國民政府的腐敗與無能，以及國軍對共軍毫無任何的戰鬥意志。Ed Cray, *General of the Army: George C. Marshall -- Soldier and Statesman*, p. 634.

〔註48〕王成勉，〈馬歇爾與中國──國務卿任內之探討〉，頁218。

〔註49〕前引文，頁218。

〔註50〕魏德邁所建議的援助中國內容，大多數也是參謀首長聯席會議所提議的。福雷斯特·波格著，《馬歇爾傳（1945～1959）》，頁281～282。

〔註51〕Ed Cray, *General of the Army: George C. Marshall -- Soldier and Statesman*, p. 634.

〔註52〕就以東北託管而論，馬歇爾曾經坦言，將東北置於五國監管制度之下，如不成則按照聯合國憲章置於託管制度之下，此項建議可能會惹出麻煩。福雷斯特·波格著，《馬歇爾傳（1945～1959）》，頁282。

〔註53〕根據王成勉的研究美國政府對於魏德邁報告中的重要建議如東北託管，是不採納的。但在一些事務性的建議如軍火、軍備的採購上，則接受魏德邁的意見。王成勉，〈馬歇爾與中國──國務卿任內之探討〉，頁218～219。

其實包括參謀首長聯席會議以及馬歇爾等，此時都認識到在對華政策上，不容許再游移不定，所以才有魏德邁調查團之出使。不過由於國務院方面的外交考量，即使是參謀首長聯席會議以及魏德邁報告皆建議應該積極援助國民政府，但最後在對華政策上還是未能有所突破。

第三節　沒有中國政策的 1948 年

1948 年的美國對華政策可借用美國國防部長佛洛斯特的一句「我們沒有政策」（we have no policy）來概括。〔註54〕1947 年就在美國不可能大規模軍援中國，也不可能撒手不管的情況下，最後以有限援助的策略來進行。儘管 1948 年缺乏明確的對華政策，可是杜魯門政府面對中國的問題仍舊面臨四個重要的變項：

（一）美國的對華政策是受到它的全球政策和觀點制約的，其中最突出的年代是 1948 年。由於 1948 年四月的柏林危機，引起西方世界產生二種憂慮：一是愈來愈多的人認識到世界正在分裂成兩大涇渭分明的集團，一方是以美國為首的自由世界，另一方則是以蘇聯為首的共產主義集團；二是人們愈來愈害怕兩個集團間將發生戰爭。上述的憂慮代表著美國要把國家大量資源用來重整軍備，並要在遙遠的地區建立許多新軍事基地，且要廣泛承擔一系列軍事和經濟義務。儘管在反共鬥爭中，美國不可能找到比中國更為堅定的盟友，但是當時的重歐輕亞，重日輕華的局勢，卻使美國對中國的支援受到了限制。〔註55〕

（二）強大的國會壓力：在 1948 年，美國國內政治生態產生重大的變化。共和黨十四年來首次在參眾兩院中擁有多數席次。而以共和黨的保守人

〔註54〕顧維鈞稱美國這一階段對華外交為「政治才略的空白時期」。他指出因為這段時期美國外交由少數幾位私怨滿腹的領導人所左右的。這些人斤斤於一些個人的宿怨，既無必要，又不明智，可是一葉障目，就使他們看不到美國在中國和遠東真正的和根本的利益。顧維鈞，《顧維鈞回憶錄》，第六冊，頁 92～93。

〔註55〕根據顧維鈞的分析，美國的外交策略是集中在歐洲，特別重視柏林危機，可是蘇聯人卻是歐、亞並重的。他們始終按著一項長期政策行事，並認為時間對他們有利。所以當歐洲各強國全神貫注於歐洲的時候，俄國人卻不聲不響地在亞洲準備條件，擴充實力。俄國的一貫政策是控制歐亞兩洲，因為它認識到，它與各民主國家的抗衡是，而且必然是一場全球性鬥爭。顧維鈞，《顧維鈞回憶錄》，第六冊，頁 435、473～474。

士，例如周以德（Walter H. Judd）、布里杰斯（Styles Bridges）、諾蘭（William F. Knowland）以及眾議院議長馬丁（Joseph W. Martin）等等，形成了一股強大的中國遊說力量，要求美國政府應該給予中國最大的援助。〔註 56〕由於杜魯門總統與此屆國會（第八十屆）的互動並不融洽，所以他爲了爭取國會支持行政部門的援歐計劃，則必須更謹慎回應共和黨國會領袖的援華訴求。〔註 57〕

　　（三）1948 年是美國的大選年：如前所言，杜魯門政府是內政重於外交；歐洲重於亞洲。而亞洲中的中國問題，只是外交政策的次要部分。但由於冷戰的崛起，使得外交議題逐漸爲美國民眾所關心。基本上，總統與國會對於蘇聯共產主義擴張的態度是一致的，而唯一有差異性的就是中國問題，此遂成爲共和黨準備對付杜魯門的議題。1948 年，代表共和黨角逐總統的紐約州長杜威（Thomas Dewey），曾在 1947 年十一月二十四日的演說中，要求杜魯門協助中國對抗共產主義。〔註 58〕他指責杜魯門的中國政策，破壞了從羅斯福時代以來即存在的兩黨外交政策，也違反了海約翰的門戶開放政策。這一股主張援華的訴求，一直延續到 1948 年的總統大選年依舊方興未艾。共和黨人紛紛譴責民主黨的亞洲策略，將會導致整個亞洲淪入鐵幕之中。他們認爲一旦中國赤化，勢必危及到日本與全亞洲地區。爲此，共和黨乃提出大量援助國民政府的主張。〔註 59〕

　　（四）中國局勢的惡化：國共在歷經 1947 年的激戰之後，彼此情勢逆轉，

〔註 56〕關於中國集團或者中國遊說團，可以參考 Ross Y. Koen, *The China Lobby in American Politics* (New York: Octagon Books, 1974)。不過根據趙綺娜的研究，中國遊說團在美國對華政策上，並不具有太大的影響力。關於美國國會中親國府議員的研究可參考，趙綺娜，《美國親國民黨國會議員對杜魯門政府中國政策影響之評估》（台北：中研院歐美所，《歐美研究》，二十一卷第三期，1991年），頁 83～129。

〔註 57〕Eugene H. Roseboom, *A Short History of President Elections* (New York: The Macmillan Co., 1967), p. 217.

〔註 58〕事實上，在 1948 年的美國總統大選中，國民政府是極希望由共和黨的杜威獲勝。理由是自從第二次世界大戰以後，從中國角度來看，共和黨人對中國問題一般都是始終採取贊助態度的，共和黨的總統候選人杜威也是這樣。杜威本人曾在競選演說中，把援華與中美友誼列爲一項主題，而且贊成軍援與經援雙管齊下，這與民主黨政府迥然不同。顧維鈞，《顧維鈞回憶錄》（北京：中華書局，1988 年），第六冊，頁 487。

〔註 59〕William P. Head, America's China Sojourn -- America's Foreign Policy and Its Effects on Sino-American Relations, 1942~1948 (Lanham, MD: University Press of America, Inc., 1983), p. 277.

國民政府在軍事方面已顯露諸多敗相。例如，中共在東北以及西北地區，已數次取得重大勝利，同時社會上也出現許多反國民政府的動亂事件。此時先後有駐華大使司徒雷登及魏德邁力主軍援國府。這些均與國務院的意見不同，也造成美國政府必須有所因應。〔註60〕

就在上述的背景下，儘管在1948年初，杜魯門政府即不對國民政府抱持著希望。但是杜魯門政府還是在四月初與國會妥協，通過了一項援華的法案，以換取國會對馬歇爾計劃的支持。但其實在杜魯門的認知中，只有中國自己才能自救，而美國並不準備直接承擔起中國的政治、經濟以及軍事責任。〔註61〕

杜魯門除不願涉入中國事務外，他本人在1948年也積極辯護自己過去的中國政策，尤其是1945年喧騰一時的國共聯合政府之議題。杜魯門在三月十一日接受一項訪問時，極力強調雖然在1945年美國主張中國政府應該擴大它的統治基礎，但他與馬歇爾都並非意指要包括中共在內；甚至1945年馬歇爾使華的目的，也只是協助蔣介石政府因應困境而已。〔註62〕

總之，由於國會裡的中國集團強力運作，主張美國在進行復興歐洲計劃，圍堵歐洲共產主義的援助之際，也須對付中國共產主義之擴張，是以行政部門在援歐的外交策略考量下，歷經國會與行政部門的討論後，終於國會通過一項「援華法案」（China Aid Act of 1948）。此一法案，授權杜魯門政府可以

〔註60〕 事實上，在1947年，司徒雷登即曾經表示在軍事方面、經濟方面、心理方面，都與日俱增地不利於國民政府。他甚至把國民政比擬成是重症患者，開始透露出衰弱的跡象。見司徒雷登，《司徒雷登回憶錄——在華五十年》，頁193。

〔註61〕 Department of State, *United States Relations With China: With Special Reference to the Period 1944~1949*, "Message From President Truman Transmitting Recommendation That the Congress Authorize a Program for Aid to China in the Amount of $570,000,000 to Provide Assistance Until June 30, 1949", p. 982.

〔註62〕 FRUS, 1948, VII, "Memorandum of President Truman's Press and Radio News Conference", pp. 141~143. 事實上，杜魯門的此一解釋相當不符邏輯。若仔細觀察馬歇爾的「使華訓令」，以及彼時的中國情境，則很難推卸美國是將中共排除在擴大政府基礎以外。關於馬歇爾訓令之分析，可以參考梁敬錞，《中美關係論文集》，頁107～146，或王成勉著，黃春森譯，〈馬歇爾使華訓令之檢討〉，收錄於《近代中國》雙月刊（台北：1997年八月號），第一二〇期，頁110～129，至於有關馬歇爾使華調處的參考書目，見王成勉，《馬歇爾使華調處日誌（1945年11月～1947年1月）》，前言。中共方面近年來仍不斷有有新文件出版，如中共中央檔案館在1996年四月出版《周恩來1946年談判文選》。

總計四億六千三百萬美元援助中國。〔註63〕

　　不過對此一援助法案，國家安全會議的執行秘書索爾斯將軍（Sidney W. Souers）並不表樂觀，他質疑此法案是否能夠對國府帶來實際或者永久的改進，亦認爲援華法案充其量僅能藉由改善大城市經濟，以及更新軍備，拖延國府徹底分裂的時間而已。〔註64〕不但軍方不抱樂觀的態度，甚至是司徒雷登也認爲此法案不可能保證國府的勝利，相反的，只是延長中共全面取得勝利的時間。〔註65〕事實上，從1948年秋天，所有態勢皆顯示出，中共取得全面勝利只是時間的問題。此時的東北，中共早已佔領大部分地區，而國民政府只能夠在幾個孤立的據點上無助的抵抗。無獨有偶華北的情況亦是岌岌可危。

　　面對1948年的中國情勢，包括參謀首長聯席會議在內的軍方，都正在評估關鍵時刻美國所應採取的對華策略。在軍方部門的意見中，可以陸軍部在1948年七月二十六日，綜合參謀首長聯席會議的意見，透過國家安全會議執行秘書索爾斯將軍，向國家安全會議所提出的「國家安全會議第22號文件」最爲詳實。由於陸軍是美國的主要軍種，此文件也必然代表陸軍在參謀首長聯席會中之立場，所以在此詳細的介紹。在此一文件裡，陸軍部分析美國對華政策、國共雙方的軍事概況、國府內部的政治氣氛、中共與蘇聯的關係、蘇聯的遠東目標，以及政策等議題。陸軍分析美國現階段的對華政策包括：

　　（一）承認國民政府爲中國的合法政府。

　　（二）中國應以政治手段消除國內的軍事衝突，以增加對世界和平的貢獻。

　　（三）中國應該強化國府的代表性，以完成中國統一與民主的目標。

　　（四）當中國在進行和平、統一與眞正的民主目標時，美國政府將給予

〔註63〕 Department of State, *United States Relations With China: With Special Reference to the Period 1944~1949*, pp. 271, 388.四億六千三百萬中，包括三億六千三百萬的經援，以及一億由總統自行運用。有關此一法案可參見顧維鈞，《顧維鈞回憶錄》，第六冊，Tang Tsou, *America's Failure in China, 1941~1950*, pp. 363, 470~474, 474~475, 資中筠，《美國對華政策的源起與發展（1945～1950）》，頁166～176。Tomas J. Christensen, *Useful Adversaries: Grand Strategy, Domestic Mobilization, and Sino-American Conflict*, pp. 58~69.

〔註64〕 FRUS, 1948, VIII, "Note by Rear Admiral Sidney W. Souers, Executive Secretary to the National Security Council", p. 121.

〔註65〕 司徒雷登，《司徒雷登回憶錄——在華五十年》，頁202。

中國協助。

（五）美國應繼續維持在華軍事顧問團，以協助中國建立一個有效率的軍隊。但此項協助不便直接涉入中國的內戰。〔註66〕

此文件比較國共雙方的軍事力量，表示中共已擁有可先發制人的戰略地位。軍隊上，國軍約為二百二十萬人，共軍則有一百三十五萬。不過國軍部隊過於分散（有一半的人數被孤立在華北、東北與華中地區），已抵銷和共軍數目的差距。除此之外，國軍還有二項危機：一是被圍困的國軍不但已缺乏大規模的攻擊能力，而且防禦力也在消退中。二是國軍由於缺乏陸路的補給運輸，且陣地過於分散，導致空中運補負擔更為加重。相對的，中共軍隊則可以集中力量佔領重要的戰略據點。〔註67〕

對國府政治氣氛上的看法，陸軍部表示目前蔣介石依然是國府內各派系的平衡力量。國府任命翁文灝為行政院長，意味著行政大權還是握在蔣的手中，行政院的功能還是相當有限。翁個人雖是改革者，但在彼時他完全沒有權力，國府的政治權力也仍是由蔣介石掌握。

同時陸軍部也注意到香港將要成立臨時政府的李濟琛的反蔣勢力。但陸軍部認為，即使有證據顯示蔣介石現今之地位已遭受到嚴重的挑戰，但李濟琛仍未能有足夠的力量形成一個有效的臨時政府，因為大部分的軍事、經濟與政治仍然由蔣介石大權在握。

至於中共與蘇聯的關係以及蘇聯的遠東目標，陸軍部認為中共在軍事力與政治力的增長下，會協助蘇聯達成下述的目標：一是在東北建立一個由蘇聯支配的傀儡政權；二是由於預期國府會崩潰，所以蘇聯會有一項更積極的對華計劃。〔註68〕

最後，陸軍部的綜合評估為，國府情況會持續惡化。不過如果軍隊沒有出現大規模叛逃到共黨陣營，以及在城市中的罷工與糧食暴動可以控制，則國府是有能力防止立即的失敗。陸軍部預估，如果未能改善軍事與經濟情況，則國府的防禦能力只能維持三個月左右。在此嚴峻的情況下，美國必須思考：一旦國府瓦解，會對美國的安全產生何種的影響？對於防止國府的失敗，美國應該採取何種態度？對於承認或者援助中國的地方性政府，美國應該採取

〔註66〕FRUS, 1948, VIII, "Note by Rear Admiral Sidney W. Souers, Executive Secretary to the National Security Council", p. 119.

〔註67〕Ibid., p. 120.

〔註68〕Ibid., p. 121.

何種態度？〔註69〕

　而為處理目前中國的局勢，陸軍部提出四項選擇以供杜魯門政府選擇：

　（一）對華的援助增加到最適當的上限，不過參謀首長聯席會議認為此選擇項對於美國的財政是一大負擔。而且由於國府內部軍事與經濟的衰退，此項援助是否能達到效果也不無疑問。

　（二）撤出美國的對華援助，不過陸軍部認為此項行動毫無疑問會加速國府的滅亡，以及經濟財政的衰敗。而且它也違反國會剛通過的四億美元援華法案。

　（三）根據現行的計劃繼續對華援助，此項行動符合國會的援助計劃，同時也維持住美國既定的對華政策。不過這項選擇在短期之內，對國府並無多大助益。它只是以金錢換取時間，等待世界局勢明朗化而已。

　（四）當現有政權崩潰時，對華援助與承認可以從國府轉移到適當的地方政權，美國必須注意此項選擇，是否會涉及到考慮與某些分離運動共同合作，或者和他們保持一定的距離。但陸軍部也表示，鼓勵分離主義是違反既定的對華政策。〔註70〕

　相對於國務院體系，僅希望以有限度的經援方式協助中國，參謀首長聯席會議的意見要來的更週密與完備。他們主張經援必須與必要的「配套」措施相互應用。例如在1948年三月三十一日，在審議援華法案之際，參謀首長聯席會議曾指出：希臘的例子已顯示出，如果內部的法律與秩序無法達到某種程度的穩定，則單僅靠經援是不夠的。因此，對中國的援助如果只以經濟援助，而不加之軍事援助，以改善現行的狀況與內部衝突，則將是不智的。〔註71〕

　1948年八月五日，參謀首長聯席會議在國防部長的要求下，〔註72〕對於「國家安全會議第22號文件」作出回應，而提出一項名為「美國可能採取的對華行動」的報告，分析參謀首長聯席會議的意見約有以下幾點：（一）他們再次以軍事的角度，強調援助中國的重要性。它有助於中國的統一、安定與

〔註69〕 Ibid., pp. 121~122.

〔註70〕 Ibid., p. 123.

〔註71〕 *Record of the Joint Chiefs of Staff, Part II, 1946~1953, The Far East*, JCS 1721/11 31 July 1948, p. 94.不過參謀首長聯席會議也承認，若把美國政府對中國的援助計劃，與其他更重要的戰略地區相較仍是次要的。

〔註72〕 Ibid., JCS 1721/11 5 August 1948.此係因為佛洛斯特認為美國對中國現階段的局勢，沒有任何的政策，因而要求必須適時作出某些回應。

美國的國家安全，並可有效遏制蘇聯在遠東的擴張。（二）這個會議主張經援須要配合軍援，才能達到一定的價值。沒有軍援的經援是不智的，因為軍援有助於中國現階段內部軍事衝突的緩和。（三）中國在美國的援外計劃中居於次要地位（1949年的援外預算中，中國只佔6.7%）。（四）從軍事的角度分析，認為對抗共產主義在中國的發展，有助於美國的國家安全。參謀首長聯席會議的理由是：

> 美國必須防止類似的共產勢力——無論是單一的，亦或是聯合的——對西半球的威脅。而蘇聯不管是在亞洲，或者是西歐，抑或兩地區的勢力支配，都將是對美國安全的主要威脅。就美國的安全而言，有需要使中國免於蘇聯的支配，否則整個亞洲或許會完全落入俄共的勢力範圍。就美國的軍事利益而論，需要歐亞國家反對蘇聯的擴張。藉由中共在中國的軍事行動，蘇聯的擴張與長期目標可以更進一步的深化。

> 蘇聯的擴張是不符合美國的利益。隨著日本於戰後被佔領和非軍事化，目前在亞洲唯一顯示出有能力可以抵抗共產主義擴張只有國民政府而已。除非國府能獲得足夠的軍事援助，以便有效的抵抗共產主義在中國的擴張，否則國府很快會傾倒，如此會終結在亞洲唯一可以對抗蘇聯的力量。美國要支持國府掌控東北，否則中國將會喪失豐富的軍事物資，以作為未來世界五強之一的條件，而五強之一又是美國對聯合國的承諾。時間對蘇聯在中國的發展是有利的。如果中國內部持續混亂，最後可能會導致國民政府的滅亡。而如果中國的穩定是有必要性，則包括軍援在內的美援，是需要及早進行的。〔註73〕

參謀首長聯席會議在分析中國局勢、美國對中國的立場，以及蘇聯在遠東的可能發展後。對於陸軍部四個美國對華政策的選項，他們的建議是，雖然美國現階段不可能對中國提供大規模的軍援與經援，但亦未必能預言援助中國為時已晚。現在中國的情況確是較前惡劣，但並非任何的美援都必然無效。參謀首長聯席會議主張，美國應該持續現有的援助；而此項對華援助如果能受到良好的監督，必然會達到效果。

〔註73〕 FRUS, 1948, VIII, "Note by Rear Admiral Sidney W. Souers, Executive Secretary to the National Security Council", pp. 133~134.

　　參謀首長聯席會議並不是預測這種援助能夠扭轉態勢，不過他們相信至少會有助於延緩國府局勢進一步的惡化。他們強調美國應該繼續對中國，進行目前已授權的援助計劃。〔註74〕質言之，參謀首長聯席會議認為目前美國必須給予中國援助，而援助的過程需要有相關的配套措施，而不能只靠單純的經濟援助。而此配套措施，就涉及到本文稍後將討論的軍事顧問團。

第四節　軍方與文人對華主張的衝突

　　參謀首長聯席會議是代表軍方的立場，若與國務院的對華政策相對比較，會更突顯軍方的看法。國務院雖有不少中國專家與曾駐華的外交官，但1947 年五月在國務院成立了政策計劃處。政策計劃處主要的責任在分析各種國際關係，提供政策的建議，和前瞻的外交政策。由於政策計劃處能夠協助國務卿規劃與制定外交策略，故在受國務卿重視時影響很大。當時肯楠主掌政策計劃處時，此單位隨時向馬歇爾研商並提出前瞻的外交構想與計劃，故此單位在馬歇爾任國務卿時代頗具外交上的影響力。〔註75〕

　　當參謀首長聯席會議以專業的軍事角度，提供美國政府制定對華政策之際，政策計劃處也以專業的政治與外交角度提供建言。如果說參謀首長聯席會議可以代表此一時期軍方對中國的看法，則政策計劃處的意見可謂是國務院的主流價值。有時候肯楠甚至必須肩負與軍方等不同意見的人士進行論辯，以捍衛國務院的立場。因此在研究參謀首長聯席會議的對華政策，如與政策計劃處的對華評估與規劃相比較，更能呈現兩者之差異。

　　不過在分析政策計劃處對華政策之前，需要事先瞭解究竟它的首位負責人肯楠，其對華思想淵源為何？眾所皆知肯楠主要的外交專業領域是在蘇聯。而影響日後國際外交甚為深遠的遏制蘇聯的圍堵理論就是他的傑作。當

〔註74〕Ibid., p. 134.不過參謀首長聯席會議也預留一處伏筆，並不反對一旦國府失敗的態勢明朗化後，可以考慮把支持的對象，轉向其他適當的地方政權上。見Ibid., p. 135.

〔註75〕Harry B. Yoshpe, Stanley L. Falk, *Organization for National Security*, pp. 111~112.有關此單位之職掌，可見 George F. Kennan, *Memoirs, 1925~1950* (Boston Little Co., 1967), p. 327；亦見"Press Release Announcing Establishment of Policy Planning Staff" and "Report on Activities of Policy Planning Staff May to November 1947", (PPS15) Anna Kasten Nelson (ed.), The State Department Policy Planning Staff Planning (New York: Garland, 1983), 1947, Vol. 1. pp. 139~146.

然稍後馬歇爾計劃的制定，肯楠著力亦甚深。事實上，在 1947 年五月，肯楠接掌政策計劃處之時，肯楠的亞洲甚至中國經驗可謂付之闕如。簡言之在肯楠主掌政策計劃處前，他對於東亞事務是興趣缺缺。但自從他調回華府任職國家戰爭學院（National War College）之後，他才逐漸開始關注東亞的發展。〔註76〕歸納肯楠的中國理念淵源，主要來自三方面的影響：

（一）受到馬慕瑞（John V. A. MacMurray）的影響

此君在 1925～1929 年期間，曾擔任美國駐華公使。〔註77〕馬慕瑞對中國的印象頗為負面，他曾在 1935 年發表一篇被喻為與肯楠「長電報」齊名的文章「1935 年備忘錄」（*The 1935 Memorandum*）。分析馬慕瑞的對華主張與對中國的認知主要有：(1)他是一位現實主義者，認為美國對華政策往往太過理想主義。〔註78〕(2)中國是一個只接受恩惠，而不知感恩圖報的民族；(3)中國

〔註76〕Paul James Heer, *George F. Kennan and U. S. Foreign Policy in East Asia*, p. 19.

〔註77〕馬慕瑞對中國的概念，又受到柔克義（William W. Rockhill）的影響。柔克義曾任駐華大使，在 1899～1900 年，美國制定門戶開放的政策過程中，他亦扮演著重要的角色。柔克義除了是一位外交家外，同時也是漢學家、中文與藏文語言學家、人類學家，以及佛學家。簡言之，不論在漢學與外交問題上，柔克義對中國皆有深刻的瞭解，尤其是十九世紀之前的中國，柔克義更是耳熟能詳。概括而言，柔克義認為分裂的中國將是一種災難。所以一個主權完整的中國，對於亞洲勢力的平衡是必須的。Arthur Waldron, *How the Peace Was Lost -- The 1935 Memorandum: Developments Affecting American Policy in the Far East*, (California, Stanford: Hoover Institution Press, 1992), p. 11.根據柯洛斯特（Janet S. Collester）的研究，馬慕瑞幾乎完全是接受柔克義的中國概念。不過柯洛斯特也指出就是馬慕瑞受到柔克義的影響，因而造成馬慕瑞後來的外交生涯中，產生一種基本的災難，即他不能接受，甚至不瞭解中國在 1920 年代風起雲湧的革命。Janet S. Collester, *J. V. A. MacMurray, American Minister to China, 1925~1929: The Failure of Mission* (Indiana: Indiana University, 1977), pp. 14~18.必須注意的是，影響馬慕瑞的外交理念，除了柔克義之外，還有兩個人對他亦影響甚深，其一是他在普林斯頓大學的老師，也是後來的美國總統威爾遜（Woodrow Wilson）；其二，是那位曾任約翰霍普金斯大學（Johns Hopkins）校長，也曾在 1903～1904 年，擔任袁世凱憲法顧問，並且是馬慕瑞岳父的古德諾（Frank J. Goodnow）。Arthur Waldron, *How the Peace Was Lost -- The 1935 Memorandum: Developments Affecting American Policy in the Far East*, pp. 11, 14.

〔註78〕馬慕瑞曾指出，一般美國人會對中國產生一種友善的情愫，此基因於他們有一種光榮的信念即，美國政府曾經與中國一起對抗其他自私的國家。再加上，透過幾個世代以來美國的宣教組織，大力協助中國改善社會所致。Arthur Waldron, *How the Peace Was Lost -- The 1935 Memorandum: Developments Affecting American Policy in the Far East*, p. 83.

具有蔑視法律、欺善怕惡、得寸進尺的劣習。〔註79〕(4)他認為美國在遠東已首要考量對象是日本，而不是中國。〔註80〕上述馬慕瑞的論點，皆深深影響到肯楠的對華主張。〔註81〕

　　總之，肯楠對於馬慕瑞的遠東理論——即現實主義大為折服，他對於「1935年備忘錄」亦是肯定有加。〔註82〕尤有甚者，肯楠更尊稱馬慕瑞為預言家。〔註83〕所以，當肯楠從華府的政策計劃處離職之時，他仍將馬慕瑞的文章隨身攜帶前往普林斯頓。〔註84〕由上述分析可知，馬慕瑞對肯楠的影響非常大。

〔註79〕Ibid., p. 125.馬慕瑞強調中國的特質是：輕視法律上的責任，對於訴諸以暴力達成目的，毫不在意。他們欺善怕惡，得寸進尺。中國對於那些要求他們以平等相對待的外國人，又將之視為小氣鬼。所以美國人很難從他們身上獲得承諾，有些美國人希望消除中國歇斯底里的民族自尊，此一期望也終將幻滅。

〔註80〕馬慕瑞此一「重日輕華」的理念，深深影響到那些日後在國務院中身居要職的人士，如美國駐泰國大使畢肯普（Max W. Bishop）、美國無任所大使杰塞普（Philip C. Jessup）、國務院中國科科長石博思（Philip Sprouse）、國務院遠東司司長默錢特（Livingston Merchant），這其中當然亦包括肯楠本人。而這些人士在對華政策的制定上，皆扮演著重要的角色。Ibid., pp. 5～6, 132.

〔註81〕其實不但是馬瑞慕認為美國的對華政策存在著理想主義色彩。甚至學界也發現理想主義與現實主義始終在對華政策中糾葛不清。如吳翎君就為文指出，在威爾遜總統任內（1913～1921）的遠東政策中最為明顯。因為威爾遜期許以道德與正義使命捍衛中國主權，但其理想主義色彩，則不時和現實利益衝突，最後仍向強權政治之現實妥協。吳翎君，《美國與中國政治（1917～1928）——以南北分裂政局為中心的探討》（台北：東大圖書股份有限公司，1996年），頁2。

〔註82〕在1950年肯楠給馬慕瑞的信上，肯楠如是描述：我願意告訴你，我認為在我們的政府之中，沒有其他的文件，能如同你的文章一樣，可以具有如此的洞察力、思想力，以及先見之明。此實是一篇不凡的傑作，它可以燭照未來。因你的文章，從而大大的澄清了我在東亞議題上的諸多疑慮。Arthur Waldron, *How the Peace Was Lost -- The 1935 Memorandum: Developments Affecting American Policy in the Far East*, p. 6.運用現實主義學派分析美國遠東政策的經典之作，可以參考柯利斯華德（A. Whitney Griswold）所著 *The Far Eastern Policy of the United States* (New York: Harcourt, Brace and Co., 1938)一書。柯利斯華德所強調的現實主義，相當受到肯楠、歐斯古德（Robert Osgood）、摩根索（Hans Morgenthau）以及鄒讜的認同，這些著名的學者皆可將之視為現實主義學派。

〔註83〕Arthur Waldron, *How the Peace Was Lost -- The 1935 Memorandum: Developments Affecting American Policy in the Far East*, p. 7.

〔註84〕Ibid., p. 6.

（二）受到戴維斯的影響

影響肯楠東亞政策甚深的另一位出名人物，就是以親中共聞名的「三個約翰」之一——約翰戴維斯（John P. Davies）。〔註85〕戴維斯父親為在華的傳教士，戴維斯本人出生於中國，並在北京求學。1930 年代曾任職於國務院內。二次世界大戰期間，他被指派作為史迪威的政治顧問，其後再進入美國駐重慶的大使館。在使館內，他與大使赫爾利將軍產生嚴重的衝突。最後在 1945 年元月，戴維斯被調往莫斯科，從此展開與肯楠的共事經驗。〔註86〕

肯楠對東亞的瞭解與中國認知，基本上源於他在莫斯科與戴維斯共事期間。從此之後肯楠在中國政策的分析上，就借重於戴維斯。〔註87〕戴維斯提出一些對中國的看法，如他強調美國應對國府保持彈性的外交政策；建議華府應說服蔣介石同意與中共組成聯合政府；認為中蘇共之間的關係晦暗不清，中共在所有的共產世界中，可能擁有更多的獨立空間。這些論點，皆能得到肯楠的認同。〔註88〕也由於肯楠對戴維斯的信任，與彼此的相互賞識，所以當 1947 年，肯楠被命為主掌政策計劃處之時，他只要求兩位伙伴必須與他共事，其中一位即是戴維斯。〔註89〕

〔註85〕關於戴維斯的中國背景與對中國看法，可參酌其自己的作品，John P. Davies, Jr., *Dragon by the Tail: American, British, Japanese, and Russian Encounters with China and One Another* (New York: W. W. Norton Co., 1972).

〔註86〕Paul G. Lauren, *The China Hands' Legacy: Ethics and Diplomacy* (Boulder, Colorado: Westview Press, 1987), pp. 45~48. 有關「三個約翰」的研究，可以參考 Barbara W. Tuchman, *Stilwell and American Experience in China* (New York: The Macmillan Company, 1971); Kenneth S. Chern, Dilemma in China: America's Policy Debate, 1945 (Hamden, Connecticut: Archon Books, 1980)；梁敬錞著，《中美關係論文集》、《史迪威事件》（台北：台灣商務印書館，1982 年），頁 263 ～300；邁克爾·沙勒著，郭濟祖譯，《美國十字軍在中國（1938～1945）》（北京：商務印書館，1982 年）；王成勉，〈馬歇爾與中國——國務卿任內之探討〉等。

〔註87〕Paul James Heer, *George F. Kennan and U. S. Foreign Policy in East Asia*, p. 17.

〔註88〕Ibid., pp. 10~11, 15. 希爾（Paul James Heer）歸納出四項戴維斯認為中共會有獨立空間的理由：（一）中共不欠蘇聯多大不了的恩情，相反的，中共之所以能夠生存下來，就是發展的過程中，曾經大大的抗拒，而不是接受蘇聯的指令所致。（二）中共已經發展出屬於自己的馬克思與列寧主義；（三）中共已經有了事實上的政權經驗。（四）在中共的意識型態中，民族主義其實是一項關鍵。Ibid., pp. 15~16.

〔註89〕Ibid., p. 18. 另一位是熟悉國務院行政事務的沙瓦格（Carleton Sarage）。另外肯楠也有一個五人的核心小組，包括：Carleton Sarage, Joseph Johnson, Ware Adams, Jacques Reinstein, John P. Davies；王成勉，〈馬歇爾與中國——國務卿

（三）受到肯楠自身東亞政策考量的影響

肯楠對於戰後的國際體系主要著眼放在歐洲，對蘇聯為首的共產世界進行圍堵。簡言之，肯楠的基本策略是歐洲第一，重歐輕亞，而在亞洲議題上又是重日本輕中國。而此一思考模式恰好與美國的傳統外交頗為一致。附帶一提的是，肯楠在中國政策的制定，亦經常與白德華交換意見，兩人彼此可謂是合作無間。〔註90〕

在論述肯楠所主持的政策計劃處成立後，究竟如何規劃與影響對華政策之前，有需要把1948年國際概況對美國政府的衝擊略作介紹。首先是在歐洲，二月份捷克建立共產政權。在四月則發生了柏林危機。亞洲亦遭受到共產勢力的挑戰，在中南半島持續面臨共黨的威脅；在菲律賓以及印尼共產勢力，也正進行著一場反美與反政府的活動；在朝鮮半島未能統一，金日成稍後則成為北韓的主席；在中國的內戰上，戰事對國府越來越不利。這一連串的危機，使杜魯門政府中的不少官員已經意識到，一項全球性的危機已經降臨到美國，戰後的國際外交發展，已驗印美蘇兩國彼此是存在著嚴重的歧異，美國應該要放棄戰時與蘇聯合作的外交政策，並要極力尋求有效的防堵共產主義擴張。

杜魯門政府內部遂興起積極對抗共黨，並強化軍事力量的呼籲。例如在1948年二月的國家安全會議上，馬歇爾警告以美國現在的力量，是無法有效對抗共產勢力。艾森豪也向華府表示，如果美國不強化歐洲與遠東的軍事力量，則必須要面對被逼從這些地區撤退的結果。其他的軍事官員也紛紛建議杜魯門總統應該立即擴大軍事力量。就在社會大眾的要求與政府內部成員的建議下，杜魯門總統於是在1948年三月十九日的國會參眾兩院聯席會上，保證將增加軍事支出，以應府共產主義的挑戰。〔註91〕

關於杜魯門總統強調要強化美國軍力的宣示，引發了軍方的高度興趣。軍方對此的解讀是，杜魯門總統已準備對蘇聯採取強硬的態度。為了把握這股反共的情緒，軍方除了要求杜魯門總統增加國防預算，以協助全球非共國家對抗蘇聯的擴張。參謀首長聯席會議也同時建議華府要積極以軍援計劃，

任內之探討〉，頁 209；David Mayers, *George Kennan and the Dilemmas of American Foreign Policy* (New York: Oxford University Press, 1988), p. 128.

〔註90〕Paul James Heer, *George F. Kennan and U. S. Foreign Policy in East Asia*, pp. 25~26.

〔註91〕Lester J. Foltos, *The Bulwark of Freedom; American Security Policy for East Asia, 1945~1950*, pp. 163~164.

協助國民政府。如前面所言，參謀首長聯席會議的看法是，中國是亞洲地區唯一可以對抗蘇聯擴張的國家。指出如果美國政府要拯救中國，就必須如同美國以杜魯門主義協助希臘一般，應該給予國民政府，短期的軍事與經濟援助。

雖然參謀首長聯席會議強調軍援中國的重要性，可是杜魯門政府其他的涉華人士，則與此看法相悖離。就以肯楠為例，當1948年初美國國內反共情緒高漲時，政策計劃處在對華政策上，卻提出不同的看法。肯楠不同意參謀首長聯席會議把中國比擬成希臘。肯楠的結論是美國的對華政策充斥著錯誤的理想主義，華府評估美國在遠東的利益時，總是充滿著情緒性，這些都是空洞而不切實際的。〔註92〕

肯楠建議華府應該仔細分析美國在遠東的戰略與經濟利益。肯楠認為在遠東地區，美國最重要的工作是儘速確保對日本、琉球以及菲律賓的控制。只要美國能掌控這些太平洋安全體系，最具關鍵性的地區，那麼美國在此地區的安全就不會有任何嚴重的威脅。同時，肯楠也主張美國應從韓國撤退，並儘快結束對國民政府那些紊亂的承諾，以便華府在對華政策上，可以取得更大的行動空間。〔註93〕肯楠此種強調以務實態度面對中國問題的見解，不但成為他思想的主流，也構成未來二年直到韓戰前，杜魯門政府制定對華政策的基礎。

事實上，當1948年，國務院、國防部以及參謀首長聯席會議正在努力尋找一項妥善的對華政策之際，政策計劃處也在思索對策。政策計劃處乃於1948年九月七日，提出一份長達三十多頁重新思考並制定對華政策的報告（此報告即為學者所熟知的「政策計劃處第39號文件」）。〔註94〕分析政策計劃處此一重要的報告，可約略分為四大部分：（一）蘇聯與中國；（二）美國在中國既往的角色扮演；（三）現階段美國對華政策的建言；（四）二戰結束以來對華援助的部分清單。〔註95〕

〔註92〕 Ibid., pp. 167~168.

〔註93〕 Ibid., p. 168.

〔註94〕 此一報告可見於，"Memorandum by the Policy Planning Staff", September 7, 1948, FRUS 1948, VIII, pp. 146~165；亦見代號為（「政策計劃處第39號文件」）的"United States Policy toward China" in Nelson ed., *The State Department Policy Planning Staff Papers* (New York: Garland Pub., 1983), Vol. II, pp. 412~446.這兩份文件，以後者的內容較為詳細。

〔註95〕 除了這四個部份外，該文件，開始就對中國的人口、經濟、政治以及從戰後

　　前二部分充分展現政策計劃處的專業外交理念，其約略詮釋了蘇聯、美國與中國之間的互動關係史。政策計劃處首先指出蘇聯認爲若取得中國即意味著對自由世界之鬥爭，已獲得政治上的勝利。而且蘇聯可以藉由中國向東亞其他地區，進行政治上的鬥爭。所以蘇聯在華的目標，就是要擴大在華影響力，最後得以控制整個中國。爲達此目標，蘇聯必須要：其一，在中國瓦解與消滅所有的反共勢力；其二，盡可能控制所有本土性的共產勢力。〔註96〕而爲對抗反共勢力，蘇聯又採取兩種策略：其一是利用民族主義的情緒，亦是所謂的反帝國主義；其二是以要求改革和新秩序來對抗國民政府。〔註97〕

　　政策計劃處指出了美國對華外交理念偏重於理想主義。美國傳統的對華政策在於希望維持在華貿易的機會平等，以及保持中國的行政與領土的完整。美國也希望把中國從古典的帝國主義引導出來。不過一個世紀以來美國所堅持的理想主義，並沒有在中國實現。〔註98〕

　　此篇報告最重要的是在結論部分──即現階段美國對華政策的建言。政策計劃處分析，國民黨與國民政府已衰敗到可能瀕臨失去江山的危機。由此而衍生兩個問題爲：（一）國府是否有能力自救？（二）美援能否扭轉中國內戰的局勢？

　　對於第一個問題，政策計劃處的回答是：「不可能」，因爲十年來已證明國府缺乏政治動力。至於第二個問題，美國或許可以爲之，不過這恐將是一個無底洞。〔註99〕政策計劃處認爲全面性的援華，意味明顯的介入，但此舉

　　　　至1948年的國共對抗進行分析。從這四項分析中，不難發現政策計劃處對中國以及國民政府的評估是相當負面的。見 United States, Department of State, Policy Planning Staff, *The State Department Policy Planning Staff papers*, Vol. II, pp. 412~422.

〔註96〕 Ibid., pp. 411~422.

〔註97〕 Ibid., p. 422.不過，政策計劃處亦表示蘇聯在利用反帝國主義時，也極爲謹慎避免明顯的介入中國，以免落人口實。政策計劃處強調，克里姆林宮雖然支持中共，但它所終極關心的目標，並不在乎如何協助中共打敗國府，或者打贏內戰。而是如何完全的控制中共及其同路者。見 Ibid., pp. 423~424.

〔註98〕 政策計劃處所謂的理想主義，包括傳播福音，宣揚美國生活方式，以及同情中國在國際上多年來所遭受的不平等地位。不過，政策計劃處亦指出美國的理想主義並未能成功，因爲中國人本身是不具宗教信仰，因而對於基督教表現出冷漠的態度。美國的生活方式，無論在意識型態上，或者是物質方面上，對於中國人而言，都是不能夠理解的，甚或是難以取得的。加上中國終始沒有足夠的能力統一並捍衛自己領土和行政的完整。見 Ibid., pp. 424~425.

〔註99〕 Ibid., pp. 425~426.

將引來更多的反抗，並會將民族主義者以及仇外者推向中共，而中共又與蘇聯有密切關係。美國一旦介入中國，雖然可能會強化國府的軍事力量，但也會增加中共的政治力量。美國越是介入中國，國府越會被中國人民視為是美國的傀儡。

政策計劃處對於國府是相當悲觀的，在它的眼中，全方位對國府的援助是一場資源與聲譽的豪賭，而這恐怕是美國所無法承擔的。尤有甚者，政策計劃處預估國府失敗只是時間早晚的問題。〔註100〕不過，這個單位提出一項對華政策可能會轉變的玄機，即如何定位中共，以及中共與蘇聯的關係。它指出共產中國不可能得到外國的大量投資，也不太可能獲得蘇聯的協助，因為蘇聯本身亦缺乏資金。另外，政策計劃處也強調中共將來在處理與蘇聯的關係時，恐怕必須面對民族主義的衝擊。因為在二次大戰的戰時與戰後，亦即在反日與反蔣的年代，中共可以把民族主義和蘇聯結合在一起使其合理化。不過當脫掉反日與反蔣的外衣之後，民族主義可能會變成中共的一個燙手山芋，它意味著中共與蘇聯在未來的交往過程中，會引發雙重壓力，即是（一）中國內部民族主義者與排外主義者的不滿；（二）當中共希望隱藏與蘇聯關係之際，也正是克里姆林宮最想施加壓，並完全控制中共之時。〔註101〕

政策計劃處的論點明顯在建議，美國的對華政策應作重大改變。這個單位希望美國在未來能利用中共與蘇聯可能產生的矛盾，趁機與中共接觸，所以政策計劃處意在言外的表示，只要美國重新取得行動的自由，就會給予美國一個機會。〔註102〕

政策計劃處為了促成美國把握住這個的機會，於是歸納出稍後的對華政策為：美國的近期對華政策應該要朝向「靈活」的方向，其內涵包含有三點：

（一）繼續承認現存的國民政府。

（二）倘若國府滅亡，則視情況再決定承認那一個政權。

（三）儘可能防止中國成為蘇聯政治與軍事的附庸。〔註103〕

在對華的策略上，政策計劃處主張採取漸漸自中國事務脫身的計劃。因

〔註100〕Ibid.,政策計劃處分析國府垮台之後，可能會有包括有李宗仁、傅作義、軍閥、李濟琛等數股非共的勢力，以及中共相互競逐。不過它還是認為中共可以勝出。見 Ibid., pp. 428~429.

〔註101〕Ibid., pp. 429~430.

〔註102〕Ibid., p. 430.

〔註103〕Ibid., pp. 430~431.

爲中國的巨大力量是美國所不能控制的，而美國對於影響中國的事務則有相當的局限性。如果美國強行與中國的力量相抵抗，就會自取其辱。反之，如果美國能對本土力量順勢而爲，則影響力就會擴大。〔註104〕

關於蘇聯問題，政策計劃處則評估在未來關鍵的五年內，克里姆林宮不可能利用中國的資源和人力，來威脅美國的安全。而如果蘇聯帝國主義無法生存，則中共對美國的安全就不足爲懼，因爲中共對美國潛在威脅的意義，在於它可能成爲蘇聯的政治與軍事附庸而已。〔註105〕

最後政策計劃處預估未來的中國，將出現一個動盪和不能依靠的因素。中國是難以預測的，美國必須避免走向死胡同，或者死守住中國的任何一個派系。當勢態證明捲入紛爭已不可爲時，美國要當機立斷以便減少損失。政策計劃處認爲軍事援華已不可爲，美國應該「效法」蘇聯，運用政治、經濟與文化的形式，爭取中國民心。〔註106〕

總之，歸納政策計劃處的對華政策有四項特質：

（一）國府的失敗似乎是勢已不可擋，所以美國必須與國民政府要保持一個若即若離的關係，將來再觀察中國的局勢，伺機而動，一旦國府消失，則可立即從中國事務中脫身。

（二）就中國內部如人口、經濟與政治上的諸多限制而言，即使中共統治中國，未必嚴重到威脅美國的安全。

（三）雖然中共與蘇聯有密切的聯繫，不過中蘇共雙方之間仍存在不少的歧異。美國可以趁中共統一中國後，嘗試分化中蘇共的關係，並與中共接觸。

（四）文件蘊含著馬慕瑞的影子，加上戴維斯以及石博思等人的色彩——即美國應該放棄傳統對華的理想主義，必須以現實的角度面對未來中國可能的變化。〔註107〕

〔註104〕Ibid., pp. 431~432.

〔註105〕Ibid., p. 432.類似即使在蘇聯的支配下，就算中共攫取中國也不會對美國安全造成立即的威脅，早在1945年，參謀首長聯席會議也有如此的說法。他們的理由是中國本身的問題太多了，中國必須經過多年的努力，才有可能將軍事現代化。不過參謀首長聯席會議也擔心中共有可能利用中國的資源，在中國創造出一部現代化的軍事機器。Foltos, Lester J., *The Bulwark of Freedom: American Security Policy for East Asia, 1945~1950*, p. 93.

〔註106〕Ibid., pp. 432~433.

〔註107〕Paul James Heer, *George F. Kennan and U. S. Foreign Policy in East Asia*, p. 47.

　　政策計劃處此份報告分析得到國家安全會議的重視，並且成為國家安全會議的「國家安全會議第 34 號文件」，以及 1949 年元月「國家安全會議第 34-1 號文件」對華政策報告之依據。〔註108〕而「國家安全會議第 34-1 號文件」，也在同年的二月四月由杜魯門總統認可同意，成為 1949 年美國對華政策的主軸。〔註109〕甚至也是往後數年內，艾奇遜對華政策的兩大參酌文件之一。〔註110〕

　　當然此種近似放棄中國的看法，引起軍方以及中國集團的圍剿。國防部長佛洛斯特指責國務院的政策是「沒有政策」。肯楠對此的反駁是，雖然美國希望中國擁有一個強大、獨立、統一且非共的國家，但美國沒有義務替另外一個國家的內政制定政策。所有的責任皆必須由中國政府概括承受。〔註111〕質言之，肯楠希望對華議題，將之從外交戰場的焦點，轉移至那是屬於中國內政事務，以便為杜魯門政府保持彈性進而得以脫身。

　　事實上，到 1948 年下半期，幾乎所有的涉華事務單位，皆對國府的局勢不表樂觀。例如國家安全會議在 1948 年十一月二日，也建議美國政府必須面對國府潰散後的中國局勢，作好因應的措施。國家安全會議建議杜魯門政府

〔註108〕1949 年元月編號為「國家安全會議第 34-1 號文件」名為「美國對華政策」內容約為：（一）美國的對華目標是，希望中國人自己最後能發展一個統一、穩定和獨立，並且對美國友善的中國，以便防止由任何其他一個外國勢力統治中國，因而造成對美國國家安全的威脅。（二）美國應當認知到，在未來可以由一個或數個集團所建立的統一、穩定和獨立的中國，而此一中國是美國所能接受的。（三）因此，美國當前的目標是，阻止中國成為蘇聯的附庸，而為達此目標，美國應該：(1)制定適當的計劃，並作好適時的準備，以待中國出現機會時，加以利用。同時保持可變性，並避免對一條行動路線，或者是一個派系上，作出不可挽回的承諾。(2)在優先順序上，其他對美國安全更具直接重要的地區，應該位於中國之前。FRUS, 1949, IX, "Note by Executive Secretary (Souers) to the Council", pp. 474~475.

〔註109〕FRUS, 1949, IX, "Memorandum by the Executive Secretary (Souers) to the Council", "Memorandum by the Acting Executive Secretary (Lay) to the Council", pp. 484, 499.

〔註110〕另一份是「國家安全會議第 41 號文件」，Ronald L. McGlothien, *Controlling the Waves -- Dean Acheson and U. S. Foreign Policy in Asia*, p. 161.事實上，後來肯楠也表示「政策計劃處第 39 號文件」純粹是一份分析性的文件，而不代表著任何的政策建議，其主要理由是美國已無能為力。尤有甚者肯楠主張此時美國不應輕舉妄動，中國的事務無論是拯救或者是毀滅皆應由中國人自行解決。Paul James Heer, *George F. Kennan and U. S. Foreign Policy in East Asia*, p. 44.

〔註111〕Ibid., pp. 50~51.

要採取更爲彈性的對華政策，盡力避免中國淪落爲蘇聯的附庸。而一旦國府失敗，美國應當運用有限度的外交、經濟以及軍事的援助手段，轉而支持其他非共的地方政權，以對抗在中國的共產主義。〔註112〕

　　對於介入中國內政與否，政策計劃處則在1948年十一月二十四日，又提出一份名爲「美國對華政策」的報告（「政策計劃處第39-1號文件」）。〔註113〕該文件主要重點在：（一）反駁軍方指責國務院沒有「中國政策」。政策計劃處指出，美國的傳統外交政策是不干涉他國的內部事務。〔註114〕（二）國府在內戰中會失敗，由莫斯科所支配的中共將勝出，不過中共有可能發展出狄托的模式。同時以中國的資源而論，中共是不太可能威脅美國的安全。（三）美國對於國府的援助要有全方位的規劃。政策計劃處認爲迄今爲止，美國政府對國府的諸多軍援與經援，意欲圍堵與對抗中共的計劃，皆未能有正式的評估。〔註115〕

〔註112〕FRUS, 1948, VIII, "Draft Report by the National Security Council on United States Policy Toward China", pp. 185~187.對於國家安全會議援助非共政權的建議，國務院遠東司白德華是持反對的立場。他認爲即使國府失敗後，中國其他反共的派系力量仍不足以對抗共產勢力。而美國若是介入此一地方政權，充其量只是延長內戰的時間。最後甚至會對非共政權在抵禦共產主義的過程中，產生相反的效果。Ibid., pp. 187~189.

〔註113〕此一文件與參謀首長聯席會議在同年八月五的報告相互比較，有重大的歧異。前者寄望將中共狄托化，並與之發展外交關係，以維持美國的安全。後者極力強調由國府統治穩定的中國，才是美國安全的保證。

〔註114〕United States, Department of State, Policy Planning Staff, *The State Department Policy Planning Staff paper*, Vol. II, p. 448.

〔註115〕Ibid., pp. 450~451.在政策計劃處於十一月二十三日提出對華政策評估之前不久，國家安全會議亦在同月二日提出幾項美國未來可能的對華策略。它主張：（一）繼續鼓勵中國建立一個對美國友善的政權，並在國際上。同時尊重中國的獨立地位，防止中共對美國國家安全的威脅，並要求在中國的平等貿易機會。（二）政策計劃處預估以現今的中國局勢，以及可預的未來，美國在華的長期目標是無法達成的。（三）在未來，美國應該尋求中國不要成爲美國的政治與軍事附庸。爲此之故，美國需要對那些有可能抵抗共產勢力發展的分子，給予有限度的政治、軍事與經濟援助。不過美國應該視協助中國是屬於次要的。（四）而國府如果能繼續抵抗中共，則美國應該承認國府，並給予必要的協助，並儘可能不要出現有令人質疑，美國將從中國撤退之舉。（五）美國對於國府的失敗，或者會和中共組成聯合政府，要及早應準備因應之道。同時，如果國府一旦失勢，甚至是潰敗之前，美國亦要未雨綢繆，考慮是否準備對其他非共政權，進行援助（並鼓勵非共勢力的結合）。（六）若是國府與中共共組聯合政府，美國則應努力弱化甚至清除中共勢力。要對國府的軍援與經援，採取禁運的方式。而除非承認聯合政府是有利於美國利益，否則

　　此報告最後結論是，重申國府的失敗只是時間問題，美國對中國已是仁
至義盡。所以美國對於未來的中國局勢，應該採取一種審時度勢的調性策略。
同時此報告也建議馬歇爾應該在國家安全會議會議裡，積極說服其他成員接
受政策計劃處的對華政策（事後也證實肯楠報告的內容也爲杜魯門政府所採
納，變成此階段對華政策的主流基礎）。〔註116〕

　　其實，政策計劃處的「政策計劃處第39號文件」的系列報告內容，已頗
爲符合杜魯門政府的主流判斷，而肯楠在馬歇爾的要求下，乃又在1948年十
一月二十六、三十日就有關美國的對華政策，向馬歇爾做進一步的補充說明。
此一份說明報告即是「政策計劃處第45號文件」。在這份報告中，肯楠提出
一項新的建議，即是現在美國政府應該積極向美國人民公開說明對華政策，
以尋求人民的支持。肯楠此一向人民尋求支持的建議，後來甚至影響到中國
白皮書的發表。〔註117〕

　　當「國家安全會議第34-1號文件」，爲杜魯門總統同意之後不久，肯楠又
於1949年二月二十五日提出一份「國家安全會議第39-2號文件」的報告，他
在文中首次表示，中共會席捲大部分乃至全部的中國，但值得安慰的是中共
在中國的統治無可避免的會創造出反對勢力。〔註118〕最後，肯楠建議目前美
國所能作的就是等待塵埃落定。「政策計劃處第39-2號文件」其後成爲國「家
安全會議第34-2號文件」的藍本。而此藍本也意味著美國對國府在大陸統治
的援助，已將告一段落。其後焦點則轉移到台灣。

　　由於馬歇爾對肯楠的賞識與信任，使得以肯楠爲首的政策計劃處，在馬
歇爾爲國務卿之任期間，在外交方面擁有相當大的影響力。〔註119〕至於1949
年後的台灣問題，肯楠的影響力出現明顯的落差，即是因爲國務院易主之故。
艾奇遜在1949年元月接替馬歇爾成爲國務卿。基本上，肯楠與艾奇遜兩人的

　　　　美國不應給予承認。見 FRUS, 1948, VIII, "Draft Report by the National Security
　　　　Council on United States Policy Toward China", pp. 185~187.

〔註116〕根據王成勉的「研究政策計劃處第39號文件」不但在後來成爲美國對華的主
　　　　要參考資料，馬歇爾對中國政策的判斷也受到這份文件的影響。王成勉，〈馬
　　　　歇爾與中國——國務卿任內之探討〉，頁227。

〔註117〕Paul James Heer, *George F. Kennan and U. S. Foreign Policy in East Asia*, pp.
　　　　54~55.

〔註118〕George F. Kennan, *Memoirs -- 1925~1950* (Toronto: Bantam Books, 1969), p.
　　　　374.

〔註119〕Warren I. Cohen, *Acheson, His Advisers, and China*, in Dorothy Borg and Waldo
　　　　Heinrichs, (ed.), *Uncertain Years: Chinese-American Relations, 1947~1950*, p. 19.

外交理念彼此是有扞格的。肯楠非常擔憂艾奇遜無法正視政策計劃處獨立專業的重要性，而艾奇遜對於肯楠的外交專業非常不認同。艾奇遜認為肯楠是屬於理論派，是一位只知而不能行的學者。甚至在彼時的國務院流傳一句傳言，肯楠不但活在象牙塔之中，就算雲霧散開，他仍然無法找到地面。簡言之，肯楠傾向於把政策理論化，而忽略了實際政治上的變數。〔註120〕

從艾奇遜而言，他所需要的是一位實用的幕僚，以協助他進行政策的制定，所以艾奇遜的東亞政策所依賴的幕僚群逐漸轉向於魯斯克（Dean Rusk）以及杰普塞。同時由於艾奇遜越來越無法忍受肯楠的抱怨，最後導致肯楠在1950年六月離開國務院的政策計劃處。〔註121〕

綜合本章可以得知，當參謀首長聯席會議與政策計劃處相繼於1947年正式成立之際，恰好也是國府面臨軍事嚴重考驗的關鍵時期。而這兩個單位又恰好在對華政策的制定過程中，扮演著舉足輕重的角色。若比較 1947～1948年，參謀首長聯席會議與政策計劃處對於中國議題的看法，可歸納出以下幾點異同：

（一）兩個單位對華主張最大的差異性，在於參謀首長聯席會議比較著重以軍事戰略的角度，思考美國的對華政策。而政策計劃處則以政治、外交為主。

（二）參謀首長聯席會議主張，如果美國認為若繼續給予中國是有其必要性，則必須要配合相對的軍事援助，例如軍事顧問團等相關的配套措施。但政策計劃處則強烈質疑，現階段是否有必要對國府採取進一步的軍事與經濟援助。政策計劃處認為國民政府已經是勢不可為，美國要採取更為「彈性」的中國政策，以因應未來中共可能的狄托化。

（三）參謀首長聯席會議認定蘇聯與中共是存在著緊密的關係，故一旦中共在中國取得政權，則蘇聯勢力必將擴充到東亞地區，進而造成對美國國家安全的重大危機。但政策計劃處則認為，中蘇共之間彼此存在著不少的歧異，即使中共統一中國，雙方仍存有分裂的可能性。

（四）兩個單位皆認為，若沒有美國的援助，國民政府必定無法戰勝中共。不過兩者也同意中國事務並不是美國現階段最主要的關注所在。所以，美國不必將國家主力置於中國。

〔註120〕Paul James Heer, *George F. Kennan and U. S. Foreign Policy in East Asia*, pp. 67~68.
〔註121〕Warren I. Cohen, "Acheson, His Advisers, and China", pp. 19~20.

（五）關於 1948 年的中國局勢，參謀首長聯席會議主張如果能夠對實施國府有效的援助，則可以穩定國府的局勢。但政策計劃處則認為任何的援助恐已無濟於事，國府的失敗只是時間的問題。

（六）參謀首長聯席會議認為在目前在亞洲只有國民政府可以對抗共產勢力的擴張，但政策計劃處已傾向於把中共視為是美國的「次要敵人」。例如政策計劃處試圖就中國的內部如人口、經濟與政治上的諸多限制評估，而主張即使中共最後得以統治中國，未必會對美國的安全，產生嚴重的威脅。

（七）無論國民政府在大陸時期，或者是在台灣階段，參謀首長聯席會議皆擁有一定的發言地位。但是肯楠的政策計劃處對華影響力，卻可分為兩個階段，可以 1949 年艾奇遜取代馬歇爾為國務卿為分界點。在馬歇爾之任內，政策計劃處享有獨立而充分的建議權，但艾奇遜上任之後，政策計劃處的影響力驟然遞減。

（八）杜魯門在對華政策的取捨上，對於國務院的信任會凌駕軍方之上。所以會導致此一結果，除了美國的外交原本即是以國務院為主外，就是在此一階段的對華政策評估上，國務院是以政治考量面對中國；相反的，軍方則從軍事立場考慮。最後，總是以國務院的意見為主流，取代軍方的論點。〔註 122〕

（九）事實上，以中國的戰略地位而言，無論是國務院或者是軍方皆不主張，美國必須對中國做出直接的軍事援助承諾，以防止共產主義在中國的擴張。不過在此不直接介入的大原則下，國務院與軍方仍有分歧。國務院認為援助國民政府主要在促成一個統一、自由且民主的中國。所以援助中國應該要作務實的評估，而不是盲目的對華承諾。簡言之，國務院認為美國的軍事援助，只會鼓勵蔣介石強化鎮壓中共的欲望，並防礙他去解決中國的其他重要問題。但是以佛洛斯特、派特森以及參謀首長聯席會議為首的軍方領導人是站在反對的立場。軍方建議總統應該不要只著眼於發展一個自由與民主的中國。軍方警告美國只固守此一目標，對於美國援助國府以便應付蘇聯在

〔註 122〕 Kathrine Jason & Holly Posner, *Explorations in American Culture* (Boston: Heinle & Heinle Publishers, 1994), p. 11.關於 1947～1948 年，國務院能夠取得杜魯門信任的原委，可參考王成勉著，〈馬歇爾與中國——國務卿任內之探討〉，頁 117～118。事實上，就是由於國務院從政治考量，故國務院很不喜歡蔣介石的獨裁，與國民政府的腐敗。而軍方並不考慮此點，只關心蔣介石是唯一可以對抗共產主義的亞洲領袖。

華的擴張會產生延誤。軍方建議杜魯門總統對華政策要放棄改革先於援助的訴求，並且要給予國民政府有限的軍事與經濟援助。〔註 123〕

　　最後、若是比較參謀首長聯席會議與政策計劃處，這兩個單位在此一時期美國對華政策的影響力，則顯然後者是較受到杜魯門與馬歇爾決策人士的重視與青睞。例如，佛特斯（Lester J. Foltos）所言，肯楠在 1948 年初所作的對華政策評估，已成為往後十八個月內，華府對華政策的基礎。〔註 124〕不過佛特斯也指出，杜魯門總統因有來自國內的壓力，所以無法完全採用肯楠的建議。但比較上杜魯門採納許多政策計劃處的建議，並拒絕了參謀首長聯席會議積極軍援國府的訴求。〔註 125〕

〔註 123〕Foltos, Lester J., *The Bulwark of Freedom: American Security Policy for East Asia, 1945~1950*, pp. 97~98.

〔註 124〕*The Bulwark of Freedom; American Security Policy for East Asia, 1945~1950*, p. 168.

〔註 125〕Ibid., p. 169.

第五章　關鍵時刻的對台主張
（1949～1950）

　　自 1949 年初開始，台灣逐漸成為杜魯門政府在制定對華政策的一項重要問題。因為國民政府在大陸地區一再的軍事潰敗，以及將殘餘力量轉進台灣後，台灣的安危已涉及到美國在東亞地區的國家安全。此時美國政府官員以兩種策略思考中國與台灣問題。一方面是認為台灣是具有區域性的戰略價值，故基於美國有國家安全的考量，美國要設法把台灣從大陸分離出來，以免落入中共手中。但另一方面，國務院又存著毛澤東會成為中國的狄托之想法，因而不希望美國因過度介入台灣問題而激怒中共，引發中共倒向蘇聯的危機。〔註1〕國務院此一思考模式，為日後的美國對台策略埋下一伏筆，即台灣逐漸成為美中（共）雙邊的籌碼。

　　而台灣問題也在杜魯門政府內，引發不同意見的嚴重對峙。簡言之，即是存在著以國務院為主和以國防部為主的兩種對台主張。以艾奇遜為首的國務院把台灣問題和將來美中（共）關係，視為是不可切割的。在艾奇遜的想法裡，台灣問題斷然不可以妨礙美國未來與中共的交往。但以國防部長詹森為首，再結合國會中的中國集團，加上麥克阿瑟等重要的軍方人士，形成一股支持台灣不落入中共之手的勢力。在兩種主張相互爭執之際，參謀首長聯席會議正好以專業的軍事角色，為兩方提供諮詢。參謀首長聯席會議的看法，在某種程度上，又成為雙方各自佐證的工具，所以它對台評估的影響力不容

〔註1〕　有學者認為國務院會關注台灣問題，主要是考量若台灣還是由腐敗的國民政府統治，則台灣定會由中共佔領。但國務院另外也思考，如果美國政府進行軍事介入，會給予中共最佳藉口，以做為反美的宣傳。Michael L. Baron, *Tug of War: The Battle Over American Policy Toward China, 1946~1949*, p. 287.

忽視。故本章將探討國務院與國防部在韓戰前對台策略的交鋒，以及參謀首長聯席會議所扮演的角色。

第一節　美國對台政策的分期

在探討參謀首長聯席會議的對台政策前，可以先分期簡介，美國對台的看法與立場，在 1948 年底之前，美國視台灣問題為國府內政的一部份。在此階段，美國對台策略，是將台灣定位為國民政府的內政。例如，當 1947 年三月底，司徒雷登向國務院反應，可以對台灣進行經濟發展的協助，以及給予必要的軍援時。國務院則不同意將台灣或者其他的中國地區，視為是「特殊經濟」地區，〔註2〕但華府也不排斥與異議人士保持接觸。〔註3〕

不過在國府於 1949 年撤退來台後，由於美國政府對於國府的不滿與失去信心，所以美國對在台的國民政府逐採取與一種若即若離的政策。一方面，美國政府不對台灣當局給予任何的實質承諾；另一方面，美國開始規劃台灣政權的未來。這些規劃包括與本省籍的政治人士接觸，以研判美國政府能否扶植他們接管台灣政權。

除此之外，美國也曾接觸現有的台灣地方政權，希望現存的政府，能夠與國民政府分離。如當陳誠在 1949 年初，接替魏道明成為台灣省主席時，美國基於相信陳誠是國民黨中少數較具現代觀念的將領，因而極力希望說服陳誠，能夠與國民政府劃清界線，且把蔣介石的勢力從台灣排除。而如果陳誠能夠接受此一建議，美國將會給予陳誠必要的援助。其後，當美國政府官員發現陳誠是不會背叛蔣介石時，又把接觸的焦點轉向吳國禎與孫立人，希望他們能取代陳誠。〔註4〕

〔註 2〕 FRUS, 1947,VII, "Memorandum by Mr. Melville H. Walker, of the Division of Investment and Economic Development, to the Chief of the Division (Havlik)", p. 461.

〔註 3〕 不過在接觸的過程中，華府還是相當謹慎，避免介入台灣內政。例如，在二二八事件發生之翌日，有二十二名的大陸人跑到領事館尋求避難，領事館人員立即二度要求陳誠將這些人撤離到安全的地方。見 FRUS, 1947, VII, "The Minister-Counselor of Embassy in China (Butterworth) to the Secretary of State", pp. 427~428.在二二八事件發生時，司徒雷登大使向國務院表達出，美國應保持中立的重要性，而他也要求在台的領事館，千萬不要涉入此一事件之中。見 Ibid., p. 431.

〔註 4〕 FRUS, 1949, IX, "Note by the Executive Secretary of the National Security Council (Souers) to the Council", "The Consul General at Taipei (Krentz) to the

　　最後，也有不少美國人曾經希望台灣能夠由聯合國託管，最後再由台灣人民進行公民投票，以決定自己的未來。持此種看法的是包括前述的魯斯克、杜勒斯。甚至西太平洋艦隊司令白杰爾（Oscar C. Badger）也建議美國把青島的海軍基地，同中國的海軍，撤退到台灣，而在台灣建立一個根據地。在國民政府確定失敗時，美國即刻控制台灣。不過美國掌控台灣只是權宜之計，其後應交由聯合國，在台灣進行公民投票。〔註5〕總之，美國官員此時是希望台灣能避免捲入大陸的政治與鬥爭糾葛之中。自1949下半年起，由於國共內戰局勢已經底定，中共建國也告確立，故美國對台看法已趨向於悲觀，並有放棄台灣的準備，即是不在台灣建立任何的軍事基地，也不對防禦台灣作出任何的軍事承諾，以及不援助一個台灣的政府，這所謂的「三不政策」。而最能彰顯美國此時的「斷絕」政策，當可以國務卿艾奇遜為代表。〔註6〕艾奇遜的棄華行動包括：（一）1949年八月五日，公布對華關係白皮書；（二）1950年一月十二日，艾奇遜所做的一次幾近於放棄國民政府的演說；〔註7〕（三）他主張不應該對台灣提供軍事援助，為此還曾與軍方領導人產生激烈的爭論。〔註8〕簡言之，國務院已經準備接受台灣赤化的事實，〔註9〕而根據中央情報局的預估，應該就在1950年底。〔註10〕

　　雖然美國政府已準備放棄台灣，但還是有不少的人，思考如何為台灣尋求一個可免於中共統治的途徑。如杰塞普（Phillip Jessup）、白德華、肯楠、

Secretary of State", "Memorandum by the Executive Secretary of the National Security Council (Souers) to the Council", pp. 271~275, 290, 294~300.

〔註5〕 Kenneth W. Condit, *The History of the Joint Chiefs of Staff -- The Joint Chiefs of Staff and National Policy, 1947~1949*, p. 483.

〔註6〕 梁敬錞，《中美關係論文集》，頁171。

〔註7〕 艾奇遜在此演說中提到，誰要是破壞中國的統一，就是中國的敵人。以及他表示美國在太平洋的防線是自阿留申群島經日本、沖繩再到菲律賓。此被解讀為是放棄台灣的最佳詮釋。見 Dean Acheson, *Present at the Creation*, pp. 356~357.同時，也有學者認為，乃是由於艾奇遜在詮譯美國對東亞新政策的演說中，把南韓排除在「周邊防禦」（Defensive Perimeter）之外，才導致北韓入侵南韓。John Lewis Gaddis, *The Strategic Perspective: The Rise and Fall of the "Defensive Perimeter" Concept, 1947~1951*, p. 62.

〔註8〕 時殷弘，《敵對與衝突的由來——美國對新中國的政策與中美關係（1949～1950）》，頁137。關於艾奇遜與軍方之間的激辯可參考本章第二節第四段。

〔註9〕 FRUS, 1949, IX, "Memorandum by the Deputy Assistant Secretary of State for Far Eastern Affairs (Merchant) to the Assistant Secretary of State for Far Eastern Affairs (Butterworth)", pp. 431~432.

〔註10〕 Ibid., p. 393.

穆錢特（Livingston T. Merchant）等，在此時仍大力倡言台灣應由聯合國託管，以免台灣最後落入共黨之手。〔註 11〕不過他們所認為的託管前提是美國以軍事力量介入，來保護台灣。〔註 12〕另一派，則以軍方領袖為主，如國防部長詹森以及助理國防部長格里非斯（Paul Griffith）則屬於「扶蔣保台」派，強調有限度的軍援台灣。〔註 13〕

　　由於美國在東亞地區圍堵共黨勢力擴張的防線，隨著國府在大陸的失敗，已撤至太平洋沿海的主要島嶼。美國也瞭解到處於這個風暴圈中的台灣，已不是單純的中國內政問題而已，必須以更宏觀的角度處理台灣問題。簡言之，此階段美國政府對台策略的特徵是「且戰且走」，台灣能守則守，萬一台灣保不住，則儘量把對美國的傷害減到最低。對於國民政府的防台能力，並不抱持著太大的希望，以及希望與中共維持外交的對話管道，甚至希望將「毛澤東狄托化」。〔註 14〕因而不論在軍事、經濟或者是外交上，儘量壓縮對國府

〔註 11〕 Ibid., pp. 346~350, 357~364.分析這些託管派的看法是：（一）四年來，台灣在國府的統治下已證明是失敗的，國府已失去繼續統治台灣的理由。（二）現階段的台灣政府，若不做任何的改進，將在兩、三年甚至數月之間，由共產黨接手，這也只是時間的問題而已。（三）為今之計，只有除去在台的國府統治者，才能保得住台澎地區。（四）去除國府後，台灣暫時由國際社會或者美國託管。並在自決的原則下，台灣民眾可以舉行公民投票，以決定台澎最後的命運。而對於上述的行動，肯楠等人在戰略的考量下，又認為不宜由美國明目張膽的提倡，並要避免單方面的介入台灣，所以必須假他人之手。於是美國乃希望透過東南亞地區的國家，如菲律賓、澳洲等國，在聯合國大會上提議討論台灣託管的問題，以迴避蘇聯與中共攻擊的口實。其實，美國會有所謂的聯合國託管，是呼應即所謂的台灣歷史地位未定論。美國在這一階段試圖與台灣的國民政府保持一種若即若離的關係。但又不時丟出台灣法律地位未定論的議題，希望透過聯合國解決台灣問題。無怪乎至韓戰爆發，有學者還是將杜魯門總統六月二十七日的宣示，視為「無主島嶼」政策的延續。不過，對於國務院而言，把台灣交給如聯合國的國際組織託管，充其量只不過是一種策略，台灣的託管是否會成功，並不是國務院最在意的。為何有此託管台灣的策略，國務院主要的考量有二：一是民族自決對於全亞洲國家都是一種吸引力，美國很難反駁這種民族自決的訴求。二是如果美國能把台灣交給聯合國，則美國可以免除遭到帝國主義惡名的攻擊。見 Baron, Michael L., *Tug of War: The Battle Over American Policy Toward China, 1946~1949*, p. 288.

〔註 12〕 時殷弘，《敵對與衝突的由來──美國對新中國的政策與中美關係》，頁 145。

〔註 13〕 林博文，《歷史的暗流──近代中美關係秘辛》（台北：元尊文化企業股份有限公司，1999 年），頁 72。

〔註 14〕 前引文，頁 200。這種期待毛澤東成為亞洲狄托的政策，根據艾奇遜所言，即使在韓戰爆發的初期，依舊是存在著。見 John L. Gaddis, *We Now Know -- Rethinking Cold War History*, p. 62.

的協助。

　　但是從韓戰爆發之後，美國對華政策出現重大的轉折。在此之前，原本美國準備接受中共佔領台灣的事實。但因韓戰使所有杜魯門政府所規劃的對台政策，受到嚴厲的挑戰。就如同麥克阿瑟所言，一旦台灣為共黨所佔領，對於美國在太平洋的防線上，將出現一個嚴重的缺口。韓戰一爆發，美國更擔心會有台灣與南韓二個「缺口」，影響到美國的國家安全。故杜魯門乃決定派遣第七艦隊巡防台海維持和平。此時期可區隔成二個小段落，第一個小段落即從韓戰至十一月六日，中共決定「抗美援朝」，出兵朝鮮為止；中共出兵朝鮮之後，則進入後半段。

　　在前半段中，雖然美國宣布把台灣海峽中立化，不過此一中立化的政策仍然是相當保守與消極的。杜魯門政府還是把毛澤東的狄托化視為是首要目標，台灣依舊是次要的。如同年的九月十日，艾奇遜在討論中共介入韓戰的可能性時，也還曾斷言，一旦中共在朝鮮與美國發生衝突，則將有助於蘇聯在華北勢力的擴張。而北京方面也瞭解此一局勢，因此介入韓戰的機率是不大的。〔註15〕美國是儘量使台灣中立化、單純化。所以最後美國僅派出第七艦隊巡防台灣，希望不致令中共有太激烈的反彈動作，以預留將來的轉圜空間。

　　從中共加入韓戰後，進入另一個新的段落，此時美國希望毛澤東狄托化的夢破，華府必須以更積極的軍事角度來面對台灣的定位。在甩開政治考量的包袱後，美國才逐漸把韓戰開始的中立化台灣策略，導向為有限度的軍援台灣，最明顯的證明是，1951 年五月，美國決定在台成立軍事顧問團。以上就是美國從 1945～1950 年對台政策分期的探討，本章則集中在分析 1948 年底以後，美國的對台政策。

第二節　放棄台灣（1949 年）

一、參謀首長聯席會議與國家安全議第 37 號文件（NSC-37）

　　1948 年十一月，參謀首長聯席會議應代理國務卿羅維特的要求，評估台灣赤化後對美國安全的影響。〔註16〕參謀首長聯席會議的對台戰略評估成為

〔註15〕Department of State, Department of State Bulletin, 18, September 1950, Vol. 23, p. 463.
〔註16〕FRUS, IX, 1949, "Note by the Executive Secretary of the National Security

稍後的「國家安全會議第 37 號文件」——"台灣戰略的重要性"（The Strategic Important of Formosa）。在眾多評估與分析美國對台的策略中，此一文件特別受到矚目，不但成為日後一系列國家安全會議第 37 號文件的源頭，更是杜魯門政府對台政策的主要依據之一。而在往後的幾近二年內，美國軍政部門在評估台灣議題上，均參酌參謀首長聯席會議所規劃的「國家安全會議第 37 號報告」。而也在此時，參謀首長聯席會議也被一再要求就有關的對台策略進行軍事分析，以便供總統與國務院參酌。

在 1948 年十一月二十四日首次的對台分析中，參謀首長聯席會議分別從戰略、地理位置以及日本的關係等角度，分析台灣赤化的後果。從戰略性觀點而言，如果台灣落入克里姆林宮所控制的共產黨手中，則對美國國家安全相當不利。因為他們認為未來共產黨可能會控制大部分的中國，那麼大陸上所有重要的空軍基地、港口以及沿海鐵路，美國皆已無法利用。此時若一旦發生戰手，台灣對於美國的潛在價值，就是可以為美軍提供駐紮、戰略性的空軍基地以及控制沿海船隻通行的功能。〔註 17〕十二月七日，麥克阿瑟向美國駐菲律賓參事佛列克斯爾（Fayette J. Flexer）也同樣表達出對台灣戰略重要性的觀點。麥克阿瑟指出如果台灣落入敵人之手，遠東防線就會出現缺口，琉球必然陷入立即而持續的威脅，並且有可能支撐不住。〔註 18〕

就地理的角度而言，參謀首長聯席會議表示，假使台灣與澎湖由不友善的政權掌控，除非它能抗拒蘇聯的控制，否則他們將控制從馬來西亞地區至日本之間的海上交通，同時也能夠把的勢力伸展到琉球與菲律賓。如此在戰略上將嚴重危及美國的國家安全。萬一台灣真落入敵人之手，則先前參謀首長聯席會議所言，琉球要由美國控制的建議，更有其必要性。〔註 19〕

Council (Souers) to the Council", p. 261.值得相當注意的是羅維特此時的對台態度，似乎比參謀首長聯席會議更為積極。因為此際的參謀首長聯席會議僅主張以政治和經濟的手段援助台灣。相反的，羅維特卻建議杜魯門政府，如果想避免台灣落入中共之手，美國在必要的時刻應該對台灣採取軍事行動。同時，羅維特也認為當在台的國府無法抵抗共產主義時，美國也可以試圖支持在台的自治運動。Ibid., "Memorandum by Acting Secretary of State to President Truman", pp. 265~267.
〔註 17〕 Ibid., "Note by the Executive Secretary of the National Security Council (Souers) to the Council", p. 262.
〔註 18〕 Ibid., "Memorandum of Conversation, by Counselor of Embassy in the Philippines (Flexer)", pp. 263~264.
〔註 19〕 Ibid., "Note by the Executive Secretary of the National Security Council (Souers) to the Council", p. 262.不過根據當時的美國在台總領事克倫茨（Kenneth C.

就與日本的關係而言，參謀首長聯席會議認爲台灣可以成爲日本糧食以及其他物資的供應者。〔註20〕爲此之所以在戰爭的情況下，日本究竟是美國潛在的資源還是負擔，台灣是一個決定性的因素。〔註21〕其結論是，如果能夠以外交、經濟的方式，讓台灣免於共黨的統治，並保持在一個親美的政府手中，則對美國國家安全將具有重大的正面價值。〔註22〕

參謀首長聯席會議的這一項觀點和麥克阿瑟的看法頗爲一致。雖然麥帥極力主張台灣戰略的重要性，但他主要是爲了防止台灣免於落入蘇聯之手，所以不認爲美國有在台灣建立基地的必要性。〔註23〕總之，在此首次的評估中，參謀首長聯席會議表示台灣的淪陷絕對會造成美國安全上嚴重的威脅。不過他們卻也提出美國只能運用外交與經濟方式協助台灣。但此分析也爲國務院預留一項質問軍方的伏筆，即是台灣戰略的重要性是否足夠爲美國將來對台使用軍力？

就在參謀首長聯席會議進行對台評估之時，國家安全會議亦在1949年一月六日，要求國家安全會議內部對於台灣問題也需準備一份文件，以供國家安全會議會議時，會合各方意見一起進行討論。〔註24〕同月十九日，國家安

Krentz）的評估，在1949年初，以中共的軍事力量還不足以侵犯台灣，台灣暫時平安無事，但時間對台灣則將是不利的。見 Ibid., "The Consul General at Taipei (Krentz) to the Secretary of State", pp. 268~269.

〔註20〕 參謀首長聯席會議這種以日本的角度，來思考台灣戰略地位，作出的評估與建議，可能是打動杜魯門的關鍵之一。有學者如 Ronald L. McGlothien 指出，杜魯門政府從1949年初至1950年五月的對台政策，所依據的就是參謀首長聯席會議的報告。杜魯門政府所認同報告中最主要的部份，是他們也同意報告中的看法，即日本在對外貿易上，台灣佔有重要位置。而且，台灣也是日本潛在的貿易伙伴。見 Ronald L. McGlothien, *Controlling The Waves -- Dean Acheson and U. S. Foreign Policy in Asia* (New York: W. W. Norton & Company, 1993), p. 134.

〔註21〕 FRUS, IX, 1949, "Note by the Executive Secretary of the National Security Council (Souers) to the Council", p. 262.

〔註22〕 必須一提的是，此時除了參謀首長聯席會議會分析台灣的局勢外，其他的單位如國務院，中情局等亦同時在評估台灣政情。例如，中情局在1949年元月三日的分析中，即表示台灣的軍事重要性是無庸置疑的。中央情報局甚至比參謀首長聯席會議更主張美國應該以武力介入，以防止台灣爲蘇聯所利用。中央情報局認爲未來的台灣，如果缺乏美國的援助，必將落入中共之手。

〔註23〕 FRUS, 1949, IX, "Memorandum of Conversation, by Counselor of Embassy in the Philippines (Flexer)", p. 264.

〔註24〕 Ibid., "The Administrator of the Economic Cooperation Administration (Hoffman) to the Acting Secretary of State", p. 270.

全會議在參考參謀首長聯席會議的評估，以及陸軍、海軍和國務院的意見後，提出「國家安全會議第 37-1 號文件」。此一文件開始就重述參謀首長聯席會議的建議，美國應以外交和經濟的手段阻止中共佔領台灣。接著該文件提出一項法律上與事實上的台灣地位問題，它認為在法理上（de jure），台灣與澎湖群島目前仍是日本帝國的一部分，必須等待與日的最後和約，才能決定台灣的法律地位。但在事實上（de facto），美國依據中美英三國的開羅宣言，承認中國在抗戰勝利後，擁有對台灣的統治權。〔註25〕

此一文件分析目前在台灣主要有三類的人士，其一是本土台灣人；其二是大陸人士；其三是共產黨人。本土的台灣人有強烈的自治意念，他們是反中國但也反日本。他們希望在美國或者是聯合國的保護下進行獨立。不過本土的台灣人政治經驗不足，尚難以成大事。〔註26〕

至於大陸人士方面，「國家安全會議第 37-1 號文件」強調自從二戰結束後，已證明大陸人士的治台是一項嚴重的錯誤。但陳誠的治台似乎可以扭轉此一劣勢。不過近日大量來台避難的大陸人士，顯然又將破壞此一大好的機會。〔註27〕此時，中共在台的力量仍不足為懼，不過該文件強調將來中共最終可以透過兩種方式控制台灣，其一是對本地人與國府軍隊進行滲透；其二是大陸的中共政權與台灣的國府進行談判接管台灣。〔註28〕

此一文件建議美國對於台灣問題可以有四個選項：

第一，佔領台灣。但此舉勢將引發在台灣國民政府的反對，也同時會導致所有大陸人民倒向中共，並不利於美國希望與中共建立政治關係。另一方面，佔領台灣亦會毀壞美國在國際社會上的政治聲望。〔註29〕

第二，美國與國府協商，同意美國在台灣擁有治外法權與基地的權利。不過該文件表示若希望透過此一方式圍堵中共，僅是一種幻想而已。同時，美國此舉恐怕更會成為中共爭取中國人民認同的工具。〔註30〕

第三，支持在台的中華民國政府。但此一支持的舉動可能會導致這一地區的立即危機，並提供共產主義滋生的環境，同時更會複雜化與阻礙到美國

〔註25〕Ibid., "Note by the Executive Secretary of the National Security Council (Souers) to the Council", p. 271.

〔註26〕Ibid., p. 272.

〔註27〕Ibid., p. 272.

〔註28〕Ibid., p. 272.

〔註29〕Ibid., p. 272.

〔註30〕Ibid., p. 273.

將來與中共政權的交往。

第四，在台支持一個非共的政權，以防止更多的大陸人士來台避難。但對此美國也須面臨一項困境，就是杜魯門政府無法在台灣找到一位足以取代蔣介石的領袖人物，最後逼使美國又必須無奈的選擇蔣介石政府，以應付中共對台的攻擊。〔註31〕

此一文件建議美國政府採取第四項選擇，即是支持一個非共的地方政權。〔註32〕不過在支持非共的政權之際，美國必須向台灣當局表示：

（一）美國不希望見到大陸的混亂進一步擴散到台灣。

（二）國民政府對台的統治，若是繼續的混亂下去，國府不可避免的將失去國際社會的支持，此舉反而會有利於國際社會期待台灣人進行自治運動。

（三）美國對台灣的支持意念，將視國民政府統治的效能，以及國府是否能改善台灣人民的福祉，以及台灣人民參與政治事務程度而定。

（四）對於大陸人士大量來台可能會造成台灣經濟的負擔，並妨礙到台灣有效率的對抗中共滲透，美國必須表達關切之意。

（五）美國期待國民政府在面對台灣人民和台灣島內的問題時，他們能夠從大陸的失敗，以及先前在台治理失敗的經驗中記取教訓。〔註33〕

雖然該文件主張支持一個非共政權，但留下的伏筆是美國也不應放棄與本土人士接觸，以便因應將來台灣人可能的自治運動。從此點也可看出該文件對於國民政府是不太具有信心，亦對台灣未來是否能夠免於赤化不抱著樂觀的態度。

1949 年二月三日，國家安全會議舉行了第三十三次的會議。此次會議主要針對中國議題進行討論，會議中對於台灣問題，根據「國家安全會議第37-1號文件」的結論，而作成「國家安全會議第37-2號文件」，最後並獲得杜魯門總統的認可。而在此次的討論中，總統也授權委由國務卿來統合將來各部會的對台工作。〔註34〕

〔註31〕Ibid., pp. 273~274.
〔註32〕Ibid., p. 274.
〔註33〕FRUS, IX, 1949, pp. 274~275.
〔註34〕Ibid., "Memorandum by the Executive Secretary of the National Security Council

　　但國務卿艾奇遜（已在 1949 年元月七日接替馬歇爾）曾經明確的表示，從 1948 年十月起至 1950 年六月二十五日韓戰爆發為止，美國的對華政策是不使用武力來保衛台灣，但國務院將儘可能運用外交與經濟的手段，避免台灣落入敵人手中，〔註 35〕艾奇遜這一概念和參謀首長聯席會議的首次對台評估不謀而合。不過包括艾奇遜在內的若干行政部門人士，並不認為僅是以外交和經濟的手段，就可以完全阻絕中共對台的野心。〔註 36〕在此次會議中，國務院方面要求參謀首長聯席會議，應該針對若美國以外交和經濟的手段無法阻擋台灣的淪陷，那這種結果將會對美國國家的安全造成何種的威脅，再作明確的評估。同時也評估，假如美國最後必須對台使用武力的利弊得失為何。〔註 37〕

　　事實上台灣對於參謀首長聯席會議而言是一項左右為難的議題，一方面，此時的國際社會已進入冷戰時期，美國如果要捍衛自由的世界，它勢必要面臨蘇聯在全球各地的嚴厲挑戰。可是另一方面，從二次世界大戰結束後，美國的軍隊人數由一千二百萬人，減編至 1949 年的一百五十萬人。美國的國防預算也由 1946 年的四百二十億元，至 1950 年已刪減到只剩下一百三十九億元，〔註 38〕參謀首長聯席會議並不滿意這種國防預算。〔註 39〕由於國內外環境的丕變，導致參謀首長聯席會議並不希望把美國的主要兵力，投入到他們認為是次要的區域——台灣。

　　而由於參謀首長聯席會議的成員來自於各個軍種，多少都具有本位主義，所以在特殊議題上，很難達成共識。同時，他們對於國防部長的意見，也不會完全同意，另外是國防部長詹森與國務卿艾奇遜彼此嚴重不和。〔註 40〕

(Souers) to the Council", pp. 282~283.

〔註 35〕 Dean Acheson, *Present at the Creation*, p. 349.

〔註 36〕 例如代理國務卿羅維特在元月十四日，向杜魯門總統表示，美國應該對於政治手段的失敗，有所心理準備。同時，也要考量武力介入的可能性。見 FRUS, 1949, XI, "Memorandum by the Acting Secretary of State to President Truman", pp. 265~267.

〔註 37〕 Ibid., "Note by the Executive Secretary of the National Security Council (Souers) to the Council", p. 284.

〔註 38〕 Kennith W. Condit, *The Joint Chiefs of Staff -- The Joint Chiefs of Staff and National Policy, 1947~1949*, Vol. II, pp. 561~563.

〔註 39〕 Tucker, Nancy, Bernkopf, *Patterns in the Dust* (New York: Columbia University Press, 1983), p. 183.

〔註 40〕 艾奇遜甚至指詹森有精神上的疾病。Dean Acheson, *Present at the Creation*, p. 374.

這可以在台灣問題上展露無遺，作爲一位台灣的堅定支持者，詹森曾獲得國會中共和黨保守主義者、中國集團、麥克阿瑟將軍，以及國民政府的支持。根據研究指出，詹森準備結合麥克阿瑟與國民政府，以便掣肘艾奇遜的台灣政策。〔註41〕同時，詹森也要求參謀首長聯席會議再次對台評估。〔註42〕

　　就在艾奇遜與詹森的催促之下，參謀首長聯席會議又於同年的二月十一日提出「國家安全會議第37-3號文件」，以解釋他們的對台立場，和建議美國政府應採取的策略。在這一份文件中，他們重述1948年十一月的「國家安全會議第37號文件」仍然是有其正確性。參謀首長聯席會議繼續1948年底的論點，而認爲由於共產主義在亞洲大陸的勝利，致使美國若要保有在西太平洋的軍事實力，必須依靠對沿海地區的控制，並且保有此地區的關鍵性島嶼。如果敵人佔有台灣，勢必將損害到美國的實力，也將助長敵人的能力。〔註43〕

　　不過儘管參謀首長聯席會議再三強調，假若台灣能夠藉由政治與經濟的手段，避免爲共產主義所支配，將對美國的安全是有極大的價值，但其結論還是不主張爲台訴諸武力。〔註44〕他們的一貫態度是，任何對台明白的軍事承諾都是不智的。〔註45〕參謀首長聯席會議認爲雖然台灣具有戰略的重要性，但美國自身的軍事力量力有未逮。故既使外交與經濟的手段失敗，美國還是不宜對台採用軍事步驟。參謀首長聯席會議主要是認爲，其他地區比台灣更重要。如以冰島和台灣作比較，則在面對共產主義的威脅時，美國必須考慮出兵冰島，因爲冰島對美國的國家安全是直接而且是重要。〔註46〕

　　總之，該文件強調台灣對於美國在遠東的防禦上，有其戰略上的必要

〔註41〕David M. Finkelstein, *Washington's Taiwan Dilemma, 1949~1950 -- From Abandonment to Salvation*, pp. 120~121.

〔註42〕*Records of Joint Chiefs of Staff*, Part II, 1946~1953, The Far East, 1966/5, 7 February 1949 The Strategic Importance of Formosa.

〔註43〕Ibid., p. 285.參謀首長聯席會議認爲這些島嶼之所以關鍵，主要因爲它們具有潛在的空中戰略地位。

〔註44〕Ibid., p. 285.不過美國國務院對於是否應該出兵台灣對抗共黨，也有不同的認知。例如代理國務卿羅維特即對杜魯門表示，國務院認知到如果必要時須使用軍事力量，才能拒共產主義於台灣之外，美國還是要採取行動。見 Ibid., p. 266.

〔註45〕但此時的國防部長詹森也表示並沒有一個絕對的保證，倘若在未來發生戰爭，基於美國的國家安全的全方位考量後，仍不可以進行直接的軍事行動。見 Ibid., p. 308.

〔註46〕Ibid., pp. 285~286.

性，但並非有關鍵的重要性。他們的看法是除非已瀕臨全面性的戰爭，否則美國不應該在台灣佈署軍力。這也是這個組織在韓戰之前，對台所持的基本戰略。

國家安全會議在解讀參謀首長聯席會議「不宜對台進行明顯的軍事行動」的論點時，認為他們評估是現在與可預知的未來，美國皆不應對台採取明顯的軍事行動。不過參謀首長聯席會議則認為國家安全會議此一解讀並不完全正確。〔註47〕

不過在此報告中，參謀首長聯席會議卻留下一個伏筆。他們並不諱言台灣戰略的重要性。就因為台灣這項戰略價值，使其認為美國在進行對台的外交與經濟援助時，可以加之軍事活動，以便在台灣能夠建立一個非共的政府。因此這個組織強調美國應該使用一切合理的手段，讓台灣保持在一個友善的政權之手。〔註48〕但參謀首長聯席會議也強調這種軍事活動不會涉及到美國對台灣軍事的承諾。它只會在台灣適當的港口，駐紮極少數的軍艦，目的只是提供美方人員的休閒與空中通信。但軍艦的駐紮並不意指美國海軍要在台灣建立基地，〔註49〕但他們的這項建議卻被艾奇遜與國家安全會議極力反對。〔註50〕

參謀首長聯席會議建議的對台政策——維持一個「外交、經濟為主，軍事為輔」的策略，成為韓戰之前，美國外交決策者的主要依據。例如1949年元月十九日，國家安全會議在討論台灣問題時，即指出參謀首長聯席會議曾主張，美國應以適當的外交、經濟方式，阻止台灣落入共黨之手，以維持美

〔註47〕 U. S. Joint Chiefs of Staff, *Records of the Joint Chiefs of Staff*, Part II, 1946~53, The Far East, 14 microfilm reels, (Washington, D. C: University Publications of America, Inc.), JCS 1996/11, 9 March 1949.不過在同年四月二日，國防部長給國家安全會議的備忘錄上，卻表示國家安全會議的解讀大抵上是正確的（generally correct）。見 Ibid., JCS, 1966/12, 5 April 1949.

〔註48〕 為了避免台灣落入共黨之手，海軍甚至提出了一項特別的建議，海軍認為在台的國民政府不久之內將會失敗。美國應盡早在台建立根據地，以確保美國的戰略利益。美國應該把從青島撤出的海軍，與中國海軍共同遷至台灣。在蔣介石政權傾倒後，美國應掌控台灣。而在聯合國舉行公民投票以決定台灣人的意願期間，美國只是暫時控制台灣而已。見 Kenneth W. Condit, *The History of the Joint Chiefs of Staff -- The Joint Chiefs of Staff and National Policy*, 1947~1949, p. 483.

〔註49〕 FRUS, 1949, IX, "Note by the Executive Secretary of the National Security Council (Souers) to the Council", p. 286.

〔註50〕 Ibid., "Memorandum by the Assistant Secretary of State for Far Eastern Affairs (Butterworth) to the Secretary of State", p. 462.

國國家安全。〔註 51〕同年二月二日，遠東司長白德華在給國務卿的報告，亦支持參謀首長聯席會議對台的此一基本策略。〔註 52〕

不過參謀首長聯席會議以外的行政部門，如國家安全會議以及國務院，則在台灣駐紮軍艦，是為軍力的展示，而加以反對。國務院強調軍力的展示不符合此時的外交政策。〔註 53〕國務院認為，美國若在台灣建立軍事力量，不僅對美國的外交不利，更將成為美國政治上重大的負擔。國務院也強烈的質疑，武力的展示能否有效地阻止共黨對台的鼓動與滲透，或者是防止中共秘使與台灣國府領導人之間的談判。國務院更指出，軍力的展示會引起全中國的反彈，給予民族統一主義者可趁之機。〔註 54〕此後，國務院反覆申述美國不應該出兵台灣。〔註 55〕它甚至以軍事戰略來反駁軍方的看法，強調雖然台灣是西太平洋的防線之一，但美國並不需要在台建立軍事基地。國務院認為儘管避免中共佔領台灣是有利於美國，但從二十世紀中期的戰略考量，台灣已不再具備補給站的戰略地位。〔註 56〕

國家安全會議則認為，如果美國直接在台灣採取軍事行動，必然會導致所有中國人倒向中共，並可能危及美國在大陸的利益。國家安全會議的建議是倘若美國想要在政治鬥爭上有所成就，則應該避免此類事件的發生。〔註 57〕其後，在同年的三月三日，國家安全會議又討論台灣問題，這次會議可謂是具有相當的意義。〔註 58〕因為杜魯門同意了此次會議的「國家安全會議第

〔註 51〕 Ibid., "Note by the Executive Secretary of the National Security Council (Souers) to the Council", p. 271.

〔註 52〕 Ibid., "Memorandum by the Assistant Secretary of State for Far Eastern Affairs (Butterworth) to the Secretary of State", p. 279.

〔註 53〕 Ibid., "Memorandum by the Executive Secretary of the National Security Council (Souers) to the Council", p. 295.

〔註 54〕 Ibid., "Note by the Executive Secretary of the National Security Council (Souers) to the Council", pp. 291~292.

〔註 55〕 不過國務院也指出，在外交與經濟手段都無法阻止中共入侵台灣後，美國也不應該單方面出兵台灣，但若在台灣的中國政府，透過聯合國的管道，或者台灣獨立團體的要求，美國可以重新考慮。見 Ibid., "The Secretary of State to the Consul at Taipei", p. 305.

〔註 56〕 Ibid., "The Secretary of State (Edgar) to the Consul at Taipei", p. 314.國務院不願意武力援助台灣，主要是思考到國務院一直希望未來的中共政權，能夠朝向中國的狄托化。

〔註 57〕 Ibid., "Note by the Executive Secretary of the National Security Council (Souers) to the Council", pp. 272~273.

〔註 58〕 出席此次會議的人，計有艾奇遜、佛洛斯特、財政部長斯耐德（John W. Snyder）、陸軍部長羅伊爾（Kennth C. Royall）、海軍副部長肯尼（W. John

37-5 號文件。」〔註59〕

在此次會議中，反對在台灣佈署軍力的聲浪是大過贊同的聲音。同意國務院過去的看法，認為現階段不宜在台駐軍理由有五點：（一）在外交上不利於美國；（二）會加重美國的政治責任；（三）未必能夠有效防堵中共對台的滲透，或者阻止中共密使與國民政府在台軍方人士的陰謀談判；（四）會嚴重引發中國人民的反彈；（五）會引發中國的民族主義，而這本來可運用在東北與新疆，作為對付蘇聯的武器。〔註60〕

關於前述參謀首長聯席會議建議應該透過某些形式的軍事援助，以結合美國對台的外交與經濟的援助之意見，國家安全會議在「國家安全會議第37-5 號文件」的結論，以及艾奇遜對此次會議的聲明中都明白表示，現階段美國艦隊不應停靠在台灣的港口。〔註61〕艾奇遜還抱怨參謀首長聯席會議未能清楚指出，台灣一旦落入中共之手，會對美國造成何種程度的威脅。〔註62〕

不過國防部長佛洛斯特則指出，參謀首長聯席會議對於台灣的地位已經清楚的表達，即他們認為台灣會影響東亞的區域安全，但對美國國家安全並沒有直接的重要性。佛洛斯特反問如果參謀首長聯席會議建議對台灣採取直接的行動，國務院的反應如何？艾奇遜的回答是，他將會反對明顯的、直接的且單方面的軍事行動。

「國家安全會議第37-5 號文件」的結論之一，是建議國務院強化對台的活動，需要即刻派遣一個高級代表前往台灣，調查與評估美國應否給予台灣更進一步的援助。〔註63〕

Kenny）、空軍部長辛明頓（W. Stuart Symington）等人。

〔註59〕 Ibid., "Memorandum by the Executive Secretary of the National Security Council (Souers) to the Council", p. 296.在二月十八日，國務卿艾奇遜對國家安全會議提出國家安全會議第37-4 號文件。此文件也成為國家安全會議第37-5 號文件討論的依據之一。見 Ibid., pp. 288~289.

〔註60〕 Ibid., "Note by the Executive Secretary of the National Security Council (Souers) to the Council", p. 292.

〔註61〕 艾奇遜為何會極力反對參謀首長聯席會議的此項建議，他認為此舉會引發中國大陸的民族主義，這將不利於美國把台灣從大陸分離的策略。而且，艾奇遜也不認為僅靠船艦的停靠，而不使全面的封鎖與佔領，可以有效防止中共控制台灣。見 Ibid., "Note by the Executive Secretary of the National Security Council (Souers) to the Council", "Memorandum by the Executive Secretary of the National Security Council (Souers) to the Council", pp. 292, 295.

〔註62〕 Ibid., "Memorandum by the Executive Secretary of the National Security Council (Souers) to the Council", p. 295.

〔註63〕 默錢特奉派前往台灣。Ibid., "Note by the Executive Secretary of the National

二、杜魯門政府的難題

　　當 1949 年初，美國政府正在制定對台策略之時，中國和台灣的局勢發展，以及美國內部批判行政部門對台策略的聲浪，皆令杜魯門政府大感為難。台灣的局勢正由陳誠掌黨政軍大權，〔註 64〕但中共逐步進逼國民政府的南方據點，已嚴重危及到台灣的政情，令台灣無論在經濟上、政治上以及社會上都皆至存亡之秋。〔註 65〕

　　另一方面，蔣介石也準備在台灣另起爐灶。如 1949 年六月十一日，國民黨在台灣設立非常委員會，由蔣介石擔任主席。八月蔣又在台灣成立總裁辦公室。十二月八日，國民政府遷都台北。九日，行政院遷往台北。十二月十一日，國民黨中央黨部移至台北。

　　與此同時，美國和中共政權卻在交惡。1948 年十一月，中共以間諜罪名，逮捕美國在瀋陽的總領事華德（Angus Ward）。〔註 66〕1949 年六月三十日，毛澤東進一步發表「論人民民主專政」，提出著名的「一邊倒」政策，明確表示中國屬於以蘇聯為首的反帝國主義戰線。〔註 67〕他更於八月十二、十四、十八、二十八、三十以及九月十六日，在新華社就白皮書發表六篇社論，嚴辭攻擊美國對華政策，乃屬帝國主義侵略中國的行為。〔註 68〕

　　在美國國內也有強大批評美國對華政策的聲浪，此主要來自國會中的中國集團。國會中支持蔣介石及國民政府的議員，不斷的攻擊杜魯門的對台政

Security Council (Souers) to the Council", p. 292.關於默錢特來台問題可參考 David M. Finkelstein, *Washington's Taiwan Dilemma, 1949~1950 -- From Abandonment to Salvation*, pp. 133~162.

〔註 64〕蔣介石於 1949 年元月下野前，任命陳誠接替魏道明為台灣省主席。其後，陳誠又被任命為警備總司令，以及國民黨台灣省黨部主委。台灣省黨部主委，原先在 1948 年底，蔣介石是下令由蔣經國接替丘念台。不過由於蔣經國一直隨側在蔣介石的身邊，乃在 1949 年四月十日，由陳誠兼任。

〔註 65〕在政治上，陳誠施行所謂的「鐵血政策」。此一恐怖政策，主要是針對共產黨員。吳濁流，《台灣連翹》（台北：前衛出版社，1989 年），頁 233。在經濟上，與陳誠就任為省主席的同時，米價開始暴漲，幣值大跌。至 1949 年六月分為止，陳誠下達幣制改革，強令人民以四萬舊台幣換取一元新台幣，人民為此付出的代價不可計數。前引文，頁 237。

〔註 66〕Michael H. Hunt, "*Mao Tse-tung and the Issue of Accommodation with United States*", edited by Dorothy Borg and Waldo Heinrichs, *Uncertain Years -- Chinese-American Relations, 1947~1950*, pp. 203~304.

〔註 67〕《毛澤東選集》（重慶：人民出版社，1991 年），頁 1472～1473。

〔註 68〕中共央黨史研究室，《中共黨史大事年表》（北京：人民出版社，1987 年），頁 222、224。

策，以及國務院的相關官員，而首當其衝者，則屬白德華。

在參議院是否同意白德華爲國務院遠東司司長的任命聽證會上，白德華飽受來自參議員的圍剿。有參議員把白德華形容是美國對華關係上失敗與悲劇的象徵。更有參議員利用此次事件，擴大成對杜魯門政策的攻擊。而在九月二十六、二十七日，又爆發了激烈爭辯，其中以諾蘭扮演的角色最爲重要。〔註 69〕白德華雖然在九月二十七日成爲遠東司司長，不過經過此一聽證會後，他的聲望也遭受嚴重的打擊。

除了譴責行政部門人士，以及要求繼續援華以外，國會議員更提出駐軍台灣的建議。參議員史密斯在十一月曾寫信給艾奇遜，要求美國絕不允許台灣落入中共之手。史密斯提議：如果美國主張台灣在法律上仍是日本的一部分，則美國可以在通知聯合國將它變成托管地的情況下，以日本佔領國的資格占領台灣。如此則中共進犯台灣時，他們將面對美國，史密斯更暗示麥克阿瑟支持他的立場。〔註 70〕同一時間，參議員塔虎脫（Robert A. Taft）也向媒體表示，如果有需要保護台灣不落入中共之手，美國應該派遣海軍前往。美國前總統胡佛（Herbert C. Hoover）在回答諾蘭的信件中也建議，如果情況需要，美國政府應該對國府提供海軍的保護，以維護國府對台灣與澎湖，或包括海南島的控制。〔註 71〕

國防部與軍方單位也就對華政策提出質疑，以《對華白皮書》而言，當詹森被詢對於《對華白皮書》的看法時，他認爲《對華白皮書》的公布會把國府所有缺點暴露出來，因而嚴重傷害到國府。〔註 72〕詹森對艾奇遜提出二個質疑，其一是《對華白皮書》的公布是否符合國家利益？其二是否對於機密文件洩露已有預先的防範措施？詹森認爲公布時機並不恰當，最後向艾奇遜表示，《對華白皮書》之公布不能以口頭，或者是文字的方式牽涉到國防部，

〔註 69〕 Tang Tsou, *America's Failure in China, 1941~1950*, p. 503.

〔註 70〕 Ibid., p. 528.麥克阿瑟與史密斯意見是相同的，例如在 1950 年元月五日，麥克阿瑟也主張美國應該派遣軍事顧問團赴台灣。

〔註 71〕 Ibid., pp. 529~530.

〔註 72〕 當國務院準備發表《對華白皮書》時，詹森部長與參謀首長聯席會議紛紛表達不贊成《對華白皮書》的意見。爲此，詹森部長曾言：「《對華白皮書》正在毀滅一個在中國，我們唯一可以協助的團體。」而參謀首長聯席會議也認爲，「《對華白皮書》會損害蔣介石與國民政府。同時也引發中國人民深刻而持久的仇恨。」FRUS, 1949, IX, "Memorandum by the Ambassador at Large (Jessup) to the Secretary of State", "The Secretary of Defense (Johnson) to the Secretary of State", pp. 1376,1380.

國務院必須承擔所有的責任。〔註73〕

　　為此進一步釐清狀況，詹森也同時要求參謀首長聯席會議對於《對華白皮書》進行評估。他們的分析是：（一）儘管《對華白皮書》是一項事實的陳述，但這會對蔣介石與國民政府帶來名譽上的損傷，也必然會深化國府對美國的憎恨。同時基於民族的尊嚴，會引發所有中國人的反彈；（二）當《對華白皮書》越是透露國民政府諸多缺點之時，它就會在無形中突顯出中共比較沒有缺失。雖然，美國並無意貶損國府，讚揚中共，但事實上《對華白皮書》明白表示美國無法接受中共佔領中國。故《對華白皮書》的公布顯然會給予中共絕佳的宣傳題材；（三）《對華白皮書》顯示美國過去對於國府的援助是無用的，這會引發美國人民厭惡於未來再給予國府任何的支援。此舉會困擾美國日後對華政策的運作。〔註74〕

　　在建議事項中，參謀首長聯席會議表示，如果一定要公布《對華白皮書》，必須有兩個前提：（一）保證《對華白皮書》中沒有其他的秘密協議；（二）保證《對華白皮書》中所公布的文件，都須經過充分的授權，並由陸軍部審酌後才能夠對外發佈。〔註75〕最後，參謀首長聯席會議特別強調：（一）他們從軍事觀點上考量，並不完全同意《對華白皮書》的內容；（二）他們將保留對華援助的發言權；（三）《對華白皮書》的發表必須由「美國通信情報局」（United States Communications Intelligence Board）預先調查此一文件是否違害到美國的安全。〔註76〕

　　對於國防部長詹森以及參謀首長聯席會議的質疑，艾奇遜的回答是：（一）《對華白皮書》的出版是國務院在總統的授權下所進行的；（二）國務院同意「美國通信情報局」進行必要的調查，以便把危害降到最低；（三）《對華白皮書》出版後，所有責任皆由國務院承擔；（四）艾奇遜認為自杜魯門總統與馬歇爾國務卿以來，他們即承受著相當大的壓力，必須向國會以及美國人民，報告有關中美之間的關係。艾奇遜認為《對華白皮書》的公布已到刻不容緩，所以他建請杜魯門應儘速同意此事。〔註77〕

〔註73〕Ibid., "The Secretary of Defense (Johnson) to the Secretary of State", p. 1382. 關於不得牽涉國家軍事部署之事，國務院也向詹森保證。

〔註74〕*Records of Joint Chiefs of Staff*, Part II, 1946~1953, The Far East, 1721/29, 167 July 1949.

〔註75〕Ibid.

〔註76〕Ibid.

〔註77〕FRUS, 1949, IX, "The Secretary of Defense (Johnson) to the Secretary of State",

其後，白皮書就在杜魯門總統的考量後，先由他本人在 1949 年八月四日於白宮對新聞媒體宣布，並於隔日上午十一點，正式對外界發表。〔註 78〕至此《對華白皮書》事件乃告一段落，不過《對華白皮書》的公布卻在美國國內引起一陣的撻伐。〔註 79〕而與此同時，艾奇遜與詹森兩人的爭戰依舊是方興未艾。〔註 80〕

三、政策計劃處第 53 號文件（PPS-53）──佔領台灣

1949 年七月六日，由肯楠所提出的政策計劃處第 53 號文件，可謂是美國政府此年所有對台評估最具「震撼力」的報告。雖然 1949 年初，華府即希望以「國家安全會議第 37-2 號文件」、「國家安全會議第 37-5 號文件」，作爲美國對華政策的依據，進而藉此以便有效處理台灣問題。但不少美國官員在稍後的報告中，皆指出現行的對台政策還是難以應付台灣問題，而要求再評估對台政策。例如，奉命出使台灣的穆錢特曾指出，已有證據顯示中共有可能透過入侵或者是滲透的方式佔領台灣，因此不少人已經不再期待僅是透過經濟與外交的方法，就可以防堵美國的敵人奪取台灣。穆錢特表示，現階段若要保證台灣的安全，只有透過美國對台的軍事承諾才能達成。〔註 81〕

pp. 1386~1387.

〔註 78〕 Ibid., "The Secretary of Defense (Johnson) to the Secretary of State", pp. 1391~1392.

〔註 79〕 根據 David McCullough 的說法是，杜魯門政府所以會公布《對華白皮書》，主要在求自保，他們想解釋美國的對華政策，以便撇清與中國之間的關係。但相反的，卻引發了相反的效果。《對華白皮書》激起了美國人民的憤怒。因爲一世紀以來，美國對中國始終懷抱著一份深厚的情感。但如今，卻必須面對一項殘酷的事實，即國務院現在所宣稱世界上最大的國家──中國，竟然落入赤化了。這可能是許多美國人所無法接受的事實。質言之，《對華白皮書》並沒有如杜魯門與艾奇遜的預料，撫慰了美國的民心，卻導致了如潮水般的批判。紐約時報指出這份文件是「明知故犯的錯誤紀錄」。更多的責難，認爲它是粉飾太平，故意扭曲的推託之辭，「是爲國務院中的親共派官員製造不在場證明，以便支持中共征服中國。」中國集團更指責杜魯門與艾奇遜，應該爲失去中國而負責。參議員如諾蘭，以及包括約翰甘迺迪（Johnson F. Kennedy）在內的數名民主黨參議員，也紛紛加入聲討的行列。David McCullough, *Truman*, pp. 743~744.

〔註 80〕 若根據詹森的特別助理蘭佛羅（Louis H. Renfrow）准將描述，他們兩人可謂已到水火不容的地步。例如當詹森說這是白，艾奇遜則會搶答這是黑的。David M. Finkelstein, *Washington's Taiwan Dilemma, 1949~1950 -- From Abandonment to Salvation*, p. 200.

〔註 81〕 FRUS, 1949, IX, "Memorandum by Mr. Livingston T. Merchant to the Director of

　　在所有再評估美國對台政策的文件中，應以肯楠的建議最為突出。在一篇代號「政策計劃處第 53 號文件」，名為「美國對台灣與澎湖的政策」報告中，肯楠開宗明義強調，華府若只憑藉「國家安全會議第 37-1、37-2、37-5 號」文件，則台灣在二至三年之內必定被共黨所赤化。有鑑於遠東近來的發展已不容美國再繼續採取消極的對應方式，因此肯楠建議，只有去除在台的國民政府統治者，並由國際社會或者是美國組成一個臨時政府，以民族自決的方式讓台灣人民進行公民投票，決定台灣最後的歸屬，才能有效對抗台灣的赤化。

　　但如何達成此一目標，肯楠建議二個方法：（一）可以透過非正式管道，以利誘的手段說服遠東地區的國家，如菲律賓、印度，或者澳洲，首先倡議接管台灣；（二）可以宣布由於後來事件發展的結果，已導致先前開羅宣言變成無效，而暫時由美國單方面接管台灣，以便穩定太平洋地區的安全和台灣島民的利益。〔註 82〕但肯楠也再三表示，美國是否要對台進行軍事行動，必須由軍方進一步的分析與評估。〔註 83〕

　　簡言之，雖然肯楠再三強調佔領台灣的重要性，美國政府應該重新調整台灣被赤化的消極心態。並且希望透過對內與對外的方式，並在最後輔以美國軍力進兵台灣，三管齊下的策略，徹底解決台灣問題。〔註 84〕不過肯楠這些「釜底抽薪」的大膽策略，尤其是出兵台灣建議，顯然已是大大超越參謀首長聯席會議對台所作的評估。〔註 85〕不過如同肯楠自己所言，他的建言顯

---

the Office of Far Eastern Affairs (Butterworth)", p. 341.但穆錢特又指出參謀首長聯席會議已表明不會考量以美國武力防禦台灣。

〔註 82〕 *The State Department Policy Planning Staff papers*, Vol. III, p. 63~74.在此報告中，肯楠還建議，可以讓蔣介石以政治難民的身份留在台灣。同時，美國應該派密使與孫立人接觸，只要孫立人同意以台灣人民利益為考量，並參與佔領計劃，則美國可以派遣主要的軍力前往台灣。Ibid., p. 73.

〔註 83〕 事實上，肯楠在報告中，也使美國政府面臨兩種困境：其一，在台灣島上，大約還有總數約三十萬的軍隊，他們可能會作出抵抗的動作；其二，美國政府多少對於在台灣的國府，還是有些承諾。Ibid., p. 67.

〔註 84〕 所謂的對外就是利用遠東諸國，以掩護美國出兵台灣的事實。所謂的對內，肯楠建議美國政府可以在《對華白皮書》中準備一章，向民眾說明台灣現況，以爭取美國民眾的支持。即自從二次大戰勝利以後，國府在台灣依然存在諸多的蕪政，例如內政依然存在著貪欲、混亂與鎮壓等狀況。迄今為止，台灣仍舊是一個軍事統治的政府，台灣人民不但已遭受了四年的苦痛。而美國如果任此局勢持續發展，必然會衝擊到遠東的穩定。Ibid., pp. 68~72.

〔註 85〕 Warren I. Cohen, *America's Response to China*, p. 166.無怪乎有學者指出，在馬

然太具爭議性，其後勢必無法獲得國務院內，如國務卿艾奇遜等人的認同。至此在美國政府內部都不同意的情況下，肯楠的「政策計劃處第 53 號文件」最後就無疾而終。〔註 86〕

四、國家安全會議第 37-8 號文件——放棄台灣

當肯楠正在建議美國政府進兵台灣之際，在美國情報系統的評估中，台灣的局勢似乎已經走到盡頭，隨時可能滅亡。例如中情局在六月預估，如果美國不以武力協助國府，台灣可能在數個月內赤化。對此，國家安全會議又覺得必須重新考慮對台政策，於是又有 1949 年八月五日「國家安全會議第 37-6 號文件」之擬定。此一文件反映出先前規劃以外交與經濟的手段協助台灣已難有所成，故有不少人建議（如肯楠與穆錢特等）唯有軍事介入方能發揮效用。

「國家安全會議第 37-6 號文件」的論點是，現階段已無法確定是否僅是透過政治與經濟的方法，就能避免台灣的赤化。因此，國務院乃要求參謀首長聯席會議重新分析「國家安全會議第 37-3 號文件」，並以軍事角度回答兩項問題：（一）假設美國不使用武力介入台灣，則台灣與澎湖需要多少時間才會遭到赤化？（二）究竟台灣在軍事上，對於美國的重要性為何，是否重要到足以讓美國有理由對台灣進行軍事的佔領？不過國務院也提醒參謀首長聯席會議在評估之際，必須考量兩點因素：（一）佔領台灣可能會引起在台國軍的反抗，或者是大陸中共政權的攻擊；（二）若現行在台的政權同意美國的佔領，則美國必須負起台灣內部安全與外部防禦的責任。〔註 87〕

國務院最後再提醒參謀首長聯席會議應優先對國家安全會議提出建議，於是參謀首長聯席會議很快的於八月十六日就給予回應，此即稍後的「國家安全會議第 37-7 號文件」，參謀首長聯席會議的看法是：（一）他們再度申明，由於美國對全球所負責任，與自身軍事力量依舊存在相當的差異，再加上，

歇爾與艾奇遜時期，政策計劃處所規劃出來的外交政策，有時候甚至比軍事單位更為強硬，更具軍事取向。Samuel P. Huntington, *The Soldier and the State*, p. 380.

〔註 86〕其實肯楠會作出如此大膽的建議是有可以理解的，就杭亭頓的分析肯楠本人在規劃外交政策時，特別著重軍事力量的應用。在肯楠的認知裡，軍力往往是凌駕於意識型態之上。見 Samuel P. Huntington, *The Soldier and the State*, p. 381.

〔註 87〕FRUS, 1949, IX, "Memorandum by the Department of State to the Executive Secretary of the National Security Council (Souers)", pp. 370~371.

近來國防預算的縮減，以及對北約的承諾，都顯示出即使美國無法以外交和經濟的手段，防止台灣的赤化，美國還是不宜採取明顯的軍事行動；（二）該組織不認為台澎的軍事重要性，足以促使美國對台灣作出軍事承諾；（三）他們認為就算台灣未來可能發生戰爭，但美國目前還是不宜對台灣給予太多的軍事承諾。

參謀首長聯席會議也提醒美國政府：（一）就目前台灣的局勢而觀，美國應該加強防衛西太平洋沿海島嶼，如菲律賓、琉球以及日本等地的安全；（二）台灣是亞洲問題的一環，在美國有關全方位的亞洲政策中，國家安全會議應該要給予考量；（三）若從軍事觀點而論，無論是否在聯合國的規章內，美國未來若就台灣問題與其他國家協商，也就強烈的暗示此將與單方面出兵介入台灣，佔領台灣是相同的。〔註88〕

事實上，從參謀首長聯席會議的評估中，不難發現他們也預知失去台灣只是時間的問題。他們此一對台灣悲觀的分析，似乎給了艾奇遜一個充分的藉口，除了堅持不對台灣軍事承諾以外，也準備放棄對台灣進一步的經濟援助，這種觀念可在「國家安全會議第37-8號文件」中明顯得知。

艾奇遜在此一文件中，提出幾點對於台灣悲觀的看法，暗示美國準備放棄台灣：（一）中情局預估，如果沒有美國以軍力佔領台灣，則台灣將在1950年底被赤化。而且英國方面也評估，難以避免中共最後佔據台灣的事實；（二）艾奇遜等人再次重述，參謀首長聯席會議在「國家安全會議第37-7號文件」中，反對出兵台灣的意見；（三）國家安全會議認為進一步經援，以及軍事顧問團的援助都是不智的行為。〔註89〕他們的解釋是，台灣的國府並不缺乏這些物資。國府在台的衰弱並不是來自外援的不足，而是國府內部的失敗所致。艾奇遜甚至指出，有可靠的資料顯示，蔣介石在造訪菲律賓時曾私下表明，他可以在不靠外援的情況下，以現有的充足資源，在台灣至少抵擋二年。如果此時美國對台灣給予進一步的援助，會讓國府誤認美國將不顧一切鼎力支援台灣；（四）艾奇遜再次重申，如果美國以武力進軍台灣，可能會引發中國

〔註88〕 *Records of Joint Chiefs of Staff*, Part II, 1946~1953, The Far East, 1966/17, 16 August 1949, The Position of the United States with respect to Formosa.

〔註89〕 艾奇遜等人所以會在此時，提及反對派遣軍事顧問團前往台灣，乃是為回應陳誠一再透過彼時美國駐台總領事麥克唐納（John J. MacDonald），不斷向美國建議所致。FRUS, 1949, IX, "The Consul General at Taipei (Macdonald) to the Secretary of State", pp. 416, 418.

人民對美國是帝國主義的質疑，這不利於美國準備利用中國的民族主義，來對付蘇聯在中國北方的行動。〔註90〕

事實上，台灣能否如蔣介石的自信一般，可以抵擋中共的入侵，這在華府官員的評估顯有矛盾。如前文所述，美國所有的報告皆直指台灣的赤化，已迫在眉睫，所差別的只是時間問題的差距而已。1949 年十二月一日，穆錢特還在提醒美國政府，台灣的淪陷已是「指日可待」，美國人民應該及早做好心理準備。〔註91〕美國政策已傾向放棄國府，尤其八月份白皮書的發表，更是不言可喻。但問題是，放棄國府則台灣的命運已未卜可知，這又是美國政府必須向人民交代的難題。〔註92〕另一方面未必所有的美國政府官員都同意艾奇遜從台灣脫身的策略，這也是國務院要應付的問題。

五、詹森與參謀首長聯席會議的反駁

雖然在涉外事務上，文人國防部長與軍方僅能扮演二線的角色，但國防部長詹森，是絕對不同意艾奇遜之對華政策。當艾奇遜把脫身台灣與毛澤東的狄托化，視爲美國對華的主要策略時，詹森卻積極與參謀首長聯席會議、麥克阿瑟和中國集團等合作，主張利用台灣與東亞等國，作爲反抗中共的軍事基地。詹森的此種策略可以在十月份由詹森所策劃的「國家安全會議第 48 號文件」中顯示。

由於艾奇遜在八月發表《對華白皮書》，準備定調美國的對台策略，於是詹森指派所屬從八月至十月間，根據相關報告與資料作成「國家安全會議第 48 號文件」，以爲對抗國務院。〔註93〕在此一文件中，國防部反擊艾奇遜所謂狄托化中國的概念，認爲此一概念不可能減輕中共對美國的威脅，而且共產主義在中國的革命，將是征服東南亞和日本的第一步，最後必對西方產生無

〔註90〕Ibid., "Note by the Executive Secretary of the National Security Council (Souers) to the Council", pp. 392~397.

〔註91〕Ibid., "Memorandum by the Deputy Assistant Secretary of State for Far Eastern Affairs (Merchant) to the Assistant Secretary of State for Far Eastern Affairs (Butturworth)", pp. 431~433.

〔註92〕其實放棄國民政府，並不等同美國要放棄台灣，如前所言，美國政府曾企圖將台灣與國民政府分離，只是她發現很難動搖蔣介石在台灣的地位，最後不得不接受蔣介石。

〔註93〕國家安全會議第 48 號文件主要是針對美國在全亞洲的策略而規劃的，詹森希望把台灣定位爲是可以對日本作出正面貢獻的島嶼，因此如果美國想要保有日本的優勢，則必須全力支持台灣，免受中共的赤化。

可避免的重大衝擊。因此，美國必須反對毛澤東，所以美國需要保衛台灣，以抵抗邪惡的共產主義。

　　參謀首長聯席會議在此一文件中，傾向支持詹森出兵台灣的大膽建議，〔註94〕為此該組織還取得少見的「共識」。〔註95〕參謀首長聯席會議建議美國政府除 1948 年的援華法案中的一億二千五百萬美元外，應該再給以美台灣部份的軍事協助。〔註96〕在 1949 年十二月二十三日對詹森的一份報告中（「國家安全會議第 37-9 號文件文件」），參謀首長聯席會議更明確的表達了幾點重要轉折的意見：其一，他們重申美國不應把主要軍力放在台灣；其二，除此之外，美國可以透過軍事方法，配合進一步的政治、經濟與心理途徑援助台灣；其三，為了美國國家安全的著想，可以對台灣從事一項適度、嚴格監督的軍事援助計劃；其四，可以授權美國遠東防禦司令部，並在第七艦隊司令的協助下，派遣一個軍事調查團前往台灣。

　　參謀首長聯席會議特別表示，美國應該把共黨在台灣的發展視為是共產主義在東亞擴張的一部分。〔註 97〕他們認為在台灣保有一個非共的政權，可以延緩國際間對於中共的外交承認，同時可以減輕共產主義對東南亞的壓力。從參謀首長聯席會議的這一份報告中，可以窺知這個組織似乎為配合詹森的策略，對於台灣議題已朝向積極的方向——即以適當的軍事援助——防禦台灣。〔註 98〕此一報告，被解讀為建議美國對台能做出更多的直接干預。〔註 99〕

　　詹森這種捍衛台灣的計劃，得到兩方勢力的贊同，其一是麥克阿瑟將軍，其二是國會中的中國集團。〔註100〕這兩股力量素來即以堅定支持蔣介石

〔註94〕 Tang Tsou, *America's Failure in China, 1945~1950*, Vol. II, p. 528.

〔註95〕 Omar N. Bradley, *A General's Life*, p. 526.

〔註96〕 Tang Tsou, *America's Failure in China, 1945~1950*, Vol. II, pp. 528~529.

〔註97〕 FRUS, 1949, IX, "Memorandum by the Assistant Secretary of State for Far Eastern Affairs (Butturworth) to Secretary of State", pp. 460~461.

〔註98〕 Michael Schaller 著，郭俊鉌譯，《亞洲冷戰與日本復興》（台北：金禾出版社，1992 年），頁 241。

〔註99〕 Russell D. Buhite, *Soviet-American Relations In Asia, 1945~1954*, p. 98. Buhite 認為何以參謀首長聯席會議會做出如此不同於往昔的評估，主要原因有三：（一）國會已通過援助台灣的法案；（二）援助台灣可以牽制對大陸政權鞏固的困難度；（三）如果美國放棄台灣，會造成美國在東南亞圍堵共產主義政策的嚴重不利影響。

〔註100〕 事實上，國會中的中國集團在此時，依然不斷的希望透過種種的立法與援外法案，向杜魯門政府施壓，希望以各種方式援助台灣的國府。例如，1949 年

而著名。在國會中，1949 年底，國會中的諾蘭、塔虎脫以及前總統胡佛曾公開倡議以美國的海軍保衛台灣。〔註 101〕在軍中又以麥克阿瑟將軍最具代表性。〔註102〕麥克阿瑟表示，如果中共佔領台灣將會對美國太平洋安全造成致命性的打擊，即使「日本落入敵手」也不如「台灣落入敵手」的危險。麥克阿瑟提出一個保衛台灣的計劃，就是只要宣佈台灣為「中立區」，不准中共侵入，也不允許國民黨攻擊大陸。台灣問題必須等待局勢穩定後，再支持一個獨立合法的政權。〔註 103〕

「國家安全會議第 48 號文件」與艾奇遜的原本規劃大相逕庭，艾奇遜為了瞭解與說服參謀首長聯席會議，乃在十二月二十九日與參謀首長聯席會議主席布萊德雷，海軍上將雪曼（Forrest Sherman）、陸軍上將柯林斯（J. Lawton Collins）等軍方將領就遠東與台灣問題，舉行了一次會議。會中，柯林斯表示參謀首長聯席會議認為只要對台灣進行少許的支援，台灣的抵抗就能夠持續更久的時間。雪曼則強調保有台灣，可以牽制中共向中南半島的緬甸、泰國以及越南等國的侵略。而布萊德雷則指出台灣的現狀是：（一）國府在大陸的空軍已遷至台灣；（二）在台國府官員降共的趨勢已大為改善；（三）所有證據都顯示，國府的三軍都需要進行補給。故布萊德雷建議，美國有需要派遣

七月，國會要求在「共同防禦援助法案」（Mutual Defense Assistance Act）中，加入第三〇三節，即指定一筆不需要憑證的款項，「在中國一般地區」用於圍堵共產主義。參議員史密斯甚至於 1949 年十月十日公開表示，如果國府能利用共同國防援助法案第三〇三節中的七千五百萬美元，則蔣介石可以保住台灣。值得一提的，如同史密斯所言，中國集團的成員是一種奇異的組合，成員們各有不同的目的。眾議員周以德完全從感情出發；參議員麥卡瑞主要希望透過援助，為西部的產銀區域創造市場；勃魯斯德和布里奇的動機是希望中國的危機能成為 1950 年大選時，兩黨爭鬥的焦點。在史密斯的眼中只有他和諾蘭兩人的動機較為純正。見前引文，頁 227～228。

〔註 101〕Dean Acheson, *Present at the Creation*, p. 350.
〔註102〕自負甚高的麥克阿瑟與此時五角大廈內的諸多要官，雖然存在不少的矛盾，但在台灣的問題上倒是和詹森與參謀首長聯席會議頗為一致。眾所皆知，麥克阿瑟與此時參謀首長聯席會議主席布萊德雷，其他會議成員是沒有多少交集的。在麥克阿瑟的認知，布萊德雷在二戰中是所謂「歐洲第一」主義者，他始終視亞洲為次要的。因此在任何的人力與物資的供給上，都難以和歐洲等量齊觀。同時，在五角大廈之中的軍職人員，他們的資歷皆不如麥克阿瑟，麥帥似乎也不把這些後生晚輩放在眼裡。尤有甚者，在 1949 年，國防部把美國許多在亞洲的兵力調往歐洲，更讓麥克阿瑟大為不滿。Lawrence J. Korb, *The Joint Chiefs of Staff -- The First Twenty-Five Years*, pp. 140~142.
〔註 103〕Michael Schaller 著，郭俊鉌譯，《亞洲冷戰與日本復興》，頁 240～241。

一個調查團前往台灣，評估國府之所需。但艾奇遜則質疑軍方是否已改變不同於往昔對台的策略，他並提出其幾點考慮：（一）台灣已經無可救藥；（二）如果繼續援助台灣，一旦台灣赤化，必然會影響美國在遠東的聲望；（三）援助台灣在政治上會給予蘇聯攻擊美國的口實；（四）美國必須耐心以六至十二年的時間，對待中蘇共的分裂；（五）就算台灣真的赤化，也不能斷言一定會危及到美國的國家安全。

經過艾奇遜的一陣質問，布萊德雷的態度立即有所軟化。〔註104〕他言帶保留的回答：（一）參謀首長聯席會議並沒有改變先前的對台策略（即強調美國應該力求台灣免於赤化，但不建議派遣主力前往台灣）；（二）在十月分軍援台灣的建議，由於缺乏經費而作罷。而十二月二十三日的建議，只是根據「共同防禦援助法案」（Mutual Defense Assistance Act）中第三〇三節所規劃的而已。〔註105〕

最後就如同布萊德雷所言，艾奇遜在這一場對台灣政策的論戰中取得勝利。〔註106〕國家安全會議最後通過國務院的修正建議，成為「國家安全會議第48-1號文件」。十二月三十日，總統親自出席會議，又作成「國家安全會議第48-2號文件」。〔註107〕最後則由杜魯門親自於1950年元月五日，公開申明美國不會對台灣提供軍事援助與顧問工作。

至此，這一次艾奇遜與詹森的角力，至少從行政系統而言，顯然前者又佔上風。不過，中國集團對於艾奇遜等人的不滿與指責有增無減，最後，迫使國務院於1950年三月，撤換遠東司負責人白德華改任魯斯克。並於稍後任命杜勒斯（John F. Dulles）為國務院的高級顧問，來試圖平息國會的反對聲浪。〔註108〕

〔註104〕Warren I. Cohen, "*Acheson, His Advisers and China, 1949~1950*", edited by Dorothy Borg and Waldo Heinrichs, *Uncertain Years -- Chinese-American Relations, 1947~1950*, p. 29.

〔註105〕FRUS, 1949, IX, "Memorandum of Conversation, by the Secretary of State", pp. 463~467.

〔註106〕Omar N. Bradley, *A General's Life*, p. 528.

〔註107〕Michael Schaller 著，郭俊鉌譯，《亞洲冷戰與日本復興》，頁243。國家安全會議第48號文件所涉及的，除了台灣的政策規劃以外，尚包括美國對亞洲其他國家，如日本、琉球以及菲律賓等的定位。

〔註108〕儘管杜勒斯與魯斯克兩人被「臨危授命」網羅至國務院，其後，兩人也在對台政策上提供不少的建議給艾奇遜，例如1950年五月三十日，魯斯克的備忘錄向艾奇遜表示，國際社會現狀已出現不少的變化，所以他強烈建議華府應

第三節　中立台灣（1950年）

一、國務院與軍方對台政策的再激辯（1950年初至韓戰爆發）

1950年是東亞地區轉折的一年，尤其對於台灣而言，更是風起雲湧，峰迴路轉的一年。這其中的最大曲折，史家認為完全改變台灣的命運，就是1950年六月二十五日的韓戰爆發。事實上，美國對台的基本政策在1949年底，可謂是已近「塵埃落定」。1950年的前半年，美國政府只是遵循著既定的政策。即不在台灣建立任何的軍事基地，不對防禦台灣作出何承諾，也不提供進一步援助，這項基本政策一直延續到六月二十五日韓戰爆發為止。〔註109〕韓戰後，參謀首長聯席會議的對台論點才有凌駕國務院的趨勢。

由於韓戰，促使美國的對台政策必須做出一百八十度的「急轉彎」——即從「拋棄」台灣再轉回到要「維護」台灣。從等待塵埃落定，準備從台灣「脫身」，再須必積極介入台海風雲。〔註110〕

1950年元月五日，杜魯門在對華政策聲明中，統表示美國雖然支持開羅宣言，主張台灣要回歸中華民國，但是美國並不準備在台建立任何的基地，也不欲對台灣的中國軍隊，提供任何的軍事援助與諮詢，不過將持續經援。〔註111〕就在杜魯門舉行記者會同一日之前，國務卿艾奇遜亦曾與參議員諾

該修改對台政策，魯斯克的理由是：中蘇共已在1950年二月十四日簽訂條約；北京已經承認胡志明政權等。魯斯克並提出二項選項供華府選擇，其一是說服蔣介石同意聯合國托管，並以美國的第七艦隊保護台灣；其二，把台灣中立化。不過他們的建議在韓戰之前，並未能改變杜魯門與艾奇遜的既定對台政策——放棄台灣，與中共交往的策略。Tomas J. Christensen, *Useful Adversaries: Grand Strategy, Domestic Mobilization, and Sino-American Conflict, 1947~1950*, pp.129~130.

〔註109〕不過美國政府同意經濟援助會在現行的法律授權下繼續進行。

〔註110〕當然亦有學者認為在從1950年至韓戰爆發之前，美國的對台政策從未曾想從台灣脫身，美國還是在執行1949年的政策，即維持台灣以對抗共黨。見June M. Grasso, *Truman's Two-China Policy 1948~1950*, 1987, p. 128.

〔註111〕FRUS, 1950, VI, "Memorandum of Conversation, by the Secretary of State", p. 264.不過杜魯門亦表示美國無意使台灣脫離中國。Robert H. Ferrell, *Truman in the White House: The Diary of Eben A. Ayers*, Columbia, Missouri: University of Missouri Press., p. 336.有學者如格拉索（June M. Grasso）認為杜魯門的此一聲明代表是，美國準備在1950年放棄台灣最清楚的表達。June M. Grasso, *Truman's Two-China Policy 1948~1950*, p. 126.但杜魯門的對華宣示一發表，立即遭到來自國會的圍剿。他們對杜魯門這份準備承認中共，放棄台灣的政策聲明，紛紛表達反對，甚至是威脅的立場。他們威脅杜魯門，如果他不能善

蘭、史密斯兩人會晤，專門商討台灣問題。艾奇遜表示：（一）由於 1949 年十月一日，中共已宣布成立中華人民共和國，故美國有必要重新評估對台政策。艾奇遜強調，任何想透過軍援以協助國府對抗在大陸共黨政權，已經不可能；（二）艾奇遜主張，若純以法律而言，在中國與日本簽定和平條約之前，台灣都不能視為是中國的一部分以及一塊土地；（三）艾奇遜表示，美國有兩種選選，即其一，美國必須透過戰爭以保有台灣，其二就是接受台灣的國民政府即將失敗的事實。不過前者，會冒險在台灣進行一場戰爭，對美國人民是不利的；（四）艾奇遜為了佐證他本人論點合理性，乃趁此機會再搬出參謀首長聯席會議不以軍事涉入台灣的分析，以強化他本人的立場。〔註112〕

對於艾奇遜的對台政策解釋，兩位參議員似乎並不領情。諾蘭嚴屬指責即將由總統宣布的對台政策文件中，不但充滿著失敗主義，也顯示出國務院根本毫無存有對台進行防禦的意圖。史密斯則對美國政府未能就台灣問題，事先知會國會，表達強烈的失望，最後他並且語帶不滿的表示，由於總統的記者會，恐怕在未來，他將改變先前支持兩黨外交政策的態度。〔註113〕

盡他的義務，協助亞洲自由的人民，則將來對歐洲的任何援助，即使是為了維護人類的自由，這些國會成員皆會抵制。參議員諾蘭甚至以美援來威嚇對中共作出承諾的第三國，同時，他也威脅杜魯門將延長與擴大對行政部門的對抗。諾蘭更提醒杜魯門，在參議院中，他所屬的兩個委員會成員，對歐洲復興計劃（European Recovery Program）以及歐洲軍事援助計劃（Military Assistant Program for Europe），具有關鍵性的力量。不過，國會中對於杜魯門總統此一聲明最嚴重的威脅，恐怕是來自范登堡。這位主張兩黨外交政策的參議員，認為行政部門的亞洲策略，已經損害到跨黨派的外交政策，而威脅要放棄與杜魯門政府的外交政策合作關係。Tomas J. Christensen, *Useful Adversaries: Grand Strategy, Domestic Mobilization, and Sino-American Conflict, 1947~1950*, pp.110~111.

〔註112〕FRUS, 1950, VI, "Memorandum of Conversation, by the Secretary of State", pp. 260~262.

〔註113〕Ibid., p. 263. 事實上，在同一天的參議院中諾蘭與史密斯等人就對杜魯門政府展開猛烈的攻擊。諾蘭要求對台灣提供進一步的軍援，並且要改組國務院遠東司，這並導致稍後白德華的去職。同時要求應以麥克阿瑟為美國在遠東政策的協調人。塔虎脫指明，拒絕動用我們的武力阻止共產主義佔領台灣，與我們同意在歐洲防止共產勢力是相互悖離的。麥卡錫也參加此一批鬥的戰局，他批評謝偉志是國務院中，認為共產主義是亞洲唯一的希望的代表人。范登堡則對政府在與國會相關委員會進行討論之前，即對外宣布對台灣問題的結論，表達遺憾之意。見 Tang Tsou, *America's Failure in China, 1945~1950*, Vol. II, p. 532.

對於台灣抱著悲觀態度的人，不僅是艾奇遜而已，也含蓋其他涉台官員。美國中央情報局的看法是，無論那一個國民政府的政權皆無法充分地調整政治與軍事，以便能夠成功地抵抗來自內外的威脅。因此，中央情報局認為中共在1950年的六月至十二月之間，有能力實現攻占台灣的願望。〔註114〕彼時的美國駐華領事館的代辦斯特朗（Robert C. Strong）亦認為中共有可能在六月十五日至七月底出兵台灣。為此，他甚至建議美國應該從台灣做好撤僑與減少領事館人員的準備。〔註115〕

提得一提的，國務院在1950年三月二十八日，以及四月五日，相繼任命魯斯克為新任的遠東司司長，以及杜勒斯為國務院顧問後，國務院似乎對國府呈現出較為正面的看法與友善的態度。〔註116〕例如，當魯斯克一上台，即積極參與中國政策的制定，他試圖努力在對台策略上，作出新的建議。他認為台灣戰略位置的重要性，遠大於其他附近的國家。因為台灣太接近美國的海軍與空軍基地，故絕對不能落入蘇共之手。他曾於四月二十六日向艾奇遜表示如果沒有美國的援助，國府將無法保有台灣，而台灣對於美國防禦東南亞國家，又具有強化的功能。〔註117〕在五月三十日，他甚至向艾奇遜表示，儘管在台灣維持一個堅定的立場，可能會稍微引起戰爭提前產生的危機，但有時候為了世界和平和國家的尊嚴，這種冒險也是必須的。〔註118〕

至於杜勒斯對於台灣的積極程度，也不亞於魯斯克。杜勒斯曾表示，全世界的政府與人民皆極度關注美國是否會與共產主義的戰爭中退卻。如此必將導致地中海、中東、亞洲如日本菲律賓以及印尼等國的淪陷。杜勒斯認為此時最能表達美國對抗共產主義的決心，莫過於捍衛台灣。而如果美國不救台灣，國際社會將會解讀成，因為美國怯戰，而準備從另一個地區撤退，這

〔註114〕 FRUS, 1950, VI, "Memorandum by the Assistant Secretary of State for Far Eastern Affairs (Rusk) to the Secretary of State", p. 330.

〔註115〕 Ibid., "The Charge in China (Strong) to the Secretary of State", p. 340.

〔註116〕 有學者認為艾奇遜之所以會任命魯斯克，主要考量是要減少麥卡錫主義對國務院的負面衝擊。同時，艾奇遜亦是考量到希望建立兩黨外交政治，才同意杜勒斯的上台。而事後也證明，艾奇遜與杜勒斯兩人是互不喜歡。見 Ronald L. McGlothien, *Controlling The Waves -- Dean Acheson and U. S. Foreign Policy in Asia*, p. 116.

〔註117〕 FRUS, 1950, VI, "Memorandum by the Assistant Secretary of State for Far Eastern Affairs (Rusk) to the Secretary of State", pp. 333~335.

〔註118〕 FRUS, 1950, VI, "Memorandum by the Deputy Special Assistant for Intelligence (Howe) to Mr. W. Park Armstrong, Special Assistant to the Secretary of State for Intelligence and Research", p. 350.

種骨牌效應會擴張到地中海、近東以及亞太地區。〔註119〕再者，他們倆人都主張美國應該以美國的海軍力量，先防止中共入侵台灣，然後再交由聯合國託管。〔註120〕此外，魯斯克還提出一個相當新穎的對台政策——中立化台灣（neutralize Formosa）的理念，這對稍後杜魯門的第七艦隊巡防台灣不無影響。〔註121〕

雖然有魯斯克、杜勒斯在此時刻對台灣提出積極的觀點，但仍然無法挽回艾奇遜等人準備從台灣脫身的決心。因為在1950年六月二十四日，韓戰爆發之前，美國方面的普遍看法——尤其是國務院中的艾奇遜等人——是認為台灣恐將淪陷於共黨之手。例如當時在美國國會的一次秘密聽證會上，一位參議員詢問艾奇遜台灣落入共黨之手是否無法避免，艾奇遜的回答是，「我個人的判斷就是如此。」〔註122〕因此，美國不應該也不必要對在台灣的國民政府進行軍事支援，以免陷入泥淖而不能脫身。

但政府其他單位則另有一番思考模式。當魯斯克與杜勒斯想要修正對台政策，以援助台灣之際，〔註123〕國防部同樣也在努力修正對台政策。例如對於國會在第七十九屆公共法第512號，以及國會第八十屆公共法第472號，均通過有關應該援助國府的部分。國防部曾經連續在三月七日、四月十四日，兩度向艾奇遜尋問，國務院執行的進度。〔註124〕

與此同時，參謀首長聯席會議主席布萊德雷，亦於1950年元月二十五日，在參議院外交委員會所舉行的一次秘密聽證會中表示，參謀首長聯席會議成員完全瞭解到台灣如果赤化，會影響到美國在亞太地區的地位。〔註125〕在此聽證會的隔天，參謀首長聯席會議立即建議，華府應該準備一項緊急戰爭計

〔註119〕William W. Stueck, Jr., *The Road to Confrontation -- American Policy toward China and Korea, 1947~1950*, p. 151.
〔註120〕FRUS, 1950, VI, "Memorandum by the Deputy Special Assistant for Intelligence (Howe) to Mr. W. Park Armstrong, Special Assistant to the Secretary of State for Intelligence and Research", pp. 347~351.
〔註121〕Ibid., p. 350.
〔註122〕Walter LaFeber, *American Age* (New York: W. W. Norton & Company Inc., 1989), p. 517.
〔註123〕FRUS, 1950, VI, "The Ambassador in India (Henderson) to the Secretary of State", p. 332.其實在四月，美國駐香港與台北的領事館，即曾電告美國政府應該立即援助國府，使其保有台灣，並能夠牽制中共以武力推向東南亞。
〔註124〕Ibid., "The Secretary of Defense (Johnson) to the Secretary of State", p. 339.
〔註125〕稍後，史密斯參議員也運用此次聽證會中參謀首長聯席會議的證詞，指責總統與艾奇遜在制定對台政策時，漠視參謀首長聯席會議的建議。

劃以避免台灣為蘇聯所赤化。﹝註126﹞參謀首長聯席會議表示，就其近來的觀察發現，在台國軍軍力與效能的提昇，令他們覺得印象非常深刻。

除了參謀首長聯席會議支持國民政府外，另一個支持台灣的聲音就是來自麥克阿瑟。當1949年下半，國府在大陸的軍事已呈節節敗退之際，麥克阿瑟於八月三十日在接受一位美國記者訪問時，曾樂觀的表示，國府不會失敗，因為現今的中共軍力並不比得上當年的日本，而國府既然能夠打敗日本，就有能力擊敗中共。他更提及同意陳納德將軍所言，只要數百萬美元，國府就得扭轉劣勢。﹝註127﹞而當1950年二月，麥克阿瑟於東京會見參謀首長聯席會議成員時，他亦向他們表達應該努力防禦台灣免於赤化。﹝註128﹞

六月十四日，麥克阿瑟將軍撰寫了一份頗為著名的報告，﹝註129﹞對台灣的戰略地位與價值，作出截然不同於艾奇遜的分析。麥克阿瑟從歷史、軍事、地理位置等，強調台灣是美國在西太平洋防線上一個不可缺少的防禦戰略據點，美國一定設法使台灣免於被赤化的命運。﹝註130﹞麥克阿瑟最後建議美國

﹝註126﹞John L. Gaddis, "The Strategic Perspective: The Rise and Fall of the 'Defensive Perimeter' Concept, 1947～1951", edited by Dorothy Borg and Waldo Heinrichs, *Uncertain Years -- Chinese-American Relations, 1947～1950*, pp. 85～86.

﹝註127﹞David M. Finkelstein, *Washington's Taiwan Dilemma, 1949～1950 -- From Abandonment to Salvation*, pp. 223～224.

﹝註128﹞John L. Gaddis, "The Strategic Perspective: The Rise and Fall of the 'Defensive Perimeter' Concept, 1947～1951", p. 86.

﹝註129﹞例如，麥克阿瑟將台灣比做不沈的航空母艦，迄今仍常為世人所引用，就是出自此文件。

﹝註130﹞分析麥克阿瑟此篇報告，約有幾項重點：第一，在中共於1948年秋天席捲中國大陸後，台灣未來的位置對美國的戰略利益，就變得非常重要，因為一旦台灣落入敵人的手中，對美國而言，將是一項嚴重的危機。他強調台灣絕不能落入對美國有潛在性仇恨的敵人手中，以免被敵人用來對付美國。麥克阿瑟接著表示，現今，美國在遠東的指揮線以及西半邊的防禦前線，主要根據從阿留申群島延伸至菲律賓群島的沿海島嶼。第二，台灣是此完整防線的一部分，誰在對陣時擁有它，誰就能在東亞地區具有控制軍事的決定性能力。而一旦戰爭發生，美國就能利用此防線切斷共黨的交通線，並防止或者減少蘇聯運用東亞和東南亞的資源。因此有需要將台灣保留在一個親美或者是中立政權之手中。第三，麥克阿瑟又強調，以台灣的地理位置而言，若是由敵人佔領，必然會大大地牽制日本、琉球以及菲律賓。目前，台灣的空軍以及海軍的基地，是大於亞洲大陸從黃海到馬來海峽之間相類似的基地。台灣與琉球的距離較中國大陸地區約近一百哩，與克拉克空軍基地（Clark Field）、馬尼拉的距離，也較其他區少一百五十哩左右。萬一，敵人得以利用台灣的設施，則它對付琉琉的空中實力，遠較從大陸本土的基地出發，可增加百分之百。而同時，敵人也可以對我方在菲律賓的基地，進行損害性的空中攻

政府應即刻授權遠東司令部，著手調查防止台灣落入共黨的支配所必須要使用的各種手段，如軍事、經濟和政治等。〔註 131〕在這份文件中，麥克阿瑟不忘重提他相當認同參謀首長聯席會議對防禦台灣的戰略分析。麥克阿瑟的意見，也獲得包括布萊德雷在內會議成員的支持。〔註 132〕不過，當韓戰爆發後，麥克阿瑟對台灣的諸多行爲與言論，卻大大抵觸了杜魯門的中立台灣政策，導致杜魯門一度考慮解除麥克阿瑟在韓戰中的職務，也間接促成了國防部長詹森的去職。〔註 133〕

擊。第四，麥克阿瑟指出，從台灣的地理位置與可能做爲潛在性的基地，倘若由敵人佔領，必將對美國在遠東地區的中部與南部戰略防線，受到大大地威脅。他分析説，台灣一旦落入共黨之手，就如同一艘不沈的航空母艦以及潛水艇，可以作爲蘇聯理想的攻擊戰略基地。同時，也可以擊敗美國來自琉球與菲律賓的反攻。中共若允許蘇聯使用台灣，有如增加十到二十艘的航空母艦。第五，從歷史而言，麥克阿瑟指出台灣曾是向南侵略的跳板，最著名的例子是二次世界大戰時，日本利用台灣。1941 年太平洋戰爭爆發之時，台灣扮演一個重要的角色，成爲日本向外侵略的基地。基隆、高雄、澎湖可爲重要港口。總之，台灣在戰時，從日本、琉球經由菲律賓到東南亞的交通與運輸線上，扮演著關鍵的地位。同時台灣的糧食除了自給自足以外，還可以出口到亞洲其他的地區，這有益於協助美國對其他亞洲國家的經濟重建。最後，麥克阿瑟更強調台灣的最終命運全繫於美國。除非美國要放棄在遠東的政治、軍事戰略，否則在可預見的未來，美國應該設法防止共黨統治台灣。FRUS, 1950, VII, pp. 161~165.

〔註 131〕Ibid., p. 165.

〔註 132〕Edward J. Marolda, *The U. S. Navy and Chinese Civil War, 1945~1952*, p. 150.

〔註 133〕Omar N. Bradley, *A General's Life*, pp. 551~552.麥克阿瑟所以遭受到杜魯門與艾奇遜的反對，主要是由於下列諸多因素所造成：其一，韓戰爆發後，麥克阿瑟於七月三十一日訪問台灣，受到國家元首級的接待，這給予世人一種錯誤的認知，即美國已準備和蔣介石作軍事上的密切聯繫，並將協助他反攻大陸。此時，中國集團亦趁機攻擊麥克阿瑟正在拯救那個已被杜魯門與艾奇遜所失去的中國。在此同時，麥克阿瑟向參謀首長聯席會議表示，由於台灣將會受到中共攻擊，他想要派遣一個中隊的空軍 F-80C 戰鬥機前往台灣的意念。其二，彼時，國務院中一位在台的官員給予艾奇遜大量不利於麥克阿瑟的錯誤資訊，導致艾奇遜對於麥克阿瑟大爲不滿。其三，更意外的是，當參謀首長聯席會議居中協調麥克阿瑟與與杜魯門之間的爭執，有所結果之際，麥克阿瑟又對外發表一分相當不利於杜魯門對台政策的言論。此內容被解讀爲是攻擊杜魯門對台政策，採取保守主義的心態。麥克阿瑟認爲那些主張如果對台防禦，將會異化美國與亞洲大陸關係的人士，都是一種過時的姑息與失敗主義。全文透露一種訊息，除了全方位防禦台灣以外，都是不瞭解東方世界的。麥克阿瑟此一論調大大激怒了杜魯門，他氣急敗壞的要求麥克阿瑟立即對外澄清。最後麥克阿瑟雖然對外公布正式取消此一文章，但文章卻已發行到全世界。就因上述諸多的事件，造成杜魯門與麥克阿瑟之間產生嚴重

　　當麥克阿瑟在韓戰爆發前，極力強調台灣戰略重要性之際，國防部對於台灣的關注並也沒有停止。事實上，參謀首長聯席會議對於「國家安全會議第 48-2 號文件」始終耿耿於懷，尤其國務院限制台灣所欲購買的海軍武器項目，令海軍方面顯得頗為不滿。所以在五月一日，海軍作戰司長雪曼（Forrest P. Sherman）曾向參謀首長聯席會議建議，應該要求詹森在國家安全會議會議中，重提以軍事援助台灣對抗共黨的計劃。〔註 134〕1950 年六月十四日，海軍部長金波（Dan A. Kimball）即向詹森部長表示，美國應該根據第七十九屆國會所通過的「公共法第 512 號」，把剩餘物資出售給國府，以便防禦台灣，這才是符合美國的國家利益。〔註 135〕

二、從脫身台灣到中立化台灣

　　當美國正在思索如何才能妥善因應台灣可能會赤化之問題時，〔註 136〕北韓突然在 1950 年六月二十五日攻擊南韓。〔註 137〕此一亞洲的熱戰，不但改變了美國的遠東政策，也改變東亞許多國家的命運。〔註 138〕儘管有不少美國人士反對美國參戰，〔註 139〕不過基於冷戰與圍堵共產主義的戰略考量，杜魯門總統還是於六月二十七日發表聲明：

> 共黨主義攻擊韓國已明白顯示出他們將使用武力入侵獨立的國家，
> 並發動戰爭⋯⋯在此情況下，台灣若由共黨佔領將直接威脅到太平

　　的裂痕，也埋下日後，杜魯門決定把麥克阿瑟解職的種子。

〔註 134〕 *Records of the Joint Chiefs of Staff*, JCS 1966/28, 1 May 1950, Military Aid to Anti-communist Force On Formosa.

〔註 135〕 但詹森與布萊德雷顧慮此項建議不符合國務院的對台政策，而加以否決。Ibid., JCS 1721/56, 19 June 1950, Military Assistance to the Republic of China.

〔註 136〕 根據當時的參謀首長聯席會議主席布萊德雷在韓戰前數個星期曾分析，此刻的台灣對於中共而言，無異已是「唾手可得」（ripe for plucking）。見 Omar N. Bradley, *A General's Life*, p. 534.

〔註 137〕 關於韓戰爆發前後的台灣議題，可參 David M. Finkelstein, *Washington's Taiwan Dilemma, 1949~1950 -- From Abandonment to Salvation*, pp. 263~313; Christensen, Tomas J., *Useful Adversaries: Grand Strategy, Domestic Mobilization, and Sino-American Conflict, 1947~1950*, pp. 138~193.

〔註 138〕 當杜魯門於六月二十七日決定派兵巡防台灣海峽時，一向支持國民政府的參議員 Alexander H.史密斯興奮地表示：「這是一個奇妙的答案，台灣的獲救是上帝的指引。」John Lewis Gaddis, "The Strategic Perspective: The Rise and Fall of the 'Defensive Perimeter' Concept, 1947~1951", p. 90.

〔註 139〕 如布萊德雷既曾指出韓戰是一場「錯誤的時間、錯誤的地點，與錯誤的敵人所發生的錯誤戰爭。」Lawrence J. Korb, *The Joint Chiefs of Staff -- The First Twenty-Five Years*, p. 174.

> 洋地區的安全……據此，我命令第七艦隊阻止任何對台的攻擊。我
> 也要求在台的中國政府停止對大陸的空中與海上的攻擊。台灣未來
> 的地位，必須等待太平洋地區的安定，以及對日和約的簽署，或者
> 由聯合國方可決定。〔註140〕

此一聲明中顯示杜魯門政府將台灣海峽「中立化」，即以第七艦隊防止中共攻擊台灣，以免台灣落入中共之手，但美國也不允許台灣主動挑釁中共。此一中立台灣海峽的策略，乃成為是韓戰爆發後，杜魯門總統與艾奇遜對台政策的基調。〔註141〕質言之，這項策略主要著眼在華府一方面必須承認台灣戰略位置的重要性，可是在另一方面，美國又不願過度支持台灣，給予中共可趁之機。這即是杜魯門所指的，美國最高的國家利益就是要避免捲入一場全面戰爭，也要防止給予他國挑起戰爭的藉口。〔註142〕杜魯門的此一中立台灣的宣布，明顯的鼓舞了軍方，也提振了參謀首長聯席會議主席布萊德雷的士氣。〔註143〕

　　在杜魯門與艾奇遜的認知中，中立化台灣不過這僅是著眼於軍事戰略的理由。但從外交政治層次上分析，蔣介石政權在杜魯門等人的眼中，仍然是一種負擔。他們還是希望將毛澤東「狄托化」，作為對華政策的優先考量，而把台灣放在次要的地位。故不欲與蔣介石政府走得太近，以免破壞他們先前已逐漸定調的脫身台灣，並等待中蘇共決裂的策略。為此所以杜魯門曾拒絕蔣介石派遣三萬三千名國軍前往韓國戰場的提議，也不同意把新任的駐台總領事的地位，提高到大使級。杜魯門更對外一再重申，美國無意佔領台灣，一旦韓戰結束第七艦隊就會立即撤出。同時，艾奇遜也對中共示意，若中共加入韓戰，恐怕會導致後防空虛，可能給予蘇聯可趁之機。〔註144〕

　　儘管杜魯門政府對於中共表達出不少的「善意」，但對中共而言，中立化

〔註140〕Records of the Joint Chiefs of Staff, JCS 1966/34, 26 July 1950, p. 159.

〔註141〕有學者認為，杜魯門此一宣示意味著美國再次直接捲入中國的內戰之中。見 Edward J. Marolda, *The U. S. Navy and Chinese Civil War, 1945~1952*, p. 120.

〔註142〕Omar N. Bradley, *A General's Life*, p. 550.

〔註143〕其實早在韓戰爆發之前，布萊德雷即對美國軍援台灣，表達出正面的意見。例如，當1950年六月十四日，麥克阿瑟將軍建議立即派遣一個軍事團前往台灣，調查國府對抗共產主義攻擊之所需援助時，布萊德雷表示贊同。見 James F. Schnabel and Robert J. Watson, *The History of the Joint Chiefs of Staff -- The Joint Chiefs of Staff and National Policy*, Vol. III, *The Korean War*, (Wilmington, Delaware: Michael Glazier, Inc., 1978), p. 40.

〔註144〕David M. Finkelstein, *Washington's Taiwan Dilemma, 1949~1950 -- From Abandonment to Salvation*, p. 335.

台灣的舉措已造成一定程度的裂痕，並加重中共對美國的敵意。所以毛澤東乃於 1950 年十月八日發出「給中國人民志願軍的命令」，準備參加韓戰。最後在彭德懷的指揮下，中共於十月二十五日投入戰役，與美軍正面交鋒。〔註 145〕至此，美國希望把毛澤東狄托化的策略才告終止。華府也以更積極的態度防禦台灣，例如在 1951 年五月一日，美國同意重新在台建立軍事顧問團等，以免台灣赤化。

而事實上，在參謀首長聯席會議的認知中，無論是韓戰之前，國務院準備從台灣脫身，或者到韓戰爆發後，華府以第七艦隊來維持台灣的中立化，都是過於保守的措施。〔註 146〕而且，在後來參謀首長聯席會議評估裡，也不相信僅憑第七艦隊，即能中立化台灣，並達成防禦台灣的任務。〔註 147〕此外參謀首長聯席會議還是不認為國府具有足夠的戰鬥意志與武器設備，來抵抗中共的入侵。〔註 148〕所以參謀首長聯席會議才會在後來提出許多連主席布萊德雷，都認為是「相當激烈」（rather drastic）的建議，包括：立即提供蔣介石物資援助；派遣軍事調查團；允許國府空軍對大陸進行空中攻擊；破壞大陸港口附近的海域等。〔註 149〕

當韓戰爆發，布萊德雷立即提出幾點意見：（一）如果蘇聯不介入韓戰，則南韓不會淪陷。倘若南韓失守，則美國應該強化台灣的軍力，以防止骨牌效應的發生；〔註 150〕（二）台灣在軍事戰略上的重要性遠遠超過韓國，因為台灣有許多的空軍基地，一旦淪陷將嚴重影響美軍在日本的安全。〔註 151〕最後，他提出一項結論若敵人從台灣攻擊美軍，則美國在菲律賓、琉球等的軍事行動，將遭受嚴重的威脅。〔註 152〕

七月二十七日，參謀首長聯席會議向國防部長提出一份報告，分析美國對台的政策。〔註 153〕他們指出，台灣對美國有戰略上的重要性，如果台灣被

〔註 145〕中共央黨史研究室，《中共黨史大事年表》，頁 239。

〔註 146〕Omar N. Bradley, *A General's Life*, p. 546.

〔註 147〕Ibid., p.547.參謀首長聯席會議考慮到此時大部分的軍艦皆調往韓國戰場，防台的力量就更顯薄弱。

〔註 148〕Ibid., p.547.

〔註 149〕Ibid., pp. 547~548.

〔註 150〕CJCS/1321, 25 June 1950.

〔註 151〕Omar N. Bradley, *A General's Life*, p. 534.

〔註 152〕CJCS/1321, 25 June 1950. Bradley's Memorandum for the President.

〔註 153〕參謀首長聯席會議主要是將韓戰之前，參謀首長聯席會議所提及的台灣戰略，加以綜合整理。此份備忘錄亦包含六月十四日，麥克阿瑟所提的文件。

共黨佔領，對美國的安全將是一項嚴重損害。因此，假如國民政府在台灣能夠持續地成功抵抗共產主義，是有利於美國的軍事利益。所以若從美國全方位的安全考量，一旦未來戰爭延長，美國是可以在台使用軍事力量。〔註154〕

他們預估美國在遠東的軍事發展，會直接衝擊到美國在全世界的地位。他們更進一步表示，如果美國還是持續以被動的方式防禦台灣，必將無法抵擋共黨對台的侵略。因此他們強烈建議，美國應該進一步對台灣提供充分的武力，並給予台灣必須的物資，以便及早強化國府在台的軍事力量，以免台灣落入共黨之手，〔註155〕是以美國政府必須修正現階段禁止對華軍事援助的政策。〔註156〕不過他們也認知到，如果華府欲完成防禦台灣的政策，未來勢必要使用美國的軍事力量。

他們也建議美國政府應該指示麥克阿瑟，派遣一個軍事調查團前往台灣，瞭解台灣如果要抵抗共黨，究竟需要多少的軍事援助，而國務院也可以調查政治上之處理方式。其最後表示，在軍事調查團的建議被接受之後，國防部與國務院可以對麥克阿瑟，提供一個由國務院與國防部所組成的聯合軍事援助團。此團的目的，就是要將軍事調查的結果，轉化成軍事的援助計劃。〔註157〕

七月二十八日，參謀首長聯席會議又向詹森部長提出一份報告，其中包含四項重點：（一）由於中共有能力從大陸載運二十萬部隊到台灣，故其已嚴重危及國民政府的政治與軍事安定，而且可能會引發台灣的軍隊向中共叛降的連鎖反應，最後導致台灣的淪陷；（二）中共已經宣布他們將奪取台灣的企圖心；（三）他們認為第七艦隊的中立化任務，以及防禦台灣的目的，可能會因中共的能力而嚴重受到危害。但如果國民政府能夠防禦台灣，則能解決這項危機；（四）因此，他們建議應該釐清國民政府可以進行防衛性措施，以阻止中共對台澎進行水陸兩棲的攻擊，而此項措施將會包括攻擊大陸近海地區的可能侵台基地。〔註158〕同時，華府也應明白告知國民政府，美國將會強化

〔註154〕*Records of the Joint Chiefs of Staff*, JCS 1966/34, 26 July 1950, p. 151.
〔註155〕Ibid., pp. 159~160.
〔註156〕Ibid., p. 160.
〔註157〕Ibid., p. 161.
〔註158〕其實在七月二十七日，海軍作戰司長給參謀首長聯席會議的備忘錄中即指出，杜魯門的宣示中，已可解釋為允許國府對大陸進行海上與空中的偵察。也同意國民政府在所控制島嶼的沿岸進行防禦性的行動。海軍作戰司長更意有所指主張，為阻止中共攻擊台灣，對於大陸地區可能是攻台的最先集結地

台灣安全。〔註159〕

　　七月二十九日，詹森部長向艾奇遜表示，參謀首長聯席會議的建議已經將七月二十八日的報告文件通知麥克阿瑟，並且取得他的支持。詹森亦表示，他也同意參謀首長聯席會議的主張，並認為從軍事角度而言，援台之事具有急迫性，故他將儘快尋求總統的同意。〔註160〕艾奇遜在二天後的回函中表示，此刻美國政府應儘快增強第七艦隊的實力，以便達成任務。但不管是美國或國民政府，對中國大陸進行防禦性的轟炸，都是相當嚴重的問題。不但在外交上不能接受這種攻擊行為，而且可能會被敵人渲染為是侵略者，並給予中共加入韓戰與攻擊越南合理的藉口。〔註161〕

　　杜魯門與艾奇遜持較保守的態度，他們考量到參謀首長聯席會議的建議影響層面太大，且美國也不願與蔣介石走得太近，更深怕蔣介石以美國的軍援攻擊大陸，會引起中共的反彈，故修正參謀首長聯席會議的建議，同意給予蔣介石軍援，並派遣一個軍事調查團到台灣，但不同意台灣對大陸進行轟炸。〔註162〕

　　由於馬歇爾又在同年九月二十一日，接替詹森為新任的國防部長，加上1950 年十月二十五日，中共已經參與韓戰。參謀首長聯席會議乃在十二月十八向馬歇爾提出有關台灣重要性的報告。從此一文章不難發現，參謀首長聯席會議建議美國政府對台灣應該採取更為主動的戰略，參謀首長聯席會議的看法是：（一）認為國務院建議透過聯合國的安排讓台灣成為非軍事化地區，

　　　　區，應該採取防禦行動。*Records of the Joint Chiefs of Staff*, 1966/36, 27 July 1950, p. 166.關於國府是否可以在大陸地區進行海上與空中的偵察工作，艾奇遜給詹森的答覆是不反對有限度偵察工作，但不要對大陸採取攻擊性的行動。見 FRUS, 1950, VI, p. 404.

〔註159〕 *Records of the Joint Chiefs of Staff*, 1966/35, 28 July 1950, pp. 164~165.在韓戰前，參謀首長聯席會議與前方將領即評估，以現有的第七艦隊兵力，顯然不足以應付隨時會發生的台海軍事危機，所以當韓戰開始，參謀首長聯席會議即以美國所佈署的戰力不足，恐會引起中共蠢動為理由，而提出援助台灣的建議。

〔註160〕 FRUS, 1950, VI, "The Secretary of Defense (Johnson) to the Secretary of State", p. 401.同時，參謀首長聯席會議也告知麥克阿瑟，中共已集結二十萬部隊，四千艘船隻。再加上台灣距離大陸相當近，且美國的有限海軍力量，台灣已到戰爭的危機之中，台灣隨時可能易手。Omar N. Bradley, *A General's Life*, p. 548.

〔註161〕 FRUS, 1950, VI, "The Secretary of Defense (Johnson) to the Secretary of State", pp. 402~404.

〔註162〕 Omar N. Bradley, *A General's Life*, p. 548.

並不符合美國軍事的戰略；（二）中共不可能以和平的方法，解決與美國之間的歧異；（三）以軍事的角度觀察，台灣對美國的重要性是大過於韓國，因為台灣已是美國在亞洲島嶼防衛線上的重要環節。故美國應該支持台灣的軍事行動，以對抗中共；（四）建議一旦無法以外交與經濟手段防禦台灣時，美國可以對台灣作出軍事承諾。〔註 163〕

　　綜合言之，參謀首長聯席會議在考量對華政策時，其切入點是較為單純與直接，純粹是從軍事與國防戰略的角度著眼，他們的思考並不像國務院以及國家安全會議如此的複雜。也就因為其「簡單」的思考，使得他們在處理美國對台政策時，不似文人部門的思維方式，必須顧及未來美國與中共外交關係。質言之，參謀首長聯席會議在軍事戰略考量的前提下，經常提出對國民政府相當有利的建議。這個組織的明顯軍援台灣的論點，不但讓其他人，甚至讓軍方同僚都會興起無限的「想像空間」。例如參謀首長聯席會議主席布萊德雷就認為該會議的成員偏好於軍援國府。國務院官員柯爾（George H. Kerr）也指出，「當國務院走向拋蔣棄台路線時，美國軍方領袖堅持著相反的意見……巴都恩將軍（Hanson Baldwin）代表軍方利益宣稱第七艦隊協防台灣。」〔註 164〕

　　由於外交政策的制定過程中，主要還是由國務院在主導，因此國務院的對台意見始終較軍方佔上風，一直至韓戰爆發後才有所轉變。〔註 165〕至於參謀首長聯席會議在美國對華政策的制定中，所扮演的角色。這可以借用 1949年十二月二十九日，艾奇遜與參謀首長聯席會議主席布萊德雷等軍方將領，探討有關台灣問題時，布萊德雷的回答作為最佳詮譯。布萊德雷向艾奇遜坦承：「政治考量經常必須凌駕於軍事之上，而參謀首長聯席會議所進行的，僅是軍事考量而已，而布萊德雷也同意對台政策，應以政治考量為優先」。〔註 166〕

〔註 163〕*Records of the Joint Chiefs of Staff*, JCS 1966/54, 28 December 1950, pp. 256~260.

〔註 164〕George H. Kerr 著，陳榮成譯，《被出賣的台灣》（台北：前衛出版社，1991年），頁 370。

〔註 165〕Baron, Michael L., *Tug of War: The Battle Over American Policy Toward China, 1946~1949*, p. 294.

〔註 166〕FRUS, 1949, IX, "Memorandum of Conversation, by the Secretary of State", pp. 466~467.此正如同杭亭頓所言，參謀首長聯席會議在制定策略的過程中，必然會受到上層政治人物的態度與行為之影響。所謂受到上層領導人的影響就是政府情境（governmental environment）對參謀首長聯席會議的影響力，會凌駕比較遙遠的國家情境（national environment）之上。但就長期而言，通

　　儘管軍方與國務院的對台政策出現嚴重的落差，甚至是爭執。〔註167〕不過基本上他們都不贊成把美國軍力涉入到台灣。〔註168〕但他們不同意出兵台灣的理由各有不同，例如參謀首長聯席會議是著眼於美國現在的軍力和在全球各地的責任，麥克阿瑟則是強調琉球與菲律賓可以做為美國的重要軍事據

常是後者較具關鍵性。Ibid., pp. 375~376.不過也不僅僅只有參謀首長聯席會議必須面對此一政治考量勝過軍事考量的情境，就連他的頂頭上司——國防部長又何嘗不是身處此困境之中。無怪乎，詹森最後會選擇與杜魯門的政治敵人——國會山莊的議員們結合，一起對付杜魯門，而此一戲劇性的結局，只加速了杜魯門對詹森的不滿，最後以迅雷不及掩耳的速度，命令詹森自動辭職。Omar N. Bradley, *A General's Life*, p. 552.

〔註167〕 Warren I. Cohen, "Acheson and China", p. 25.

〔註168〕 John Lewis Gaddis, "The Strategic Perspective: The Rise and Fall of the 'Defensive Perimeter' Concept, 1947~1951", p. 78.不過對於武力介入，國務院與軍方還是埋下某種伏筆。參謀首長聯席會議主張若有必要美國可在台灣駐紮軍艦，甚至連國務院也認知到為了不讓台灣落入共產之手，在某種狀況下，美國是可以對台灣使用武力，只是要盡量避免是由美國單方面對台動武。FRUS, 1949, IX, "Memorandum by the Acting Secretary of State to President Truman", p. 266.即便是被認為較親台如麥克阿瑟，也再三重覆美國沒有必要在台建立軍事基地。FRUS, 1949, IX, "Memorandum by Mr. Kenneth Krentz to the Director of the Office of Far Eastern Affairs (Butturworth)", p. 317.其實，麥克阿瑟的對台政策，始終和美國的對台政策存在著歧異。在麥克阿瑟的眼中，杜魯門的對台政策是姑息主義與失敗主義。麥克阿瑟和杜魯門與艾奇遜之間的爭執，在韓戰爆發之後，正式浮上檯面，有三個事件可以說明他們之間的矛盾。其一是，麥克阿瑟在七月底前往台灣訪問的途中，曾經電告參謀首長聯席會議，他已準備把三個 F-80C 戰鬥機中隊派駐台灣，這項舉動招致艾奇遜等人的強烈不滿。艾奇遜認為此與美國不承諾以軍事力量，介入台灣的政策是相違背的。最後雖然在參謀首長聯席會議的勸告下，麥克阿瑟打消原意，但已引起杜魯門總統等人的不滿。其二，當麥克阿瑟訪問台灣受到如同國家元首般的招待，乃給予蔣介石一次對外宣傳的最佳機會。趁此麥克阿瑟訪台的效果，國府乃大力向外表示美國已準備和台灣建立緊密的伙伴關係，以便共同對抗遠東的共黨勢力，最後並將協助國府反攻大陸。儘管參謀首長聯席會議認為麥克阿瑟的訪台，只不過是要協助蔣介石防禦台灣，免於落入共黨之手而已。但美國國內的中國集團卻也趁機聲援麥克阿瑟，攻擊杜魯門與艾奇遜。受此雙重的打擊，導致杜魯門總統對麥克阿瑟產生進一步的憤怒。其三、麥克阿瑟於八月在美國對外戰爭退伍軍人協會（Veterans of Foreign Wars）的演講裡，曾傳達出一項反杜魯門政府的訊息。他攻擊杜魯門的對台政策是保守的、不合理的，並且在太平洋地區存有姑息與失敗主義的氣息。在此一演講中，他更表示美國已經準備要將台灣建立成一個軍事基地。杜魯門聞訊後大為震怒，而艾奇遜對麥克阿瑟的不當言論更表現出反對的態度。凡此種種皆造成麥克阿瑟與杜魯門總統之間的嚴重矛盾。Omar N. Bradley, *A General's Life*, pp. 549~551.

點，台灣只要不落入敵人之手即可。而國務院的看法是，軍事介入台灣會導致：（一）引發中國的民族主義；（二）不利於美國利用民族主義來分化中蘇（共）；（三）不利於美國在大陸各地區使館人員與美僑的安全。

其實杜魯門時代的外交政策，主要是由少數幾位杜魯門的親信所掌握，進而形成一個所謂的外交核心。這個核心又以國務卿艾奇遜爲杜魯門總統最重要的策士，而艾奇遜能夠得到杜魯門完全的支持。〔註169〕總之，此時的外交政策，基本上是以政治考量優於軍事考量。其他的行政單位，如國防部等，只是國務院的諮詢單位而已。〔註170〕

尤有甚者，國務院在制定對華政策的過程，不少都是在諮詢軍方意見之前，即已有定見。所以當1948年底，國務院雖一再尋問參謀首長聯席會議有關於台灣在軍事戰略上的意義爲何，其用意只不過是國務院希望替自己已經量身制定的「脫身台灣」大戰略，尋求更爲合理化的藉口。故除了在戰爭時期以外，參謀首長聯席會議如同政策計劃處，只能作爲國務院的一個諮詢單位。〔註171〕參謀首長聯席會議不太可能在美國的對外交關係上化被動爲主動，更不可能凌駕於國務院之上。

〔註169〕Walter LaFeber, *The American Age*, p. 468.
〔註170〕Ibid., p. 465.艾奇遜之所以會受到國會攻擊的主因之一，即是國會部份人士認爲艾奇遜對於共產主義，尤其是亞洲的共產主義，態度不夠強硬所致。
〔註171〕其實外交之決於總統，甚至連國務院也是總統外交政策的諮詢者。

第六章　參謀首長聯席會議與在華軍事顧問團

戰後美國對華援助主要分爲二個項目：一項是經濟援助；另一項是軍事援助。軍事援助的部份又可以細分二類，其一是軍需物資、武器與金錢的援助；其二是美軍在華援助中國軍事的發展。〔註 1〕戰後美軍協助國民政府建軍，則以軍事顧問團爲最著名。而值得注意的是，美國在華的軍事顧問團與參謀首長聯席會議會密切的關係。同時，從美軍顧問團的成立以及在華的運作過程中，又不難得知美國軍方與國務院在對華政策上的不一致，以及中美兩國的軍方皆不滿意對方的表現。本章所要探討的是，戰後美國爲了取代並承續二戰時期對國府的軍事顧問工作，究竟如何思考於中國，建立一個完整的軍事顧問團。

第一節　美國駐華軍事顧問團之源起及其成立過程

二次世界大戰期間，美國在華的政府機關，主要爲外交部門與軍事部門。前者在中美關係中的角色，歷來已有許多的學者專文論述。〔註 2〕後者在美國

〔註 1〕關於美國的經濟援助，以及軍援與武器供應可參考顧維鈞，《顧維鈞回憶錄》，第六冊。

〔註 2〕例如 Herbert Feis, *The China Tangle: The American Effort in China from Pearl Harbor to the Marshall Mission* (New Jersey: Princeton University Press, 1953); Joseph W. Esherick (ed.), *Lost Chance in China: The World War II Dispatches of John S. Service* (New York: Random House, 1974); Michael Schaller, *The U. S. Crusade in China, 1938~1945* (New York: Columbia University Press, 1979); William P. Head, *America's China Sojourn -- America's Foreign Policy and Its*

對華的政策制定過程中，所扮演的角色，以及對美國政府的對華決策過程所產生的作用，則較少學者論及。〔註3〕尤其在戰後，軍事組織如參謀首長聯席會議在對華的軍事援助中均提出過意見，故可藉此來觀察軍方對美國政府所提出的相關建議。本章的重點就是希望藉由參謀首長聯席會議，在成立美國軍事顧問團的案例上，探討軍方如何看待戰後的中國。

　　由於二次大戰的結束，駐在中國的美國軍隊，已逐漸從中國戰場撤退。就如同司徒雷登對國務院所表示的，到日本軍隊完全自華北遣返後，美國在青島的第七艦隊，就不再有繼續駐存的合法性。〔註4〕因此美國政府開始思考，如何建立一個將來可以取代美軍司令部的軍事任務團，繼續執行美國對華的軍事政策，以便維護美國在華的利益。故此事乃成為戰後的數個月內，美國政府關切的焦點。此誠如《中國的糾葛》（The China Tangle）一書的作者赫伯特・費思（Herbert Feis）所分析此階段的對華援助，對美國而言是一個頗為困擾的階段，因為擺在美國面前有兩個互相聯繫的問題：

　　（一）美國政府能否很快結束對國府軍隊的直接援助？此援助應是在擊敗日本和遣返日軍後即行結束的。

　　（二）應該如何幫助蔣介石，改進他的部隊，以使此部隊可承擔中國政府所面臨的軍事任務。〔註5〕

　　而蔣介石在戰後，積極尋求華府軍事援助中，成立軍事顧問團就是其中

　　　　Effects on Sino-American Relations, 1942~1948 (MD: University Press of America, Inc., 1983); Waldo Heinrichs, Threshold to War (New York: Oxford University Press, 1988); Xian-yuan Liu, *A Partnership for Disorder -- China, the United States, and their Polices for the Postwar Disposition of the Japanese Empire* (New York: Cambridge University Press, 1996)；王淇主編，《從中立到結盟：抗戰時期美國對華政策》（廣西：廣西師範大學出版社，1996年）。上述著作大部份皆從外交部門的角度詮釋美國的對外政策。

〔註3〕不過對於特定的美國在華高級軍領，如史迪威（Joseph W. Stilwell）於戰時和中國關係的探討卻非常多，此部份可參考 Theodore H. White, *The Stilwell Papers* (New York: William Sloane, 1948); Barbara W. Tuchman, *Stilwell and the America Experience in China* (New York: Macmillan, 1970)；梁敬錞，《史迪威事件》（台北：台灣商務印書館，1971年）。

〔註4〕FRUS, 1946, X, "The Ambassador in China (Stuart) to the Secretary of State", P. 844.事實上，蔣介石在1945年八月二十四日，即向宋文子表示，在不久之內，美國在華的軍事總部即將撤退。國史館，《蔣中正總統檔案》，《革命文獻・戡亂時期（對美外交——軍事部份）》，第四十四冊，第245條。

〔註5〕Herbert Feis, *The China Tangle: The American Effort in China from Pearl Harbor to the Marshall Mission*, p. 368.

重要的一項。從 1945 年的八月下旬起，蔣介石乃透過宋子文與美國駐華大使赫爾利（Patrick J. Hurley），分別向美國政府遊說，希望美國在華成立一個為期五年的軍事顧問團，以協助、建立以及訓練中國之陸、海、空軍，並指導後勤事務。〔註6〕

1945 年九月十日，赫爾利向國務院報告，蔣介石已致函杜魯門總統，對美國政府表達幾個重要的訊息：（一）在日本完全投降之後，基於維持遠東地區的安定，中美雙方急迫切建立一個緊密的軍事合作關係；（二）為重建中國的軍事組織，美國應該在華成立一個軍事顧問團；（三）此軍事顧問團可以任命魏德邁為團長，因為他充分瞭解中國的軍事概況，而且他的合作精神，贏得中國政府與人民的信賴。〔註7〕

代理國務卿艾奇遜於次日回答赫爾利，表示杜魯門總統原則上已經答應在華成立一個軍事任務團。其次，杜魯門並已訓令魏德邁與在華的海軍准將梅樂斯（Milton E. Miles），必須與參謀首長聯席會議共同商議此事。最後，杜魯門指示，外陸海三部聯絡委員會（State Department-War-Navy Coordinating）要對此事備妥一些建言。〔註8〕

雖然中美雙方都有意成立美國駐華軍事顧問團，但從構想、設置直到最後在中國開始運作，與原先所期待的目標與屬性出現許多的變化與差異。本章探討這些問題之前，將先簡介美國軍駐華事顧問團的三股主要力量，分別是陸軍顧問團（Army Advisory Group）、〔註9〕海軍顧問團（Navy Advisory Group），以及美國在華聯合軍事顧問團（Joint United States Military Army

---

〔註6〕　國史館，《革命文獻·戡亂時期（對美外交——軍事部份）》，第四十四冊，第245 條。任東來，〈1956～1949 年美國駐華軍事顧問團的若干問題〉，收錄於陶文釗、梁碧瑩合編，《美國與近現代中國》（北京：中國社會科學出版社，1996 年），頁 165～167。

〔註7〕　FRUS, 1945, VII, "The Ambassador in China (Hurley) to the Secretary of State", p. 554.

〔註8〕　Ibid., "Memorandum by the Secretary of State to President Truman", P. 548.

〔註9〕　陸軍顧問團又可以分為二個部分，其一是陸軍顧問團，其二是空軍顧問團。前者是要協助中國發展陸軍，以便為戰鬥提供良好的訓練，組織與裝備。不過主要為陸軍總部的建構與功能提供諮詢與協助，並不參與戰鬥部隊，亦不直接涉及總部以下部隊單位的訓練。後者主要是協助中國空軍的現代化，並為美國先前已同意計劃給中國的八又三分之一空軍大隊，提供技術建議。海軍顧問團的工作，主要是協助中國的海軍，能夠在租借法案與「512 號公共法」（Public Law 512）的授權下，順利接收並使用美軍船艦。見 Kenneth W. Condit, *The History of Joint Chiefs of Staff*, 1947~1949, p. 449.

Group to China，即是包括陸、海、空三個顧問單位）。雖然這三個顧問團成立的時間各不相同，法源基礎也不盡一致，〔註 10〕但其成立過程，參謀首長聯席會議均先後以軍事角度的考量，為美國政府提供專業的意見。故分析參謀首長聯席會議對此主題之意見，可以得知其從戰略與戰術上對華之思索與實際之建議。

二次世界大戰期間，在華的美軍司令部（Headquarter, U. S. Forces China Theater），即對中國軍隊有軍事顧問的性質。〔註 11〕日軍投降後不久，駐華大使赫爾利即向國務卿貝爾納斯（James F. Byrnes）發出一份「直接送達總統」的機密電報，〔註 12〕內容主要是針對美國軍事顧問團的成立事宜。赫爾利表示，在他與魏德邁和蔣介石共同構思後，美國軍事任務團的功能有更明確的定義，它包括：

（一）在名稱上

蔣介石較希望使用「美國軍事顧問團」（American Military Advisory Group）這一名詞，更甚於美國軍事任務團（American Military Mission）。

（二）期　限

蔣介石主張軍事顧問團應以五年為限，而在期滿之後，中美雙方可以視情況延長。

（三）功　能

其在中國政府建立現代化的陸軍、海軍與空軍的過程中，給予必要的協助與建議。蔣介石明確地表達渴望接受美國的裝備、策略與技術。蔣並不在乎軍隊數量的多寡，而重視素質。

（四）組　織

1. 軍事顧問團可伴隨著行政管理和戰略計劃團隊。
2. 美國將協助中國所有陸軍、海軍與空軍進行訓練、組織與裝備發展的工作。

〔註 10〕 根據 Kenneth W. Condit 的解釋是國會立法授權海軍顧問團，而陸軍與空軍則缺乏類似的法源。見 Kenneth W. Condit, *The History of Joint Chiefs of Staff Vol. II, 1947~1949*, p. 450.

〔註 11〕 Ibid., p. 448.

〔註 12〕 FRUS, 1945, VII, "Memorandum by the Chief of the Division of Chinese Affairs (Vincent) to the Under Secretary of State (Acheson)", p. 550.

3. 有關中國後勤單位對三軍的供給、運輸之訓練、組織與裝備工作，美
國將給予協助與建議。〔註13〕

　　對於這一封機密信函的內容，立即透過貝爾納斯呈遞給杜魯門，貝爾納
斯在權衡得失後，建議總統應儘可能滿足蔣介石的要求。不過貝爾納斯也強
調，現行的美國法令並不允許對外派遣一個五年的任務團。因爲根據美國法
第十章第五二四條，美國政府可以在「戰爭或者國家宣布緊急狀況」下，對
外派駐軍事代表團。由於目前這二種情況皆尚未結束，因此，美國尚可派軍
事團到中國。但爲未雨綢繆之計，貝爾納斯也建議在此法令失效之前，尋求
必要的法源基礎，以便軍事顧問團能繼續存在下去。〔註14〕

　　比較起來，國務院系統對於軍事代表團的設立始終抱著消極的態度。例
如國務院遠東司司長范宣德曾向副國務卿艾奇遜表示，他並不反對派遣軍事
顧問團前往中國，但派遣現役軍人則是不智的，因爲派遣現役軍人代表著與
美國政府有正式的關係。〔註15〕所以范宣德主張軍事顧問團應以退伍軍人爲
主，如同陳納德將軍服務於中國的情況。使軍事顧問團屬於中國的組織，接
受中國政府的補助，並與美國政府沒有任何正式的關係。〔註16〕而爲免落人
口實，范宣德更反對此團擁有太大的規模，也不贊同顧問團分佈到中國的各
別軍種當中。〔註17〕

〔註13〕 Ibid., "The Ambassador in China (Hurley) to the Secretary of State", pp. 546~547.
〔註14〕 Ibid., "Memorandum by the Secretary of State to President Truman", pp. 547~548.
〔註15〕 根據宋子文的觀察，對於美國派遣軍事顧問團一事，陸海軍兩者均抱持贊成
的態度，而國務院則抱持保留的態度，主張應由中國自組顧問團，但可以聘
請美國若干軍官參加。國史館，《蔣中正總統檔案》，《特交檔案‧軍事顧問》，
第 720 號。其後，參謀首長聯席會議爲了解釋軍方的立場，並消除國務院的
疑慮，乃在 1945 年十一月，向國務院表示：（一）軍事顧問團與總統的對華
政策是完全一致的；（二）軍事顧問團絕不能參與中國的內戰，而且會保持中
立；（三）一旦國民政府有問題，顧問工作立即停止活動。國史館，《革命文
獻‧戡亂時期（對美外交——軍事部份）》，第四十四冊，第 265 號。
〔註16〕 蔣介石對於此一軍事顧問團有二項規劃，一是顧問團的成員由美國主動派
遣；二是經費亦由華府支出，不過杜魯門政府卻拒絕國府的此一提議。最後
國府同意比照二次世界大戰之前，聘請德國軍事顧問的模式，人員與經費皆
由國府主動邀請與支出。國史館，《革命文獻‧戡亂時期（對美外交——軍事
部份）》，第四十四冊，第 254、255、259 號，《特交檔案‧軍事顧問》，第 720
號。
〔註17〕 FRUS, 1945, VII, "Memorandum by the Chief of the Division of Chinese Affairs
(Vincent) to the Under Secretary of State (Acheson)", pp. 550~551.

　　國務院系統面對軍事顧問團，所抱持的態度是把顧問團從「主動化為被動，積極化為消極，正式化為非正式」，並儘量將之極小化，此成為它的基本立場。而此意見經常出現於有關日後軍事顧問團成立之討論。例如在 1945 年九月七日，杜魯門、艾奇遜和宋子文於華府商討軍事顧問團成立事宜時，艾奇遜建議顧問團乃是應中國政府要求而派駐的，並且是由中國所主導，而顧問團亦只向中國政府負責。顯然此時杜魯門已受到艾奇遜的影響，並謂全體美國人民皆願意協助中國，但要防止落人口實並避免不必要的困擾。〔註 18〕

　　九月十三日，杜魯門透過艾奇遜訓令赫爾利致函蔣介石，表示已知要求派遣軍事顧問團之事，而此事他亦已和宋子文商談過，並保證美國將會派遣一個軍事顧問團到中國，此團的性質與規模目前尚在研議當中，不過應是由中國主動要求成立的。〔註 19〕九月十四日，杜魯門再度向宋子文口頭承諾此事。〔註 20〕

　　另一個與國務院和軍方同樣關注美國對華軍事援助的單位，就是外陸海三部聯絡委員會。該委員會在同年十月二十二日的一項評估中，主張華府應該給予國府必要的軍事援助，並要求參謀首長聯席會議儘速作出評估報告以供參酌。外陸海三部聯絡委員會的論點是，美國在遠東的政策是要保護美國及其領土的安全，並維持國際間的和平。如想要達成這些目標，華府必須協助中國建立一個友善、統一、獨立，並且是一個穩定的政府。而欲達成穩定中國的目的，則中國的力量需要進一步的強化。故美國應該對中國軍隊提供必要的諮詢與建言，以協助軍隊現代化。為此乃要求參謀首長聯席會議應該根據上述美國對華政策的目標，就有關中國軍事的需要，提供必要的評估給外陸海三部聯絡委員會、陸軍與海軍部長。〔註 21〕

　　就在外陸海三部聯絡委員會的指示下，參謀首長聯席會議在十月二十二日，提出一份名為「美國對華軍事顧問團」的報告。該報告主要有三個重點：

〔註 18〕Ibid., "Memorandum of Conversation, by the Acting Secretary of State", pp. 551~552.杜魯門在此次會議上，也對宋子文表達願意成立軍事顧問團，協助中國。並會要求外陸海三部聯絡委員會加速研究此事的可能性。

〔註 19〕Ibid., " The Acting Secretary of State to the Ambassador in China (Hurley)", p. 557.

〔註 20〕Ibid., "Memorandum by the Secretary of Acting State to President Truman", p. 561, note，國史館，《革命文獻‧戡亂時期（對美外交──軍事部份）》，第四十四冊，第 254、255 號。

〔註 21〕FRUS, 1945, VII, "Report by the State-War-Navy Coordinating Committee", pp. 583~585.

　　（一）參謀首長聯席會議不但認為有必要成立美軍顧問團，而且應該及早成立，以便對中國政府的軍力發展提供協助與建議。而軍事顧問團之成立，除了可以配合經濟援助、政治援助，有助於完成美國的對華目標外，還可以阻止中國尋求其他國家的軍事支援。〔註22〕

　　（二）就軍事顧問團的法源而言，參謀首長聯席會議認為雖然「總統戰爭權力法」（President's War Powers Act）允許總統可以派遣軍事顧問團前往中國，不過在和平期間，仍需要國會立法以作為成立軍事顧問團依據的法源。故建議由陸軍與海軍共同草擬此一軍事團所需要的法源。

　　（三）參謀首長聯席會議在報告中，規劃出駐華軍事顧問團的具體內容。該報告巨細靡遺的程度，小從要求進口至中國軍需品的免稅，無限制的使用美國軍方與政府的通信設備與密碼系統，〔註23〕以迄軍事顧問團的任務、名稱、人數、權利、組織與功能、期限等都清楚的規劃出來。

　　對於參謀首長聯席會議的報告，反對最力者應以主掌遠東司的范宣德為代表。范宣德在同年的十一月十二日，上呈一份備忘錄給國務卿貝爾納斯，強調參謀首長聯席會議所規劃的對華軍事顧問團，影響相當深遠。〔註24〕因若仔細考慮此團的規模與性質，以及所要求的權利，和參謀首長聯席會議所評估軍事顧問團的目標，即不啻使中國軍隊淪為半殖民地位，同時美國也將成為中國的保護國。〔註25〕

　　范宣德強調華府的遠東目標，是要維護美國的安全與利益，以及此地區國家的和平。並且能夠創造一個良好的政治氣氛，以便美國可以與此地區的國家，建立互惠的關係。為達成這些目標，中國必須是一個友善、統一與獨立的國家。但范宣德指出軍事顧問團的內容，與上述美國的目標似乎是相違背的。范宣德更意有所指的表示，若華府派遣軍事顧問團到中國，僅是要討好蔣介石，或者是畏懼他國會捷足先登，此顯然是不智的。他更強調此種顧

〔註22〕Ibid., "Report by the Joint Chiefs of Staff", p. 591.

〔註23〕Ibid., p. 597.

〔註24〕事實上，就如同范宣德所稱派遣軍事顧問團，茲事體大不可不慎。所以外陸海三部聯絡委員會已決定此軍事顧問團的實行必須延後，以謀更周延的考量。范宣德也在備忘錄中特別提醒貝爾納斯，早在九月十四日，杜魯門總統即對宋子文表示，原則上美國將會派遣軍事顧問團到中國，但他也對宋子文明白指出軍事援助不會用來協助中國國內同胞間的相互殘殺，亦不會支持一個不民主的政府。Ibid., "Memorandum by the Director of the Office of Far Eastern Affairs (Vincent) to the Secretary of State", pp. 614~615.

〔註25〕Ibid., p. 615.

問團的派遣，不但會造成美國在政治與外交上的困擾，並會損害美國在中國的軍事利益。〔註26〕

范宣德之所以反對美國派遣軍事顧問團，主因之一是他不信任蔣介石。范宣德在備忘錄中指出，蔣介石通常喜歡以軍事手段解決內部困境的問題。故美國的軍事協助，恐怕只會鼓勵蔣介石在面對統一時，捨棄和平的途徑，繼續使用武力解決的老方法。〔註27〕范宣德建議將把顧問團的規模做適度的修正，並等到美國在華司令部完全撤退之後再成立。因為美國在華司令部過去已經涉入戰爭行動，而顧問團的任務則是以訓練為主，故兩者不宜在同時間派駐到中國，以免令人對其功能產生混淆。〔註28〕

范宣德最後結論是，美國應該避免涉入中國內戰，因為這對美國有害無利。而若不調整現行顧問團的規模，勢必會把美國捲入中國的政治與軍事內戰之中。另外，范宣德也建議國務院要把顧問團的細節內容告知國會，以與國會商議對顧問團的立法。〔註29〕

歸納范宣德的備忘錄，其重點有二：

（一）不同意派遣美國軍事顧問團到中國。因為此不但會造成美國在政治與外交上的困擾，更可能會把美國捲入中國內戰中。

（二）倘若美國政府最後還是決定要派遣此一顧問團，則應該嚴格界定此團的規模，並將其員額最小化。

總之，參謀首長聯席會議在 1945 年十月，所計劃的美國對華軍事顧問

〔註26〕 Ibid., p. 616.

〔註27〕 Ibid., pp. 616~617.

〔註28〕 Ibid., p. 617.

〔註29〕 Ibid., p. 617.根據任東來的研究，戰後美國政府曾經於1946年向國會提出兩項法案，以作為軍事顧問團之法源基礎。其一是所謂的「軍事使華團法案」（The Military Mission Bill）；其二是「援華法案」（The China Aid Bill），時稱「美國軍事援華法案」。前者主要是授權美國政府在和平時期可向外國政府派遣軍事顧問團，後者則是針對美國對華的租借援助到期後，能夠進一步提供軍事物資和軍事顧問。但前者由於國會來不及審查；後者行政部門主動要求國會擱置，所以兩者在此年均未能獲得國會的同意。見任東來，〈1949～1956年美國駐華軍事顧問團的若干問題〉。不過，參眾兩院則於 1948 年四月四日立法通過「1948 年中國援助法案」（China Aid Act of 1948），同意給予國民政府四億六千三百萬美元的援助（這其中包括三億三千八百萬的經濟援助，以及一億二千五百萬由總統同意的特別援助款，所謂的特別援助款，國府則要求將之作為購買軍需品。而直到 1949 年四月二日為止，實際運用到中國的數額，共計四億美元）。Kenneth W. Condit, *The History of Joint Chiefs of Staff, 1947~1949*, p. 446.

團，雖然受到范宣德的反對，但美軍顧問團已經是中美兩國政府間的共識。姑且不論後來軍事顧問團的效果是否如事先所預期的，但歷經波折與修改後終於成立，該軍事顧問團的雛形仍是以 1945 年參謀首長聯席會議所設計的藍圖爲準。

第二節　美國在華司令部的撤離

軍事顧問團的成立，其實和戰後美軍必須撤離，有著密切的關係。在日本宣布投降之後，還有蘇聯與美國的部隊駐紮在中國。其原本之目的是爲協助中國對抗日本，但在戰後，這個理由已經失去正當性與合法性，所以在 1945 年十二月十六～二十六日，美英蘇三國的莫斯科外長會議上，對此問題加以討論。〔註30〕

雙方針鋒相對的焦點，在於究竟何時美蘇兩國可以撤退自己在中國的軍隊。就蘇聯而言，它要求美蘇應該儘早從中國境內撤退，而且時間應該定在 1946 年元月中旬。〔註31〕蘇聯表示根據與中國政府的約定，蘇聯已準備在 1945 年十一月開始從南滿撤軍，但依中國政府所請，又決定將撤軍期限延後一個月。〔註32〕

〔註30〕根據 1945 年二月美英蘇雅爾達會議所達成的共識，三國須於日後每三至四個月定期舉行一次三國外長會議。依此協定，三國繼舊金山、波茨坦以及倫敦會議，乃於 1945 年底決定在莫斯科召開三國外長會議。本次會議三國的討論事項，根據美國事先的規劃，主要焦點將包括遠東問題、韓國的獨立、原子彈的控制、羅馬尼亞與保加利亞政府的承認，在華日軍的遣返，以及東北主權移交給中國政府等八項議題。而這其中在討論中國議題上，又涉及一個相當敏感的問題，即美蘇兩國在華的軍隊如何解決。如果美國要從華北撤軍，這必然涉及到當時英國也需要從希臘撤軍，此勢將導致問題的複雜化。因此，國務卿貝爾納斯希望透過非正式的管道，交換除了日本與德國外，將從所有獨立的國家撤軍。不過貝爾納斯的主張，並無法說服蘇聯外長莫洛托夫，他一再質疑英國不願意從希臘撤軍，同時美國也拒絕與蘇聯討論從中國撤軍的問題。貝爾納斯對此極力加以否認，並強調他亦樂意探討此一議題。據此，莫洛托夫則順勢表示主張在議程上應該加入二項，其一爲英國從希臘撤軍；其二爲美國從中國撤軍。FRUS, 1945, VII, "The Secretary of State to the Ambassador in the Soviet Union (Harriman)", pp. 832, 636.

〔註31〕Ibid., "Memorandum by the Soviet Delegation at the Moscow Conference of Foreign Ministers", p. 845.

〔註32〕美蘇雙方在十二月二十三日的會議中，就有關中國駐軍問題，展開一場激烈的論辯。蘇聯在會議中首先發難，杜魯門總統與貝爾納斯國務卿已分別在十

貝爾納斯反對蘇聯從中國境內撤軍期限的要求，因為美國反對在瞭解遣返日軍所需時間之前，就預設一個撤退的時限，而如果要美國於元月撤軍，則依照美國每天僅能遣返三千名日軍計算，屆時恐怕將還有超過二十萬的日軍部隊留在華北。同時貝爾納斯也重述華府也無意干涉中國事務，所以美國在華的海軍陸戰隊不會進入中國內地，免介入國共兩黨的對抗。

美國政府對於在華美軍如何規劃應該一敘。1945 年十一月二日，陸軍參謀長，也是參謀首長聯席會議成員之一的馬歇爾曾詢問在華美軍司令魏德邁，有關美國在華的海軍陸戰隊最早可以於何時撤退。〔註33〕

魏德邁主張撤軍行動應於十一月十五日開始，因為現在由陸戰隊所佔領的地區，國軍屆時已經可以負起接管的責任。尤其是如果國軍第八軍能夠協助登陸青島，則代表國軍已有實力掌握原本由陸戰隊佔領的重要據點，如此給予陸戰隊撤軍正當化的理由。〔註34〕其後在十一月十四日以及十六日，魏德邁還是在強調要立即撤出陸戰隊。〔註35〕魏德邁甚至表示，一般人擔心美軍撤離會造成中國的內戰，但據他所觀察，就算陸戰隊不撤出，華北局勢仍有可能發生內戰。〔註36〕

在十一月二十日，魏德邁又向參謀首長聯席會議，發出一份機密的急電。魏德邁在電文中表示，如果美國部隊繼留在中國戰區，特別是在北方，將不可避免地捲入互相殘殺的戰爭，並可能陷入對蘇聯政府的一種緊張、危險的情勢。為此，魏德邁建議華府，應該儘早調走在中國戰區的全部美國軍隊，

一月十五、十六日分別聲明，美軍駐華將視協助中國完全清除日本的影響力，以及穩定中國內部局勢而定。而他們並沒有指出確切的撤軍日期。不過蘇聯代表又指出，華北的日軍正在入加國民政府的部隊之中，以對抗非政府軍隊，日軍已涉入中國的內部鬥爭之中。而如果外國勢力再干涉中國的內政，必然會加劇中國內部政治的惡化。而且根據麥克阿瑟的一號指令，日軍的繳械也應由中國政府自行為之，不可假手他人。為此，蘇聯主張美蘇兩國均不可介入中國的內政事務，以及從中國撤軍的立場。Ibid., pp. 844~845.

〔註33〕Ibid., "The Commanding General, United States Forces, China Theater (Wedemeyer), to the Chief of Staff, United States Army (Marshall)", p. 601.關於魏德邁如何建議撤離美軍，可參考王成勉，〈馬歇爾使華訓令之檢討〉，《近代中國》雙月刊（台北：近代中國出版社，1997 年），一二〇期，頁 110～129。

〔註34〕FRUS, 1945, VII, "The Commanding General, United States Forces, China Theater (Wedemeyer), to the Chief of Staff, United States Army (Marshall)", pp. 603~604.

〔註35〕Ibid., "The Commanding General, United States Forces, China Theater (Wedemeyer), to the Chief of Staff, United States Army (Marshall)", pp. 627, 636.

〔註36〕Ibid., p. 628.

包括陸戰隊。〔註37〕

可是參謀首長聯席會議對此卻有不同的意見，他們認為在軍事顧問團成立之前，美軍在華司令部不宜撤退。同時陸戰隊撤退的問題，應由外陸海三部聯絡委員會進行政治考量，而在國務院的觀點尚未確定之前，陸戰隊也不可展開撤軍行動。〔註38〕

十一月十三日，外陸海三部聯絡委員會給予國務卿的一分備忘錄，傳達參謀首長聯席會議對撤軍問題的三點看法：（一）他們懷疑遣返日軍工作能否如期完成；（二）質疑國民政府能否完全控制東北；（三）為了解決上述二點質疑，他們建議國務院必須從政治的角度，再重新考量，以維持此地區的安定。〔註39〕

參謀首長聯席會議的一貫主張，還是反對在美軍顧問團成立之前撤出在華司令部，最後，參謀首長聯席會議提出質問，究竟以政治觀點而言，國務院是主張要在十一月十五日，即開始撤出陸戰隊，還是要等待態勢進一步明朗化後才進行撤軍？

十一月十九日，范宣德對於美軍在華的局勢提出了四項建議：（一）陸戰隊從華北撤軍，並撤出美軍司令部；（二）陸戰隊依舊留在華北，同時在華司令部的任務也不改變；（三）擴大司令部的任務，以便協助國民政府穩定華北與東北局勢；（四）擴大司令部的任務，以協助國民政府加速日軍的投降、復員與遣返工作。雖然范宣德提出四項建議，不過他根據魏德邁的看法，認為美軍已經協助國軍完成遣返日軍的工作，且為了避免涉入中國內戰，所以主張應全部從華北撤離。〔註40〕

〔註37〕艾勒爾（Keith E. Eiler）著，王曉寒、翟國瑾譯，《魏德邁論戰爭與和平》（台北：正中出版社，1989 年再版），頁 220～221。儘管魏德邁建議美國立即從中國撤軍，不過他也主張華府對美國在華軍事顧問團的計劃與安排，應該繼續進行。同時也要對現時美國所承認的中國政府，繼續提供並增加經濟援助。前引文，頁 221、226。其後，在十一月二十六日，魏德邁向艾森豪又增加一項建議，即美國應該儘速協助國軍在中國關鍵地區的佈署。FRUS, 1945, VII, "The Commanding General, United States Forces, China Theater (Wedemeyer), to the Chief of Staff, United States Army (Marshall)", p. 684.

〔註38〕FRUS, 1945, VII, "The Chief of Staff to the Commanding General, United States Forces, China Theater (Wedemeyer)", p. 611.

〔註39〕Ibid., "Memorandum by the Acting Chairman of the State-War-Navy Coordinating Committee (Mattthews) to the Secretary of State", p. 620.

〔註40〕Ibid., "Memorandum by the Director of the Office of Far Eastern Affairs (Vincent)", pp. 639~640.

　　十一月二十日，新任陸軍參謀長艾森豪通知魏德邁，國務卿貝爾納斯主張，假如陸戰隊能夠在日軍繳械與遣返上，扮演一個有效的角色，則陸戰隊應該暫時留在華北。不過國務院協助日軍從華北遣返，難免會間接有利於國民政府對抗中共。但如果現在就從中國撤軍，將意味著這是對美國長期所支持一項政策的挫敗，即由中國軍隊統一中國與東北。〔註 41〕

　　由於參謀首長聯席會議指示在華司令部的裝備、指揮與行動，除了重慶、南京、上海之外，應該在十二月三十一日就要結束。故魏德邁在十一月二十六日向艾森豪表示，如果一定要等到把日軍遣返完畢，美軍才可以撤出中國，則至少會拖延一年以上的時間。〔註 42〕

　　在三國外長會議期間，美國駐俄大使哈里曼（W. Averell Harriman）亦就有關在華美軍的問題，向國務卿貝爾納斯強調在華的美軍，不但無法促進中國的和平統一，反倒會激化國民政府與反對勢力的對立。哈里曼強調相較於蘇軍在東北，美軍如果留在華北，其正當性與合法性更是不足的。〔註 43〕

　　此時，軍方與國務院方面也不斷向杜魯門反應，提出可能的撤軍日期，在 1946 年二月二十三日，馬歇爾從重慶向陸軍參謀長艾森豪表示，魏德邁建議美軍在華司令部應於五月一日撤退，而其後的任務暫時由軍事顧問團與第七艦隊負責。馬歇爾則表示，除了少數必要的警衛人員以及任務之外，陸戰隊應於四月一日開始撤退。〔註 44〕稍後國務卿貝爾納斯告知馬歇爾，由於受到蘇聯將宣布在元月十五日會從東北撤軍的壓力，美國必須儘早訂定撤退的日期，不過以配合馬歇爾的使華任務需要，為主要考量。〔註 45〕不過馬歇爾稍後電示魏德邁，撤退日期可以從原訂七月一日再提前，主要原因是想解決蘇聯在東北駐軍所引發的糾紛。

　　魏德邁也建議當司令部撤退後，其連絡工作，可以透過上海指揮部（Shanghai Station Command）執行這些任務。除了原先所下達的補給運送外，

〔註 41〕 Ibid., "The Chief of Staff, United States Army (Eisenhower), to the Commanding General, United States Forces, China Theater (Wedemeyer)", pp. 644~645.

〔註 42〕 Ibid., "The Commanding General, United States Forces, China Theater (Wedemeyer) to the Chief of Staff, United States Army (Eisenhower)", pp. 681~682.不過若依照外陸海三部聯絡委員會的說法則是，陸軍部與參謀首長聯席會議並沒有明確表達應於何時撤出在華司令部。Ibid., p. 624.

〔註 43〕 Ibid., "The Ambassador in the Soviet Union (Harriman) to the Secretary of State", pp. 702~704.

〔註 44〕 FRUS, 1946, X, "General Marshall to the Chief of Staff (Eisenhower)", p. 849.

〔註 45〕 Ibid., "The Secretary of State to General Marshall", p. 849.

對中國陸軍的所有後勤協助，將在 1946 年五月一日停止。同時對於中國空軍的後勤支援也須逐漸減少，並於同年六月三十日完成結束。

至於艾森豪質問撤軍的好處，魏德邁提出兩個理由：第一，針對蔣介石。他表示蔣介石對美軍撤退所可能產生的負面反應，是不難解決的。因為只要馬歇爾能夠說服蔣介石，一旦美軍司令部撤退，必然會加速蘇聯從東北撤軍的速度。同時，蔣介石如果能夠確信，雖然司令部的撤退，但美軍依舊會完成現行的計劃，則蔣介石沒有理由反對美軍司令部的撤退。魏德邁強調應該要儘早促成東北蘇軍的撤離，而美軍司令部的撤退，可以強化蔣介石壓迫蘇軍離開東北。第二，魏德邁認為以美國的利益著眼，從中國撤出執行與後勤的支援，可以節省許多人力與物力資源。〔註 46〕

同一天，國務院遠東司長范宣德向貝爾納斯建議，等馬歇爾返回華府之後，應該就在華司令部復員與陸戰隊撤離中國的日期，再次與馬歇爾磋商，同時也必須諮詢陸軍部的意見。范宣德也主張司令部撤退後，原先對華的承諾，如軍隊的轉移，後勤支援，可由在華的海軍接手。但不可考慮由美軍顧問團轄下的中國指揮部（China Station Command），或者由東京的麥克阿瑟總部接手。因為前者的性質不適合進行執行的工作，同時也可能引發人們對於美軍撤退意向的懷疑。而後者則是不切實際。〔註 47〕

雖然魏德邁開始規劃撤軍作業，但遲遲未收到參謀首長聯席會議的授權。〔註 48〕一直到三月二十六日，參謀首長聯席會議才同意魏德邁的司令部在五月一日撤退，而其遺留下的任務，如果涉及到陸軍部的權責，可以交由

〔註 46〕Ibid., "Lieutenant General Albert C. Wedemeyer to the Chief of Staff (Eisenhower)", pp. 850~853.

〔註 47〕Ibid., "Memorandum by the Director of the Office Far Eastern Affairs (Vincent) to the Secretary of Staff", p. 854.

〔註 48〕魏德邁同意 1946 年五月一日的撤軍，乃是根據政治的考量，而不是因為任務達成的結果，因為它會改善蘇聯對於美軍從中國撤退的觀念。不過魏德邁另一方面也建議，如果獲得參謀首長聯席會議的同意，馬歇爾可以對貝爾納斯提出以下的建議：美軍在華司令部將在 1946 年五月一日撤退。撤退後所剩下的美軍（海軍除外）將會處置剩餘的物資，並協助中國政府完成日軍遣返的工作，而且會參與北平軍調部的執行工作。美軍在華的撤退人數會達六萬人，佔總數百分之九十。陸戰隊亦會減少二萬人，並逐漸從中國撤出。見 Ibid., "Lieutenant General Albert C. Wedemeyer to the Chief of Staff (Eisenhower)", p. 858.魏德邁的建議即刻得到馬歇爾的認同，在三月二十六日，馬歇爾乃致書貝爾納斯，表達魏德邁撤軍的建議。見 Ibid., "Memorandum by General Marshall to the Secretary of State", p. 859.

美國駐華陸軍司令（Command General, U. S. Army Forces in China, USAF）接手。〔註49〕至於美國海軍陸戰隊，則交由第七艦隊負責。〔註50〕

至此，軍方對美軍在華司令部的復員日期，已達成共識，至於相關的配套措施，基本上也是根據魏德邁的建議進行。〔註51〕於是美軍在華司令部乃在五月一日如期展開撤退工作。

第三節　1946～1948 年的美軍顧問團

1946 年是設立美軍顧問團的關鍵年，顧問團的成立所以具有急迫性，是因為它必須取代美軍在華司令部的在華任務。但經過戰後至 1945 年底的討論，軍方與國務院對軍事顧問團的性質，仍然未達成共識，此問題一直延續至 1946 年。

〔註49〕 Ibid., p. 859.對於參謀首長聯席會議同意於五月一日撤軍，魏德邁在四月三日曾給予參謀首長聯席會議一份報告。在報告中，魏德邁對於撤軍後所遺留下的相關職權，表示可以分派給美國駐華陸軍司令（USAF），以及第七艦隊司令所控制的陸戰隊。

前者的任務包括：（一）協助北平軍調部；（二）建立美國陸軍顧問團；（三）協助國府收復包括東北在內的日本佔領區；（四）協助國府遣返韓國與日本人員；（五）協助中國失蹤與陣亡人數調查的計劃；（六）對於中國空軍的後勤，給予有限度的支援，不過將在 1946 年六月三十日前結束；（七）聯繫中國最高統帥，以便讓麥克阿帥將軍完成中國航空圖的計劃；（八）對於空中的運輸指揮、陸軍空中交通系統，以及陸軍的通信網路進行有限度的行政協助；（九）戰犯的審判。

至於第七艦隊司令控制下的陸戰隊任務則有：（一）在華北地區維持下列的駐軍：(1)平津以及附近港口；(2)青島；（二）對於北平軍調部提供後勤支援，直到美國駐華陸軍接手為止；（三）協助 USAF 完成遣返韓國與日本人員的任務；（四）統合由國軍的陸戰隊接手華北的防衛工作；（五）陸戰將不會執行對於可能違反美國對華政策——即不支持內戰的原則——的行動，但也不會阻止在華司令對美國人的生命財產，採取必要的保護行動；（六）規劃撤出陸戰隊，並執行參謀首長聯席會議的指令。

見 Ibid., "Lieutenant General Albert C. Wedemeyer to the Joint Chiefs of Staff", pp. 862~863.不過，在五月一日成立的美國駐華陸軍司令部，則於 1946 年六月三十日撤退，其主因是馬歇爾認為美國駐華陸軍司令部會妨礙他使華任務的完成。見 Ibid., "The Acting Secretary of Staff to the Ambassador in France (Caffery)", p. 868, Note 32.

〔註50〕 Ibid., "Lieutenant General Albert C. Wedemeyer to the Joint Chiefs of Staff", p. 862.

〔註51〕 Ibid., "The Joint Chiefs of Staff to the Commanding General, U. S. Forces, China Theater and Commander in Chief, U. S. Pacific Fleet", p. 864.

在 1946 年元月五日，貝爾納斯修正了參謀首長聯席會議對軍事顧問團的規劃。〔註 52〕他認爲參謀首長聯席會議的建議，已將軍事顧問團的性質超越了「顧問」的層次。它不僅僅是對中國作出軍事參謀，還準備派出軍事訓練團，進行執行的層次。在人數上，貝爾納斯強調總計四千六百名的人員，實在過於龐大。因此他主張在性質上，要限制在軍事參謀的層次上，而人數則不得超過七百人。至於該顧問團的在華權利，貝爾納斯亦認爲過度要求。故貝爾納斯最後建議應退回此份文件，以求更周延的規劃，否則此一軍事顧問團的設計，會被視爲是美國的武力入侵亞洲大陸。〔註 53〕

對於貝爾納斯的質疑，魏德邁提出解釋：（一）他不認爲軍事顧問團，會被解讀爲是美國軍事力量進駐到亞洲大陸；（二）軍事顧問團雖然是應蔣介石與陳誠首先要求而成立的，但華府已表明不會涉入中國的內戰；（三）由於英國與蘇聯此刻正積極尋求對華派遣顧問團，故美國不應放棄蔣單獨尋求美國協助之機會；（四）至於軍事顧問團在華的權利，大部分都是由蔣介石與陳誠主動提出的，故而不必擔心中國政府的反對；（五）魏德邁同意顧問團人數過多的看法。其本是從效率著眼，主張陸軍顧問團的人數總額修正到七百五十名，而其核心人數應在三至四百人左右。〔註 54〕

參謀首長聯席會議綜合各方的反應，乃於 1946 年二月十三日，向外陸海三部聯絡委員會再出提成立軍事顧問團的修正計劃。其論點如下：（一）軍事顧問團的功能是實現美國的對華政策，以在遠東創造一個穩定的局勢；（二）界定顧問團將只對中國的組織與訓練進行諮詢工作；或者是對國防部以及最高參謀總部，提供必要協助；或者對三軍官校提供部分訓練與技術性的協助；（三）同意魏德邁關於軍事顧問團在華權利的建議；（四）由於考量到軍事顧問團恐非短時間所能成立，所以參謀首長聯席會議建議華府可以立即派

〔註 52〕　參謀首長聯席會議於 1945 年十月二十二日，對外陸海三部聯絡委員會提供的計劃。

〔註 53〕　Ibid., "Memorandum by the Secretary of State to the State Department Member on the State-War-Navy Coordinating Committee (Dunn)", p. 811.

〔註 54〕　Ibid., "Lieutenant General Albert C. Wedemeyer to the Chief of Staff (Eisenhower)", pp. 811~815.與此同時，第七艦隊司令柯克也建議美國政府派遣一百六十五名的海軍顧問團。另外，海軍此刻也正在向國會提出一項海軍法案，它是有別於參謀首長聯席會議原先的規劃，並且是未曾與陸軍部作過連繫的。見 Ibid., "Lieutenant General John E. Hull to General Marshall", p. 816.

遣一個九百一十五名的小型顧問團，前往中國協助軍隊現代化。〔註55〕

　　而在此次討論軍事顧問團的會議上，也附上預擬的總統對國務院，陸軍部與海軍部的訓令。其中授權陸軍與海軍部長可以直接聯合成立對華軍事顧問團，也授權國務卿與中國政府進行相關事務的談判。軍事顧問團的目標將定位協助中國發展現代化的軍隊，以實現應盡的國際義務，並建立足夠的軍力，以維持中國的和平與安全。〔註56〕

　　范宣德在此次的外陸海三部聯絡委員會會議中，亦表達了其對此文件之看法。首先，范宣德擔憂參謀首長聯席會議的文件暗含顧問團會出現進一步的擴張。例如，參謀首長聯席會議倡議「在中國情況進一步發展前，顧問團仍將被充分的維持」，以及「顧問團的最終性質與規模，必須等待中國的政治與軍事更多明朗後，再重新檢驗。」在范宣德的解讀，這些都是象徵著華府將會直接涉入中國軍隊的衝突。為此，范宣德認為軍事顧問團的任務，必須限制在對華的高階軍事參謀層次，而且要避免介入中國的野戰與戰鬥單位。有關於總統對軍事顧問團的訓令方面，范宣德則建議貝爾納斯應向杜魯門總統要求，應在訓令最後註明，除非總統根據未來的政治與軍事的發展情況特別授權外，否則人員不得超過一千名。〔註57〕

〔註55〕JCS, 1330/19 9 February 1946, Establishment A U. S. Military Army Group to China.

〔註56〕FRUS, 1946, X, "Note by Secretaries of the State-War-Navy Coordinating Committee", pp. 819~820.

〔註57〕FRUS, 1946, X, "Memorandum by the Director of the Office of Far Eastern Affairs (Vincent) to the Secretary of State", pp. 820~822.在四月初，范宣德與馬歇爾討論到顧問團。他們討論幾個問題：其一，在華軍事顧問團應該被視為與美國派往拉丁美洲的軍事顧問團相類似。也就是人員是從陸軍與海軍出身，但由當事國聘請，不過成員們則向各自所屬的陸、海軍負責。其次，范宣德建議，所有在華的美方行動，都應在駐華大使的管理下進行。除了技術性的工作外，顧問團也要接受大使的監督，並且對大使負責，此項觀點獲得馬歇爾的認同。再者，范宣德對於顧問團的目的，還是展現一貫的不安態度，范宣德質疑究竟顧問團是：（一）僅是為取悅中國？（二）是為強化美國安全，而在華的一項軍事計劃？或者是（三）是對華外交政策的附屬或是一項計劃，以便為協助國府建立一個統一、和平與相對強大的中國？另外，對於顧問團在華的權益問題，馬爾歇認為陸軍要求的額外報酬過高。至於在華的司法豁免權方面，根據美國的戰爭法規定，可以包含刑事案件，但顧問團成員若涉及民事案件，則必須另外處理。而成員眷屬則是戰爭法的規範之外，范宣德認為若是陸軍欲讓眷屬也享有司法豁免權，恐有未妥，不過他也強調應該用其他的方式解決顧問團眷屬定位的困境。見 FRUS, 1946, X, pp. 825~826.

　　范宣德的分析與建議，獲得貝爾納斯的認同，並轉達給總統。除註明人數之意見外，貝爾納斯特別建議將「國務卿負責與國府談判的任務」一語，獨立成另一段。以便與陸軍、海軍的任務區隔出來。〔註 58〕貝爾納斯此一對於總統訓令的修正建議，最後在 1946 年二月二十五日，獲得杜魯門的同意與簽署。〔註 59〕

　　四月二十九日，由國務院綜合參謀首長聯席會議先前的規劃以及各方的討論後，擬出一份完整的軍事顧問團計劃，此內容包括顧問團的目的、期限、組成、功能、人員、責任、階級、報酬、條件要求，總共計五大項，三十條。〔註 60〕這項計劃送交中國後，國府表示「大體接受」，〔註 61〕不過其中有四條條文，國府認為應該修正：

　　（一）第十六條：國府認為應於第十六條有關於顧問團成員的司法管轄內容之後，加上「中方有權要求遣返任何嚴重違反中國法律的成員」。美方對國民政府的此項要求不反對。

　　（二）第十九條：美國要求國民政府首長與軍事顧問團之間的「所有聯繫」，皆必須透過駐華大使。但國府主張蔣介石有權可以和顧問團團長直接接觸，但國府也會告知駐華大使。同時，國民政府也建議應把本條文中的「所有連繫」（all communication），修改為「所有正式接觸」（all formal communication）。〔註 62〕

　　（三）第二十二條以及二十五條：乃是美方要求除非美國同意下，否則國府不得接受其他國家的軍事顧問團；並且只有在事先與美國磋商的前提下，中方才得向第三國購買軍事武器。對於此二項條文，國府認為已傷害到中國主權而要求刪除。〔註 63〕

　　對於國民政府上述的建議，美方並不反對在屬於技術性層次上，國民政府可以和顧問團直接接觸。但就有關兩國的政策議題，還是要透過駐華大使。〔註 64〕至於二十二及二十五條，馬歇爾表示中方的要求頗為合理，同時

〔註 58〕FRUS, 1946, X, "Memorandum by the Secretary of State to President Truman", p. 823.

〔註 59〕Ibid., p. 823, note 28.

〔註 60〕Ibid., "The Department of State to the Embassy in China", pp. 831~836.

〔註 61〕Ibid., "The Counselor of Embassy in China (Smyth) to the Secretary of State", p. 837.

〔註 62〕Ibid., p. 837.

〔註 63〕Ibid., p. 838.

〔註 64〕Ibid., p. 838.

他亦認爲華府也需要防範在華的反美勢力，故他主張刪除這兩條。〔註65〕國務院幾經考量後，乃於八月十三日同意刪掉。〔註66〕

　　不過這份軍事顧問團的協定草案，卻由於馬歇爾在華調處的失利，國共衝突的加劇，馬歇爾乃在八月五日，建議雙方的簽署要展延至一個適當的時機。〔註67〕但此一馬歇爾口中的適當時機始終未能出現，最後胎死腹中。〔註68〕雖然，此一計劃未能經由中美雙方同意而實現，但陸軍與海軍部還是分別在中國成立顧問團。以下分別論述陸軍與海軍顧問團的成立經過：

一、海軍顧問團的成立

　　事實上，在 1946 年的第七十九屆國會中，國務卿貝爾納斯曾分別向參眾兩院提出對華軍事援助與軍事顧問團的「援華法案」。〔註69〕雖然參議院是在六月十三日，提出第 2337 法案（S. 2337）；眾議院也有提出類似參議院的第 6795 法案（H. R. 6795），並在眾議院外交委員會通過，但迄本屆第二會期結束之時，國會始終沒有通過此一法案。〔註70〕

　　另外第八十屆的國會，又有一項名爲「陸軍與海軍任務法案」（Military and Navy Mission Bill）在參眾兩院提出。參議院的法案是第 759 號（S. 759），眾議院則爲第 2313 號（H. R. 2313）。此一法案主要是在訂定美國對外的軍事援助任務。雖然最後它在眾議院通過，但卻遭到參議院軍事委員會的反對，結果又是無疾而終。〔註71〕

　　不過儘管兩屆國會皆未能授權軍事顧問團的設立，第七十九會期國會卻於 1946 年七月十六日通過「512 號公共法」（Public Law 512），此法授權一項

〔註65〕 Ibid., "The Acting Secretary of State to the Embassy in China", pp. 838~840.

〔註66〕 Ibid., "The Acting Secretary of State to the Ambassador in China (Stuart)", p. 842.

〔註67〕 Ibid., "The Ambassador in China (Stuart) to the Acting Secretary of State", p. 841.

〔註68〕 其實直到 1946 年八月下旬，中美雙方還在規劃美國駐華軍事顧問團的成立草案。國史館，《蔣中正總統檔案・特交檔案》。

〔註69〕 Department of State, *United States Relations With China: With Special Reference to the Period 1944~1949*, p. 340.姚夫等編，《戰爭解放紀事》（北京：解放軍出版社，1987 年），頁 118。

〔註70〕 中共對於此項法案大表反對，六月二十二日乃由毛澤東發表一篇〈爲美國軍事援華案的聲明〉的文章，強烈反對美國繼續軍援國府，並且派遣軍事顧問團來華，且要求美國立即撤回美軍。參見姚夫等編，《戰爭解放紀事》，頁 120。

〔註71〕 Department of State, *United States Relations With China: With Special Reference to the Period 1944~1949*, p. 340.

長達五年的對華海軍援助，規定美國海軍可以協助中國維持並改進水運的安全、建立海軍制度，且可援助中國二百七十一艘船艦與派遣三百名人員協助中國發展海軍，〔註72〕此遂授予海軍顧問團成立的法源基礎。〔註73〕

　　而在此一階段，關於行政部門試圖從國會取得對軍事顧問團的授權過程中，國務院主張：（一）美國應該維持一個「適度」（modest）的軍事顧問團，並支持國會通過一項普遍性的陸軍與海軍任務團（Military and Naval Missions Group），以完成此一任務。（二）國務院也要求延期軍事顧問團法案（Military Advisory Group Bill）的立法行動。〔註74〕國務院對上述兩項主張曾要求陸軍部作出評估，而陸軍部則要求參謀首長聯席會議提出意見。參謀首長聯席會議對此的答覆是：他們主張在華維持一個完整的軍事顧問團，以便完成杜魯門總統在1946年二月二十六日的指令。但參謀首長聯席會議認為，如果美國不同時援助中國，則軍事顧問團無法達成有效的目的。當然參謀首長聯席會議也瞭解到，援助與顧問團之增進國府軍隊效率，無可避免的會涉及國共的內戰，但這顯然又違反美國不干涉政策。而如果軍事顧問團撤退，則可能會使國府屈從於蘇聯的壓力。參謀首長聯席會議樂觀的表示，顧問團的成員有把握對華的援助不會被國府濫用來鞏固一個腐敗且無效能的中國，反會使之被有效地建立一個強大與民主的中國。從軍事的角度，參謀首長聯席會議同意國務院上述的第一項提議，但主張把「適度」一詞刪除。〔註75〕至於是否要展延軍事顧問團的立法程序，其主張既然已有陸軍與海軍任務法，因此軍事顧問團法案目前並不具有急迫性。不過，應該另有一項法律，以授權對中

〔註72〕 The Complete Records of the Mission of General George C. Marshall to China December 1945-January 1947, microfilm, Public Law 512~79th Congress; FRUS, 1946, X, "The Ambassador in China (Stuart) to the Secretary of State", p. 844, note 62, Department of State, *United States Relations With China: With Special Reference to the Period 1944~1949*, p. 340.

〔註73〕 另外，在1947年四月二十五日，美國政府頒布「第9843號行政命令」（Executive Order 9843），授權成立一個不超過一百名官員與二百名士兵在內的海軍顧問團。此行政命令特別允許海軍部長可以在他認為適當的情況下，訓練中國海軍人員。見 FRUS, 1948, VIII, p. 240.

〔註74〕 U. S. Joint Chiefs of Staff, *Records of the Joint Chiefs of Staff, Part II, 1946~53*, The Far East, 14 microfilm reels, Washington, D. C: University Publications of America, Inc, JCS 1721/3, Enclosure "A", February 11 1947. 國務院所謂普遍性的任務團法案指的是，它可以適用於包括中國以外的其他國家。國務院認為若在此時，只由國會針對中國特別單獨立法，恐怕將無端引起不必要的困難。Ibid., Enclosure "C", March 4, 1947.

〔註75〕 *Record of Joint Chiefs of Staff* 1721/4, Annex.

國軍援。〔註 76〕

　　當海軍顧問團在國會中取得法律地位後，海軍方面即積極成立顧問團。例如，第七艦隊司令柯克將軍在 1946 年九月十三日向海軍作戰司長尼米茲將軍（Chester W. Nimitz）建議，將 1946 年四月二十九日的軍事顧問團條文修正為海軍顧問團，並刪除條文內中的陸軍、空軍等字眼，並附加於 512 號公共法中，以強化海軍顧問團的合法性。〔註 77〕

　　另一方面，當海軍與馬歇爾連繫商討軍事顧問團的內容時，馬歇爾的態度卻有所轉變。〔註 78〕馬歇爾在九月三十日的電文中同意海軍顧問團的成立，只是主張避免張揚，以免刺激中方不同意見的人士。〔註 79〕馬歇爾應是為中國反美勢力的張揚，而予以此種考慮。〔註 80〕

　　其實早在美國政府為軍事顧問團尋求合法化之際，美國海軍即已著手進行相關的顧問事宜。1945 年十一月二十四日，海軍作戰司長即訓令太平洋艦隊司令，授權第七艦隊司令協助中國海軍訓練操作水陸兩棲的船艦，以加速遣返日軍的工作。而在同年的十二月十一日，第七艦隊司令向美國政府報告，已經在青島建立一個中國兩棲作戰訓練小組（China Amphibious Training Group）。

　　在 1945 年十一月二十三日，海軍作戰司長授權成立海軍顧問團調查組（Navy Advisory Group Survey Board），其目的主要是調查中國海軍所需要的援助，以及將來成立海軍顧問團的各項條件。在 1946 年的春天，海軍顧問團調查組接管了中國兩棲作戰訓練營，並賦予調查組可在太平洋艦隊司令的監督下，透過西太平洋海軍艦隊司令（Commander, Navy Forces West Pacific），

〔註 76〕 Ibid.

〔註 77〕 FRUS, 1946, X, "The Commander of the Seventh Fleet (Cooke) to the Chief of Naval Operations (Nimitz)", p. 843.

〔註 78〕 Ibid., p. 842.

〔註 79〕 Ibid., "The Ambassador in China (Stuart) to the Secretary of State", p. 846. 馬歇爾甚至主張必須等到十一月十二日，國民大會召開之後，才採取動作。不僅馬歇爾主張低調行事，就連國務院系統也質疑，以此時中國內部的局勢，加上國際間的發展，是否適合與中國簽訂一項先前所規劃的顧問團協定。

〔註 80〕 Ibid., p. 846. 例如 1946 年六月下旬在上海曾聚集數萬群眾遊行，抗議美國干涉中國內政，要求駐華美軍立即撤退，停止對國民政府的一切軍事援助。姚夫等編，《戰爭解放紀事》，頁 121。蔣介石也指中共曾利用民主同盟，擴大反美運動，並定九月為「反美突擊月」，並在重慶、昆明、北平等地舉行反美座談會。秦孝儀編，《總統　蔣公大事長編初編》，（台北：中國國民黨中央黨史委員會，1987 年），卷六，頁 205。

對中國海軍進行訓練與諮詢的工作。〔註81〕

　　在第512號公共法通過之後，海軍在西太平洋艦隊下成立一個「工作小組」（Task Group），其名稱還是海軍顧問團調查組。此一工作小組不是一個正式的海軍任務，也沒中美兩國政府認可。工作小組於1948年三月一日時，在南京、上海與青島等地的官員人數共計三十九名，士兵則有七十五名。〔註82〕

　　1947年十二月八日，國府外交部長王世杰與美國駐華大使司徒雷登在南京，共同簽署一項名爲「關於依照美國第七十九屆國會第512號法案轉讓海軍船艦及裝備之協定」。此一協定共包括十條及附表一張與照會三件，主要內容爲：美國以一百四十艘船艦交給國府；美國協助中國建立海軍機構，包括建立艦隊、組織、軍港、基地與學校等；由美國幫助中國培養、訓練海軍幹部；由中國供給美國海軍情報。〔註83〕

　　但是儘管海軍顧問團擁有一定的法源基礎，不過它在中國始終是「有實無名」的存在。爲何當海軍顧問團未能在最短的時間內正名，而必須等到1948年九月聯合軍事顧問團的成立才告確定。這主要涉及到陸軍方面的反對，例如陸軍部長派特森積極主張應該根據1946年二月十三日且在同月二十六日經由總統同意的外陸海三部聯絡委員會第83-17號文件，成立聯合軍事顧問團。他強調雖然現行的陸軍顧問團是在總統戰爭權力法下運作，不過一旦美國國會通過援外法案，則可以在和平時期，爲聯合軍事顧問團提供一項永久的法源。而倘若國務院不願在此時完成總統對於聯合顧問團的決定，欲等到國會對援外法案採取行動，則陸軍主張保持現狀，以待國會的決定。〔註84〕由於陸軍的反對，再加上馬歇爾（已在1947年元月任國務卿）要求海軍一定與陸軍協商顧問團之事宜，所以海軍徒擁有設立顧問團的合法性與正當性，卻始終無法名正言順的成立。

〔註81〕FRUS, 1948, VIII, "Memorandum by the Assistant Chief of Naval Operations (Wooldridge) to the Deputy Director of the Office of Far Eastern Affairs (Penfield)", pp. 239~240.

〔註82〕U. S. Joint Chiefs of Staff, *Records of the Joint Chiefs of Staff, Part II, 1946~53*, JCS 1330/27, 27 May 1948, Enclosure "B".

〔註83〕FRUS, 1947 VII, "The Ambassador in China (Stuart) to the Secretary of State", p. 985.王東主編，《中國共產黨大辭典》（北京：中國廣播電視出版社，1991年），頁583。

〔註84〕FRUS, 1947, VII, "The Secretary of War (Patterson) to the Acting Secretary of State", pp. 961~962.

二、陸軍顧問團的成立

在所有的美軍顧問團中，陸軍顧問團的地位的重要性不亞於海軍，後來的聯合軍事顧問團，就是以陸軍顧問團為主幹而成立的。〔註85〕陸軍顧問團的前身可以追溯至二次大戰時期的中國戰區美軍總司令部（Headquarters, United States Forces China Theater）。戰後為了延續在華司令部的任務，美國陸軍部下令魏德邁準備籌設軍事顧問團。〔註86〕魏德邁乃於 1946 年二月二十日，設立美軍南京總部（Nanking Headquarters Command），〔註87〕並在同年的四月於南京總部之下，設立一個陸軍顧問組（Ground Forces Advisory Division），它就是後來的陸軍顧問團的前身。〔註88〕

南京總部與後來的美國駐華陸軍皆負有共同的目標，〔註89〕即準備在中國設立一個軍事顧問團，並且試圖將之成為永久的組織。〔註90〕陸軍顧問團成員共約七百五十名，大部分還是駐紮在南京及上海，主要目的是執行美國對華的物資供應。另外在北平、成都、杭州，以及台灣等地各派十名成員。〔註91〕

另外設有聯合顧問參謀處（Joint Advisory Staff），其本為參謀首長聯席會議之下負責連繫的工作。〔註92〕聯合顧問參謀處原先所規劃的工作包括給予

〔註85〕 Department of State, *United States Relations With China: With Special Reference to the Period 1944~1949*, p. 345.

〔註86〕 U. S. Joint Chiefs of Staff, *Records of the Joint Chiefs of Staff, Part II, 1946~53*, JPS 767/3, Appendix "D", 26 March 1946.

〔註87〕 Department of State, *United States Relations With China: With Special Reference to the Period 1944~1949*, p. 339.

〔註88〕 U. S. Joint Chiefs of Staff, *Records of the Joint Chiefs of Staff, Part II, 1946~53*, JPS 767/3, Appendix "D", 26 March 1946. JUSMACHINA, Final Report, Annex No. 3, Ground Forces Advisory Division.

〔註89〕 U. S. Joint Chiefs of Staff, *Records of the Joint Chiefs of Staff, Part II, 1946~53*, JCS 1330/22, Appendix "D", 3 April 1946.任東來，〈1956～1949 年美國駐華軍事顧問團的若干問題〉，頁 168。

〔註90〕 U. S. Joint Chiefs of Staff, *Records of the Joint Chiefs of Staff, Part II, 1946~53*, JCS 1330/27, 27 May 1948, Enclosure "B".此一陸軍顧問團包括陸軍組（Army Division）、空軍組（Air Division）以及聯合後勤組（Combined Services Division）共三個小組。此時，馬歇爾對此一陸軍顧問團在華的稱謂考量，是希望在它取代美軍南京總部後，要盡量避免煽動性，或者令人誤解的字眼，例如指揮部、總部、司令部等。所以最後的名稱確定為陸軍顧問團（Army Advisory Group China）。

〔註91〕 U. S. Joint Chiefs of Staff, *Records of the Joint Chiefs of Staff, Part II, 1946~53*, JCS 1330/27, 27 May 1948, Enclosure "B".

〔註92〕 U. S. Joint Chiefs of Staff, *Records of the Joint Chiefs of Staff, Part II, 1946~53*,

中方必要的諮詢，以及處理陸軍顧問團的行政事務。不過隨著 1947 年中葉之後，聯合顧問參謀處的權力不斷地擴大，同時乃又成立一個單獨的行政機關以處理其行政，致使它的成員可以全力對中國進行諮詢的任務。〔註 93〕而所謂的諮詢任務，包括對國府最高參謀本部的功能與執行給予建議，以及對中國軍方的人員、情報、訓練等給予諮詢。〔註 94〕簡言之，聯合顧問參謀處的職務就是在海、陸軍顧問團與中國政府之間，進行聯繫的工作。

第四節　美國在華聯合軍事顧問團（Joint U. S. Military Advisory Group in China, JUSMAGCHINA）

從 1945 年下半期，美國開始倡議軍事顧問團以來，始終是以海陸軍聯合顧問團為優先的考量。但由於國會立法授權的問題，最後不得不由海軍與陸軍分別在華進行軍事顧問的任務。而其中又以海軍顧問團因能獲取國會與行政部門的授權，而具有更多的合法基礎，所以從 1946 年中期以後，海軍方面積極醞釀設立海軍顧問團，但海軍此一構想，亦不斷地受到陸軍要求設立聯合軍事顧問團的干擾。〔註95〕到 1948 年初，因為國府在內戰中漸居下風，故美國軍方急迫要聯合軍事顧問團。

美方估計雖然當時國府的物資還優於中共，不過此一優勢正在衰退之中，而如果未來國府無法從美國方面獲取適當的援助，國府恐怕不能控制局面。〔註 96〕但有關軍援的正確評估，正需聯合軍事顧問團來進行。司徒雷登

JUSMACHINA, Final Report, Annex No. 1, Chief, Joint Advisory Staff. 美國除了在華的陸軍與海軍顧問團之外，為了協調在華各顧問團之間上層的聯繫工作，並準備與檢視各顧問團給予中國國防部的相關顧問文件，且對國府副部長級與最高參謀進行諮詢。參謀首長聯席會議乃下令將聯合計劃參謀處（Joint Planning Staff）的一部分組織，改組成立聯合顧問參謀處。聯合顧問參謀處從 1946 年十月一日開始運作，最初的人數僅有六名官員，並且是預定以五年的時間，協助中國軍隊的現代化。其後，隨著由美國本土報到的人員，以及從原本任職於馬歇爾使華任務，經復員之後轉任來此的，又擴張至三十五名。

〔註 93〕 Ibid.
〔註 94〕 Department of State, *United States Relations With China: With Special Reference to the Period 1944~1949*, p. 341.
〔註 95〕 FRUS, 1947, VII, "The Secretary of War (Patterson) to the Secretary of the Navy (Forrestal)", p. 962.
〔註 96〕 FRUS, 1948, VIII, "The Ambassador in China (Stuart) to the Secretary of State", p. 248.

也於 1948 年元月二十三日向國務院表示，在現階段的中國內戰中，美國應該採取務實和立即的方法。而爲了讓美國對華的軍援，能夠符合現實之需，司徒雷登建議成立一個美國計劃組（American Planning Group），由擬議中的美國軍事顧問團團長指揮，作爲蔣介石的最高軍事顧問。〔註97〕1948 年二月七日，陸軍部長羅伊爾（Kenneth C. Royall）也建議，基於中國局勢的惡化，應該儘快把在中國的三個美軍顧問團合併起來。〔註98〕

此時的參謀首長聯席會議更積極的就聯合軍事顧問團的成立事宜，向相關單位徵詢。其所調查的結果皆表示，總統先前已同意聯合軍事顧問團設立之事，在國家緊急法的規範下是具有法源基礎。據此，再加上 1945 年十二月二十日，參謀首長聯席會議爲海陸兩軍事顧問團所規劃的方案，以及 1946 年二月二十五日的總統指令，於 1948 年六月十一日提出建立美國對華聯合軍事顧問團的草案，內容包括顧問團的編制（見圖六）、〔註99〕團長的產生、〔註100〕在華的活動和限制，〔註101〕以及任務等，〔註102〕均有詳細規劃。同時，也規

〔註97〕 Ibid., pp. 244~245.

〔註98〕 U. S. Joint Chiefs of Staff, *Records of the Joint Chiefs of Staff, Part II, 1946~53*, JCS 1330/23, 7 February 1948, Enclosure.

〔註99〕 此草案主張在華聯合軍事顧問團的總人數在一千人以內。巴大維對於顧問團人數的分配，反對任意從軍種之中分派，而主張必須根據工作性質而定。U. S. Joint Chiefs of Staff, *Records of the Joint Chiefs of Staff, Part II, 1946~53*, JCS 1330/49, 15 April 1949.

〔註100〕 至於團長則由陸、海、空軍顧問團長官輪流擔任，其餘的兩個單位首長則擔任副團長。團長與副團長將成立一個連繫機構，即聯合顧問會議（Joint Advisory Council），而爲了協助聯合顧問會議，乃須再設立聯合秘書處（Joint Secretariat）、聯合計劃參謀處，以及其他必要單位。參謀首長聯席會議特別強調聯合顧問會議與所屬單位的關係，就如同參謀首長聯席會議與其下屬單位之間的關係。而聯合秘書處的成員由各軍部組成，聯合計劃參謀處比照辦理。顧問團團長巴大維於顧問團結束之時曾表示，參謀首長聯席會議將顧問團團長定位爲合議制，而不是首長制，在結構上是不健全的。因此當需要一項立即的決策或者行動時，此種委員會形式就顯然無法令人滿意。U. S. Joint Chiefs of Staff, *Records of the Joint Chiefs of Staff, Part II, 1946~53*, JCS 1330/49, 15 April 1949.

〔註101〕 在華限制是不得涉入中國的政治事務，亦不對中國政府負責，而且顧問團成員更不可能參與作戰。而根據資中筠指出聯合顧問團的活動則包括：（一）監督美援軍用物資的使用；（二）向蔣介石提供關於作戰的意見；（二）爲國民黨訓練軍隊。資中筠，《美國對華政策的源起與發展》，頁 182。

〔註102〕 在華軍事顧問團的主要任務，是要協助國民政府穩定國內局勢與和平。對於此點，國務院方面有不同的意見，如中國科科長石博思即表示美國試圖協助中國建立足夠的力量，以便控制包括東北、台灣在內的收復地區，維持國內

範了軍事顧問團與參謀首長聯席會議的關係，和在華的權宜問題。顧問團團長每半年須對參謀首長聯席會議作報告。團長可以在顧問團任務需要的情況下，與中華民國總統和相關軍事組織直接接觸。〔註103〕

　　雖然參謀首長聯席會議此項聯合軍事顧問團的部分草案內容，如協助國府穩定政局，和建立軍事組織等任務，仍受到質疑，不過大致而言，此草案爲國務卿馬歇爾與國防部長佛洛斯特等人所接受的。佛洛斯特在1948年七月二十六日向馬歇爾表示，他同意參謀首長聯席會議的建議，而且主張要儘早成立聯合顧問團。佛洛斯特向馬歇爾說明，在他與三個軍部相關單位討論之後，皆同意根據過去的相關法律（如在 1926 年五月十九日所通過的法案），已經授權美國政府得在戰爭或者是國家宣布處於緊急狀態下，對外進行援助。如此，華府可以名正言順在中國成立聯合軍事顧問團。〔註104〕

　　的和平與安全，此項政策是1946年二月二十五日的總統所下的指令，但如今的態勢是今非昔比，而且此一政策可能會把美國捲入中國的內戰之中。因此，美國在華聯合軍事顧問團的任務最好是將之修改爲，協助中國發展現代化軍隊的目的，是要讓中國建立符合國防需要的軍隊，並實現作爲聯合國成員之一所應盡的義務。FRUS, 1948, VIII, p. 258.其後，國務卿馬歇爾亦同意石博思的看法，馬歇爾更指出在華聯合軍事顧問團的任務提及光復區、東北與台灣是不智的。FRUS, 1948, VIII, p. 265.而在在華聯合軍事顧問團最後報告裡指出，顧問團除上述的任務外，爲滿足蔣介石希望將來由國防部長統一指揮軍權，所以在華聯合軍事顧問團要協助中國完成：（一）建立國防部、最高一般與特別參謀以及陸、海、空三軍總部組織；（二）訓練國防部、最高一般與特別參謀以及陸、海、空三軍總部官員；（三）建立學校體系，教育五萬五千名人員；（四）發展單純化的人員、情報、訓練、採購、供應、預算、財政與合理的系統；（五）對於國防部的全面組織、國防部長與副部長辦公室、最高一般與特別參謀以及各主要軍種的職務、組織與功能，備妥完整的建議；（六）建立訓練中心；（七）訓練中國海軍的官士兵接收美國轉交的四十八艘船艦。U. S. Joint Chiefs of Staff, *Records of the Joint Chiefs of Staff, Part II, 1946~53*, JCS 1330/49, 15 April 1949.

〔註103〕FRUS, 1948, VIII, "Memorandum by the Chief of the Division of Chinese Affairs (Sprouse) to the Director of the Office of Far Eastern Affairs (Butterworth)", pp. 259~263.

〔註104〕U. S. Joint Chiefs of Staff, *Records of the Joint Chiefs of Staff, Part II, 1946~53*, JCS 1330/27, 227, May 1948.事實上，1925 年五月十九日第六十屆國會通過公共法第 247 號（Public Law 247），其後在第七十四屆國會以公共法第 56 號（Public Law 56），以及在 1935 年第七十七屆公共法第 722 號（Public Law 722）將之修正，並在 1935 年五月十四日與 1942 年十月一日分別通過上述的修正法案。此法主要是授權總統得以派遣美國陸軍、海軍與陸戰隊的官員與士兵，協助拉丁美洲國家的陸軍與海軍。U. S. Joint Chiefs of Staff, *Records of the Joint Chiefs of Staff, Part II, 1946~53*, JCS 1330/27, 27, May 1948, Enclosure "B".

圖六：美國在華聯合軍事顧問團的組織

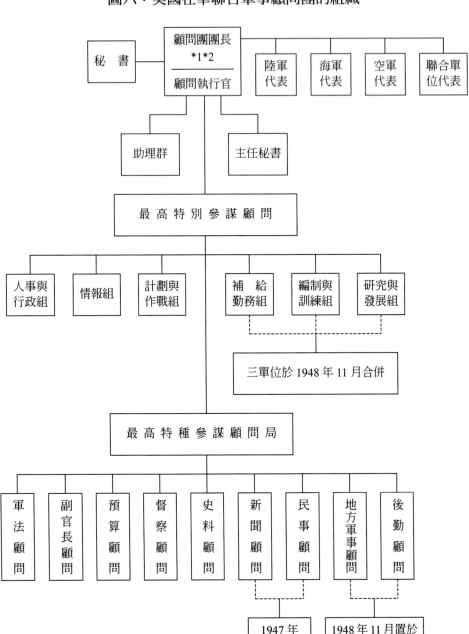

註：根據 *Record of the Joint Chiefs of Staff, Part II, 1946~1953, The Far East*。
　　*1 為中國國防副部長提供人事、補給，以及一般事務的建議。
　　*2 中國最高副參謀總長提供建議。

　　佛洛斯特緊接著又表示，現今美軍在中國已有三個獨立的顧問團，而根據參謀首長聯席會議的意見，只要將之合併即可成立聯合顧問團，如此無須國務院再與國民政府協商新的合約。〔註105〕佛洛斯特的意見，得到馬歇爾的正面回應。〔註106〕美國政府終於在1948年九月十七日，發布在華聯合軍事顧問團的成立指令，規定在華聯合軍事顧問團團長直接向參謀首長聯席會議負責。〔註107〕而國會亦在九月立法通過派遣陸、海、空軍聯合顧問團。〔註108〕十月二十八日，美國政府將在華聯合軍事顧問團成立的訊息通知國民政府：參謀首長聯席會議已任命陸軍少將巴大維（David D. Barr）為團長並兼陸軍顧問組負責人、海軍少將歐爾德（Francis P. Old）為海軍組負責人，以及空軍少將湯瑪斯（Charles E. Thomas）為空軍組負責人，兩人又同為副團長，〔註109〕

〔註105〕FRUS, 1948, VIII, "The Secretary of Defense (Forrestal) to the Secretary of State", pp. 267~268.

〔註106〕Ibid., "The Secretary of State to the Secretary of Defense (Forrestal)", pp. 268~269.

〔註107〕U. S. Joint Chiefs of Staff, *Records of the Joint Chiefs of Staff, Part II, 1946~53*, JCS 1330/34, 25 September 1948.

〔註108〕資中筠，《美國對華政策的源起與發展（1945～1950）》，頁111。

〔註109〕FRUS, 1948, VIII, "The Secretary of State to the Secretary of Defense (Forrestal)", p. 269.其實，關於聯合軍事顧問團的團長人選，也是經過一番波折之後才決定由巴大維擔任。早在1945年八月時，蔣介石曾向杜杜魯門大力推薦魏德邁將軍，原因是蔣氏認為熟悉中國軍事，更與蔣的關係頗佳，而且魏德邁也頗為積極為顧問團一事，在中美雙方間奔走。所以杜魯門也同意儘力安排由魏德邁主掌顧問團。可是此一聯合軍事顧問團的成立時間卻一直延宕到1948年十月底才成行，但此時的中國局勢已完全不同於大戰結束之初，因而引起魏德邁的猶豫是否要擔任此職。根據魏德邁本人的意見，以及當時中國駐美武官皮宗敢的分析，有二個原因導致魏德邁拒絕新職的任命：（一）國務院對軍事顧問團仍有意見，而不願對顧問團作出明確的任務指示；（二）魏德邁有意擔任陸軍參謀長一職。既然魏德邁無意任此職，另有二位人選可以接替魏德邁，一是陸軍上將克拉克（Mark Clark），另一位就是巴大維。馬歇爾原屬意克拉克，理由是：（一）克拉克為人平和，且聲望資歷都超過巴大維；（二）克拉克與魏德邁皆有資格競爭陸軍參謀長，但陸軍部屬意後者，所以希望把前者調離華府；（三）巴大維與海軍不睦。蔣原本也同意由克拉克擔位，但最後馬歇爾卻以克拉克不熟知中國事務為由，而改任命巴大維為團長。國史館，《革命文獻‧戡亂時期（對美外交——軍事部份）》，第四十四冊，第245、248、337、387條，《特交檔案‧軍事顧問》。其後，根據顧維鈞的說法是，馬歇爾也曾經非正式的詢問國府，美國改派麥克阿瑟接替巴大維的可能性。顧維鈞，《顧維鈞回憶錄》，第六冊，頁521。

在華聯合軍事顧問團並正式於十一月一日正式運作。

　　但是歷經幾番波折才成立的聯合顧問團，對於原欲挽救國府軍隊的目的，似乎為時已遲。〔註110〕由於國軍的作戰潰敗，導致聯合顧問團從成立到結束僅僅只有數個月的時間。中共在東北、華北的勝利，而後迅速向長江推進，使位於南京美軍聯合顧問團的安全受到戰況嚴重威脅。也就在顧問團正式運作的第二天，聯合團問團會議與駐華大使館均認為，已無需增加額外的軍事人員，同時將指定進入聯合顧問團的人員，改派其他的任務。不久之後，參謀首長聯席會議訓令團長巴大維在三個前提下，撤離並中止活動：（一）如果南京直接受到軍事的攻擊；（二）如果國府從南京撤退；（三）如果國府失敗。〔註111〕聯合顧問團在剛成立不到一個星期後即悲觀的表示：「除非美國以武力介入中國，否則其他任何形式的援助，都無法挽救國府，但美國不可能把主要軍力佈署到中國，所以國軍的失敗已是無法挽回的事實。」〔註112〕

　　而空軍顧問組看法更如同是「臨別報告」：「雖然希望中國軍事強大，但在可預見的未來，這個目標已無法達成。因此基於為達此一目標而設定的顧問團計劃，更無必要存在。」〔註113〕基於種種悲觀的評估，參謀首長聯席會議乃在 1948 年十二月決定將顧問團大部分人員撤往東京，僅留下象徵性的代表。1949 年元月二十六日，巴大維告知蔣介石，美國政府已訓令撤退軍事顧問團。〔註114〕最後在參謀首長聯席會議的指示下，於三月三日中止顧問團活動，不久後便結束中國的任務。〔註115〕

〔註110〕其實，國民政府參軍長薛岳早在 1948 年初，既向蔣介石告知，美國所給予美軍顧問團的指示和權限，實在很難達成預期的效果，而且更與國府最初的期待相違背。國史館，《革命文獻·戡亂時期（對美外交——軍事部份）》，第四十四冊，第 348 條。

〔註111〕FRUS, 1948, VIII, "The Secretary of Defense (Forrestal) to the Secretary of State", pp. 267~268.

〔註112〕FRUS, 1948, VII, "The Ambassador in China (Stuart) to the Secretary of State", p. 543.

〔註113〕Department of State, *United States Relations With China: With Special Reference to the Period 1944~1949*, p. 344.

〔註114〕國史館，《革命文獻·戡亂時期（對美外交——軍事部份）》，第四十四冊，第 408 條，秦孝儀編，《中華民國重要史料——對日抗戰時期》第七編戰後中國（三）（台北：中國國民黨黨史委員會，1981 年），頁 396。

〔註115〕FRUS, 1948, VIII, "The Secretary of Defense (Forrestal) to the Secretary of State", p. 270.在結束任務之前，顧問團的成員也「不忘」對國府軍方指責一

　　二次世界大戰結束後，由於美軍在華的軍事總部必須撤出，故基於考慮接替原先的任務與繼續協助中國發展軍隊現代化的問題。國府乃率先提出軍事顧問團的構想，並獲得美國政府同意，但限制於美方相關法令的規範，及在華的各軍種軍事顧問團的各自為政，故從 1945 年八月迄至 1948 年九月，對聯合軍事顧問團之事都無法統一協調。

　　從美方對軍事顧問團之安排與特權之要求，可以得知美國是希望獨佔在中國的軍事指導權。而在某種程度上，蔣介石也是「一面倒」向美國，拒絕蘇聯的接觸。

　　值得注意的是，參謀首長聯席會議對於聯合軍事顧問團的成立，一直扮演重要的策劃角色，只是對所規劃的內容，國務院稍加修改而已。

　　雖然美方的規劃是軍事顧問團不得協助國府參與內戰，但事實上很難界定單純顧問任務與「不得不」涉入戰事之間的關係。所以從不少的資料上可以發現，顧問團所涉及的任務已超出範圍。例如，在 1948 年三月，瀋陽在戰事危急，補給困難之際，巴大維曾建議蔣介石自瀋陽與錦州同時發動攻擊，以打通此一走廊地帶。〔註 116〕就因為權限界定上的困難，所以巴大維主張可以在顧問團團長的指揮下，讓顧問團人員進入戰爭地區。〔註 117〕

　　根據巴大維的歸納，聯合軍事顧問團在短短的二個多月中完成了三項工作：（一）在國防部、最高參謀以及主要軍種上，發展出相當程度的參謀功能；（二）創立一套健全的軍學體系；（三）協助國府生產軍需物資。〔註 118〕

　　參謀首長聯席會議在設計聯合軍事顧問團時，亦存在不少的缺失，例如顧問團團長必須同時兼任其軍種的負責人，如此將無法全心執行顧問團團長

　　　　番。他們指出中國國防部的官員腐弱無能，大多缺乏合作誠意，至少缺乏認識，使美軍擔任顧問失去意義。國史館，《革命文獻・戡亂時期（對美外交——軍事部份）》，第四十四冊，第 406 條。

〔註 116〕FRUS, 1948, VII, "The Ambassador in China (Stuart) to the Secretary of State", p. 422.巴大維的建議，雖獲得蔣介石以及最高一般參謀的同意，不過東北剿匪司令衛立煌並沒有執行此一計劃。

〔註 117〕U. S. Joint Chiefs of Staff, *Records of the Joint Chiefs of Staff, Part II, 1946~53*, JCS 1330/39, 15 April 1949.

〔註 118〕Ibid.另外在華聯合軍事顧問團中的陸軍顧問組所做的一份報告中指出，顧問團協助國府在台灣的國軍訓練，獲得令人滿意的結果。若以中國標準而言，由顧問團所協助在台灣，所訓練出來的二○四與二○五師，成績就相當令人滿意的。Department of State, *United States Relations With China: With Special Reference to the Period 1944~1949*, p. 349.

的職務。〔註 119〕而美國軍方認為可以將顧問團視為是參謀首長聯席會議在華的代表。〔註 120〕故參謀首長聯席會議在規劃顧問團時，其結構仿如參謀首長聯席會議的組織結構。

〔註 119〕U. S. Joint Chiefs of Staff, *Records of the Joint Chiefs of Staff, Part II, 1946~53*, JCS 1330/39, 15 April 1949.

〔註 120〕FRUS, 1946, X, "Lieutenant General Albert C. Wedemeyer to the Chief of Staff (Eisenhower)", p. 850.

第七章　參謀首長聯席會議主席李海與布萊德雷對華主張之分析

　　由於外交常會因主政者或主事者之立場或見解，而影響到外交之進行。故過去常有對總統或國務卿的外交觀點之分析。而在軍方之中，亦可見到這種情況。由於軍方有駐外或涉外的機構與人員，亦可從其軍事立場表達對某些地區或國家的看法。參謀首長聯席會議即是這樣的組織。故該會議中會涉及中國事務或有過與中國交往經驗之人物，就會在參謀首長聯席會議中發揮他的見解與影響力。本章主要以參謀首長聯席會議首任臨時主席海軍上將李海（William D. Leahy, 1942~1949），以及布萊德雷（Omar N. Bradley）為探究的對象。而所以選擇這兩位作為研究範疇，主要基於：（一）李海與參謀首長聯席會議有密切的關係，他從 1942 年參謀首長聯席會議成立之後，即擔任會議的臨時主席，同時也先後兼任為羅斯福與杜魯門二位總統的最高軍事參謀。〔註1〕他的主席位置直到 1949 年八月十六日，才正式為布萊德雷取代。而李海的經歷與亞洲和中國發生過關係，也因此對國民政府和蔣介石有著較特別與友善的看法。〔註2〕（二）布萊德雷在 1949 年上任後，就面臨台灣的

〔註 1〕 李海與羅斯福的淵源頗深。一次大戰時，雙方即有交情。其後，當羅斯福任職於海軍助理部長時，李海又是海軍作戰司長。因此在戰時，除了哈里‧霍普金斯（Harry Hopkins）外，李海與羅斯福的個人關係，可說是最親密與最接近的。Samuel P. Huntington, *The Soldier and The State -- The Theory and Politics of Civil-Military Relations*, p. 319.

〔註 2〕 其實早在二次大戰之前，他即曾在亞洲地區服役。李海本人在清末的庚子事變，以及菲律賓暴動（Philippine Insurrection）時期，曾服役於美國的亞洲艦隊（Asiatic Squadron），所以他對中國應該不陌生。Paul L. Miles, Jr., *American*

定位與韓戰中，應付中共與台灣的兩個議題。故布萊德雷對華的看法與建議
處理之道都值得探討的。

1945～1953 年的杜魯門政府，在外交軍事上則是由一群保守主義者所領
導。〔註3〕而根據杭亭頓之分析，造成杜魯門政府在軍事上保守的重要原因之
一，即是參謀首長聯席會議所呈現出來的保守色彩，〔註4〕故對李海與布萊德

Strategy in World War II: The Role of William D. Leahy (Ann Arbor, MI: A Bell &
Howell Information Company, 1999), p. 22.因爲有先前的中國經驗所致，形成他
對於中國始終懷有一分特別的認知。故不但於戰時如此，甚至於戰後，在軍
方的高級將領中，李海對國民政府可謂是相當友善與支持。例如在 1937 年，
日本在中國發動蘆溝橋事變後，李海立即提議華府使用武力抑制日本的擴
張。他認爲美國應該加強美軍在亞洲艦隊的力量，並且以對日本進行貿易禁
運。李海甚至主張如果有可能，美國可以和英國合作，趁此機會把日本的勢
力趕出亞洲大陸。Ibid., p. 29.當太平洋戰事初期，美國政府在討論應如何進行
對日作戰方針，其中有關中國概況分析時，李海即表示，中國長期後勤補給
始終無法有效解決的原因，在於中國在珍珠港事變之前，已單獨作戰數年。
而蔣介石所擁有的僅只有人力但他的龐大軍隊則是缺乏設備與訓練及錯誤的
軍事領導。不同於其他將領對國府軍隊作戰能力的悲觀見解，李海強調只要
能加強國軍的訓練與裝備，他們還是能發揮高度的抗日作用。William D. Leahy,
I Was There, pp. 119~120.

〔註 3〕根據政治學家杭亭頓的分析，杜魯門政府是具有相當濃厚的二元性格。簡言
之，在內政經濟方面的主導者大都是自由主義者，相反地，在外交軍事上則
是由一群保守主義者所領導。自由派是由一群年輕團隊所組成，他們大致皆
有羅斯福時代的新政經驗。其中成員包括有意識型態取向的改革者、選票取
向的政治人物，以及計劃取向的職業官員。這些人士有：Robert E. Hannegan、
Clark Clifford、J. Howard McGrath、J. P. McGranery 等人。這些人在杜魯門政
府的首要任務，就是要執行所謂的「公平計劃」（Fair Deal）。此自由派的計劃
包括：國宅、社會安全的擴張、支援農業、公共權利、最低薪資、補助教育
以及黑人民權等。內政自由派大多數以民主黨人爲主。Samuel P. Huntington,
The Soldier and The State -- The Theory and Politics of Civil-Military Relations,
pp. 376~377.

〔註 4〕基本上，杜魯門政府的外交策略以保守主義爲主，原因來自四個方面：第一，
杜魯門總統本人的態度，這是造成保守主義最重要的因素；第二，外交決策
中的最高領導階層，如馬歇爾以及艾奇遜等人。事實上，在杜魯門時代，外
交的最高決策，除了杜魯門本人之外，主要是由佛洛斯特、馬歇爾、艾奇遜
和羅維特四個人，外加霍夫曼（Paul Hoffman）以及哈里曼（W. Averill Harriman）
所組成的一個外交與國防核心團隊。見 Samuel P. Huntington, The Soldier and
the State, p. 377.這四個人在杜魯門政府皆充分得到總統的授權與信任。佛洛斯
特曾任美國的首任國防部長，而馬歇爾更是史無前例的分別擔任杜魯門的國
務卿與國防部長兩個重要職務。而杜魯門政府最後一任的國務卿——艾奇遜
本人的重要性亦不遑多讓。他不但得到馬歇爾的賞識，更在日後與杜魯門建
立起相當密切的關係。杜魯門不但對於艾奇遜的智識與視野非常依賴，同時

雷的分析，不惟可驗證杭亭頓之觀點，亦可深入瞭解參謀首長聯席會議在對華之態度與主張。

第一節　李海的對華主張

　　李海對中國的情感，可謂是一位標準的理想主義者。也正因爲這份理想主義的驅策，導致李海與杜魯門、馬爾歇等人在對華政策上，經常出現相左的看法。在某些史學家的眼中，李海此種對華政策評估的理想主義，不但悖離了國家利益觀念，同時也違反美國傳統的立國精神——現實主義。〔註5〕

　　由於其對華的理想主義，李海曾經無視於美國的現實外交，而將對中國的感情寄託在國民政府與蔣介石的身上。譬如在二戰期間，參謀首長聯會議內部，曾經質疑中緬印戰區對盟軍貢獻之局限性時，李海堅持國民政府在中緬印戰區之地位，爲美國在太平洋地區獲勝的主要關鍵。他亦曾切確的指出，美國的首要敵人是日本，在戰後的東亞，美國利益的關鍵在中國，所以華府應該大力增援遠東與太平洋地區。他更強調，如果不儘快援助國府，會使得中國無力抵抗日本，並將造成美國在太平洋地區的失敗。〔註6〕又如當1944年赫爾利向羅斯福總統建議撤回史迪威之際，馬歇爾強烈主張保留史迪威，〔註7〕但李海則主張及早撤換史迪威之必要性。〔註8〕故可知在二次世界

對於艾奇遜的才華，杜魯門更是讚賞不已，因而曾數度稱許艾奇遜的頭腦是第一的。尤其艾奇遜於1949年被任命爲國務卿之後，兩人更是合作無間，相知相惜。見Ronald L. McGlothien, *Controlling The Waves -- Dean Acheson and U. S. Foreign Policy in Asia* (New York: W. W. Norton & Company, 1993), p. 19；第三，國務院中的某些單位與職業外交人員，如政策計劃處的喬治肯楠等。尤有甚者，在馬歇爾與艾奇遜的國務卿任內期間，政策計劃處所規劃出來的外交政策，有時候甚至比軍事單位的建議更爲強硬，更具軍事取向；第四，包括參謀首長聯席會議在內的軍方領導人。軍方當中，也有被杭亭頓歸類爲自由派，如例如國防部長詹森。對國府相當友善的詹森，在外交與國防體系上是一位自由派的改革者。不過由於他曾和艾奇遜發生嚴重的歧見。在1950年九月，逼使杜魯門不得不開除詹森，代之以馬歇爾和羅維特入主國防部。Samuel P. Huntington, *The Soldier and the State*, pp. 378~382.

〔註5〕 Linda McClain, *The Role of Admiral William D. Leahy in U. S. Foreign Policy* (Virginia: University of Virginia, 1984), p. 377.

〔註6〕 Mark A. Stoler, *Allies and Adversaries: the Joint Chiefs of Staff, the Grand Alliance, and U. S. Strategy in World War II*, pp. 92~93.

〔註7〕 因爲他認爲史迪威是所有美國官員當中，唯一有能力糾正中國惡化的軍事狀況，若貿然換掉史迪威勢必將導致大量重整的工作。

〔註8〕 Linda McClain, *The Role of Admiral William D. Leahy in U. S. Foreign Policy*, p.

大戰期間，李海一直支持蔣介石、中國戰區及國民政府。〔註9〕

戰時，羅斯福為了支持蔣介石在中國的領導地位，派遣赫爾利為他私人代表，前往中國調處國共糾紛。〔註10〕其後，他並同意以魏德邁取代與蔣介石交惡的史迪威，儘管早在 1944 年十月之際，羅斯福即已向李海表示美國可能要面臨對華政策的失敗。這可能是他意識到對於促成中國的團結，美國所能作的是非常有限。但李海則在對華政策上，提出不同的看法。李海從美國的國家安全利益為著眼，強調華府應該支持一個強大而友善的中國。〔註11〕他嚴屬的指責反對中國的勢力。認為反對中國統一與強大的勢力，是來自歐洲（尤其是英國）、帝國主義者和某些美國的軍方與外交官員。〔註12〕

在赫爾利與國務院的衝突中，李海是站在赫爾利這邊。赫爾利在 1945年三月曾向李海抱怨，自從史迪威被調回美國後，他難以獲取史迪威舊部屬的效忠，而在美國駐華大使館裡，亦很難得到外交人員的支持。當李海瞭解

271.

〔註9〕 事實上，不只是李海對中國懷抱著理想主義，包括羅斯福同樣亦對中國懷有某種程度的理想色彩。即使此際中國在軍事與經濟上，依然是相當落後，也即使邱吉爾極力反對抬高中國的國際地位，但羅斯福依舊決定將中國提升為世界四強之一。同時，美國政府更希望促成國共雙方，彼此能夠消弭歧見，進而共同籌組建立一個統一的國家，以便在戰時可全力對抗日本，並在戰後成為東亞穩定的勢力。美國在戰時對中國的理想主義，英國以輕蔑態度看待中國，恰好成為強烈的對比。唐耐心（Nancy B. Tucker）對此一現象有精闢的分析，她指出英國非常瞧不起蔣介石，他們以為美國只是想把中國當作應聲蟲，在國際組織中按照美國的旨意投票而已，邱吉爾更視美國此舉是荒謬的。美國主動提昇中國的國際地位，是希望補償戰時對中國的冷落。見唐耐心（Nancy B. Tucker）著，新新聞編譯小組譯，《不確定的友情——台灣、香港與美國（1945～1992）》（台北：新新聞出版社，1995 年），頁 50。

〔註10〕 李榮秋，《珍珠港事變到雅爾達協定期間的美國對華關係》，（台北：東吳大學中國學術著作獎助委員會，1978 年），頁 339。事實上，羅斯福總統非常喜歡運用私人外交，以替代正式的外交管道，以利他可以完全掌握美國的對外關係。例如美國在加入二次世界大戰的前夕，羅斯福即曾派遣他的三位私人代表，哈里霍普金斯、柯利（Lauchlin Currie）以及陶樂文（William Joseph Donovan），分別前往英國、中國與地中海地區。見 Maochun Yu, *OSS in China: Prelude to Cold War* (New Haven: Yale University Press, 1996), p. 1.

〔註11〕 當 1943 年二月，蔣夫人訪問華府時，李海樂觀的表示，由於蔣夫人，可以把中國此刻正遭受的苦難，呈現給美國人民。對於蔣夫人在白宮橢圓形辦公室的演說，李海形容會場幾乎是人滿為患，令他印象深刻。蔣夫人的氣質深深吸引著所有的女記者。稍後，李海並愉快的向羅斯福表示，蔣夫人邀請他共同前往中國訪問。見 William D. Leahy, *I Was There*, p. 155.

〔註12〕 FURS, 1944, VI, pp. 745~748.

到赫爾利對國務院官員的指控後,他對於外交部門對抗赫爾利之事印象深刻。〔註13〕

　　李海之所以會支持赫爾利,除了源自於個人對中國基本的友善態度和對國務院的負面印象外,美國對歐亞國家的外交政策上,李海對歐洲帝國主義有著極度的不滿。在李海的看法中,歐洲列強在東亞地區,不但不曾積極協助中國作戰,甚至有時是在扯中國的後腿。例如李海曾引述赫爾利的指控,表示目前正有大量的英國官員與平民出現在昆明,積極的爲英法荷三國進行帝國主義的宣傳與情報工作,而這些人在對日抗戰上,卻是毫無貢獻。〔註14〕

　　歐洲列強這種除了只會從自身的利益考量,指責蔣介石政權外,卻吝嗇於對中國伸出援手的態度,更加深李海對歐洲強權的不滿。對此,他曾不平的表示雖然任何人都可能會合理的指出,蔣介石正在爲鞏固自己的勢力,企圖與中共對抗,而不願認眞的與日本作戰。不過在譴責的背後,卻沒有任何一個帝國主義國家,願意加入對日作戰。李海曾根據赫爾利報告所作的分析,認定帝國主義國家只會關注於殖民地的爭奪。李海還引證赫爾利的報告指出,英國駐華大使赤裸裸的向赫爾利表明,美國促成中國統一的政策是不利的,也會損害白人在亞洲的地位。這種行逕更深化了李海對歐洲帝國主義的負面印象。〔註15〕

　　事實上,從羅斯福總統以至參謀首長聯席會議與李海皆認爲,如果中國未能維持一個穩定、統一且對美國友善的政府,那麼美國在中國,甚至在整個東亞地區的利益與安全,都將受到嚴重的損害。而當時在華的魏德邁亦深知此際國府所受的內外困境,建議美國政府應該儘可能給予國府協助,讓國府得以在華北與東北等收復區,對抗蘇聯與中共。〔註16〕

〔註13〕 William D. Leahy, *I Was There*, p. 337.
〔註14〕 赫爾利分析英法荷的宣傳包括:(一)譴責爲促成中國軍隊所作的努力,是在干涉中國政府;(二)希望中國內部保持分裂對抗的狀態;(三)希望利用中國與美國的力量,以及美國的租借物資,以便重新奪取舊屬的殖民地;(四)爲反對民主的帝國主義作辯護。Ibid., p. 288.
〔註15〕 Ibid., p. 288.
〔註16〕 其實魏德邁的此一援助中國的意見,乃是延續著戰時美國政府的對華政策,即他與赫爾利以及參謀首長聯席會議等所曾經堅持的意見,只要給予國府適當的援助,蔣介石的軍隊是有能力壓制國內的反叛勢力。所以,當魏德邁在瞭解到同盟國最高統帥麥克阿瑟從日本總部發佈第一號通令,即規定在中國境內的日軍指揮官和部隊應向委員長投降,不過卻把東北排除在外,魏德邁立即向陸軍部及參謀首長聯席會議表達不同的看法。魏德邁所持的理由是:

　　基本上，李海是強力支持魏德邁援華的主張。在 1945 年的戰後，他是同意魏德邁希望協助國府接收東北的建議。李海相信國軍在東北的接收行動，已是到了刻不容緩的階段。就在李海的支持下，在同年的九月十七日，參謀首長聯席會議同意魏德邁的計劃，以船隻運送國軍前往中國北方。〔註17〕

　　杜魯門總統在對華政策上亦是相當借重李海，原因有其二：一是杜魯門總統對國際外交事務所知有限。〔註18〕二是雖然他一再保證將繼承羅斯福的中國政策，但本人卻沒有深厚的中國經驗。這二項原因造成杜魯門此時對華政策的制定，所能依靠的就是透過他的下屬與幕僚，給予充分的信息。但由於國務卿貝爾納斯則將關心的焦點放在蘇聯上，〔註19〕故杜魯門總統在對華政策上相當借重李海。而此時李海強烈主張華府應該援助蔣介石。所以當 1945 年十月，杜魯門向魏德邁保證將充分支持中國時，李海是相當高興，並認為這是一項正確的選擇。當李海積極介入中國事務之時，魏德邁也興奮的向他表示，非常歡迎李海的加入，認為李海將會對涉華的政府官員，提供一個健全、無私而且務實的建議。〔註20〕

　　儘管有杜魯門對魏德邁的保證，美國政府內部的對華政策，依然呈現相

「如果若按此一通令，將東北排除在外，則會發生極大的危險，日軍的裝備將秘密地或公開地落入東北中國共產黨手中。在另一方面，如果在通令上明白規定日本部隊只向蘇俄部隊或委員長的部隊投降，上述的危險將會減少到最低限度，也許可以避免。」艾勒爾（Keith E. Eiler）著，王曉寒、翟國瑾譯，《魏德邁論戰爭與和平》，頁 13。其實在魏德邁的論點中，他認為美國的政策向來是而且繼續是完全支持蔣委員長。同時美國也承認蔣介石所領導的是唯一、正式和一致的中國政府。根據魏德邁的評估，蔣介石現在也是被公認具有在戰後中國不安定期間裡，唯一能夠穩定局勢的中國領袖。因此，魏德邁更建議華府除了以經濟、政治以及軍事援助中國外，還應該包括嚴格規定：「在全中國，包括東北在內的日本部隊和裝備，除了與蘇俄部隊正在戰鬥的地區以外，一律向委員長投降。」前引書，頁 210。甚至當隔天，即八月十五日，杜魯門已經正式訓令麥克阿瑟將軍，要求在東北的日軍應向蘇聯投降，在中國本部則向國府投降。魏德邁還是強調所有日軍應向國府投降，並要透過美國海軍陸戰隊，協助中國接收華北，以及遣返接近四百萬的日本人。見 Linda McClain, *The Role of Admiral William D. Leahy in U. S. Foreign Policy*, p. 384.

〔註17〕 James F. Schnabel, *The History of the Joint Chiefs of Staff and National Policy*, p. 408.

〔註18〕 Walter LaFeber, American Age, p. 445.

〔註19〕 有關貝爾納斯主掌國務院的作為，可參見 Charles E. Bohlen, *Witness to History, 1929~1969*, pp. 243~257.

〔註20〕 Linda McClain, *The Role of Admiral William D. Leahy in U. S. Foreign Policy*, p. 385.

互掣肘的現象。國務院與軍方兩方互有抵觸，國務院主張保留彈性政策以避免捲入國共內戰，而軍方則主張積極援助國民政府，以奠東亞之局勢。〔註21〕李海與赫爾利都是對國務院的對華態度產生不滿。故李海支持赫爾利對於國務院內親共的質疑。〔註22〕以雅爾達協議爲例，在戰時，李海即指出，總統似乎忽略外界指控，行政部門可能對蘇聯作出危險的讓步，並指責總統出賣中國。〔註23〕他個人也表示，他不認爲蘇聯加入對日作戰是有其需要性的，〔註24〕戰後，當赫爾利爲羅斯福所簽定的雅爾達協議辯護之時，李海還是一貫堅持反對的立場。〔註25〕

　　由於戰後中國局勢轉趨混亂與複雜，美國對華政策又始終在混沌不明與糾葛不清之中，故而引起李海憂心。他抱怨此際對華政策的資訊來源，所憑藉的是媒體報紙，缺乏正式的方針。因此導致參謀首長聯席會議無法對前方作戰指揮官作出正確有效的指示。故在杜魯門派遣馬歇爾使華，並確定對華政策，李海認爲這是一項最佳的選擇，且代表杜魯門決定全力支持國民政府。〔註26〕

〔註21〕梁敬錞，《中美關係論文集》，頁104。

〔註22〕Adams, Henry H., *Witness to Power, The Life of Fleet Admiral William D. Leahy*, Annapolis, Maryland: Naval Institute Press, 1985, p. 311.

〔註23〕William D. Leahy, *I Was There*, p. 317.不過修正主義學派學者如加佛（John W. Garver）即認爲美國在雅爾達會議並沒有對中國作出所謂的背叛問題。因爲長期以來，蔣介石原本就希望美國調處中國與蘇聯之間的關係。雅爾達裡的某些特別協定，其實可以追溯到1940年，蔣介石與史達之間所簽署的協定。Warren I. Cohen, *Pacific Passage -- The Study of American-East Asian Relations on the Eve of the Twenty- First Century*, p. 216.

〔註24〕William D. Leahy, *I Was There*, p. 318.不過此時的陸軍卻主張應讓蘇聯加入遠東戰局，羅斯福的態度則是站在陸軍這一邊。見 Ibid., p. 318.

〔註25〕例如，當戰後美國國內批判雅爾達會議是出賣中國時，赫爾利則在1951年舉行一場記者會，以替羅斯福辯護。赫爾利的說法是，當1945年二月雅爾達會議之後，羅斯福總統曾交給他一份雅爾達協議內容，並在三月派遣他前往英蘇兩國晉見史達林與邱吉爾，就有關協議內容試圖努力作改善。不過根據麥克連恩的研究，李海卻以四項理由反駁赫爾利的說辭。其一，是在1945年三月，他不曾記得羅斯福曾召見過赫爾利；其二，他並沒有把雅爾達協議內容交給赫爾利，而且他相信羅斯福在白宮裡，並沒有把協議內容交給其他人；其三，李海相信羅斯福完全沒有改變協議內容的企圖；其四，李海確信在赫爾利返國述職之際，赫爾利從未告訴過他，羅斯福曾訓令赫爾利要對雅爾達內容，作任何的事情。見 Linda McClain, *The Role of Admiral William D. Leahy in U. S. Foreign Policy*, pp. 386~387.

〔註26〕李海的失望原因是，此文件並沒有明確指出，美國將給予國府充分與公開的

　　杜魯門政府準備在馬歇爾前往中國之前，制定一份美國對華政策的公開聲明。〔註 27〕杜魯門即指派李海負責此一工作。李海接到杜魯門的指派任務後，即刻與陸軍部副參謀長韓德（Thomas T. Handy）接洽。〔註28〕當時，李海決定此一政策聲明，一定要反應正確的觀點，進而達成正確的結論。所謂正確的觀點與結論，就是援助與支持蔣介石是美國的長期政策，從未被改變，這也是蘇聯與英國屢屢在國際會議上所同意的。〔註29〕

　　不過，正當李海準備擬定政策之際，國務院的范宣德同時也已擬妥一份對華事務處理大綱，並由貝爾納斯面交馬歇爾參酌。馬歇爾即與韓德、赫爾（John E. Hull）中將以及克萊（Howard A. Craig）少將會商。他們認為范宣德所擬不盡適用，乃再根據范宣德之文為底稿，在十一月三十日共同修改為「美國對華政策」（U. S. Policy Toward China）初稿。〔註30〕爾後，韓德在得知李海正在草擬美國的對華聲明，亦向馬歇爾報告此事。馬歇爾聞訊，即告訴李海，他本人正在進行起草工作，並且附上他根據國務院備忘錄修改的「美國對華政策」聲明。〔註31〕其後，此十一月三十日的初稿，再經由國務卿的艾奇遜、范宣德以及馬歇爾等人的審議，最後於十二月九日定稿。杜魯門也同意上述的美國對華政策，將在十二月十五日正式對外公開。〔註 32〕不過，當這份文件一公開，卻引起李海極度的失望。〔註33〕

　　雖然很難得知若由李海執筆會完成何種的對華政策，但就美國對華政策所公布的內容而言，可以明顯看到，美國對華政策並不是如李海所願的積極支持國民政府。因為在國務院的主導下，美國暗示國府應該與包括中共在內的不同政治勢力，共同合組聯合政府。並且強調美國對華的支持，不會以軍

　　　　軍事援助。Adams, Henry H., *Witness to Power, The Life of Fleet Admiral William D. Leahy*, p. 310.
〔註27〕馬歇爾前往中國的訓令共有三份文件，除了公開的聲明文件外，尚包括杜魯門總統馬歇爾特使函，以及貝爾納斯國務卿致陸軍部備忘錄。見王成勉著，黃春森譯，〈馬歇爾使華訓令之檢討〉（台北：《近代中國》雙月刊，第一二〇期，1997 年），頁 120。
〔註28〕梁敬錞，《中美關係論文集》，頁 120。
〔註29〕Linda McClain, *The Role of Admiral William D. Leahy in U. S. Foreign Policy*, pp. 387~388.
〔註30〕梁敬錞，《中美關係論文集》，頁 120。
〔註31〕王成勉著，黃春森譯，〈馬歇爾使華訓令之檢討〉，頁 117。
〔註32〕梁敬錞，《中美關係論文集》，頁 122。
〔註33〕Henry H. Adams, *Witness to Power, The Life of Fleet Admiral William D. Leahy*, p. 310.

事力量干涉中國的內政，〔註34〕這並不符合李海一貫強調美國應該支持國府的理念。

　　李海自己曾經表示，在戰後他與馬歇爾在某些外交政策上，存在著極端不同的意見。〔註35〕而根據李海的孫子羅伯特‧李海（Robert B. Leahy）指出，中國政策是李海唯一與杜魯門和馬歇爾相左之處，〔註36〕李海之所以從原先支持馬歇爾，到後來反對馬歇爾使華，主因是在於李海並不同意使華訓令，他認為此一內容與羅斯福對蔣介石的承諾相悖離。〔註37〕李海認為羅斯福堅定支持蔣介石的政府，在戰時扶助國府對抗日本，並在戰後協助中國建立一個民主的政府。除堅持羅斯福的對華政策路線外，另有一項促成李海會質疑馬歇爾的原因，就是他認為國務院內一直存有一股傾向共產主義的勢力，在支持毛澤東。〔註38〕

　　雖然李海也意識到戰後中國還是由蔣介石與國民黨所獨佔，同時在中國也有不少的異議份子。但若相較於李海對法國戴高樂的態度，那蔣介石在李海的心目中仍可謂是正面的人物，例如，李海曾暗諷戴高樂在英國與美國只是一位媒體英雄（advertised hero），和「所謂」抗德的法國領袖而已。〔註39〕李海甚至引用貝當（Henri Petain）元帥的話，指責戴高樂，如果真要對抗德國，為何不回到法國，與人民共同承擔？〔註40〕當李海指責戴高樂不具民主觀念，不願與人分享權利時，卻沒有使用同樣的語言來論述蔣介石。〔註41〕這可見李海對於蔣介石與國民政府的偏護。

　　李海反對國務院與馬歇爾希望促成國共合組聯合政府的政策。他所以不贊成把中共引入中國政府之內，主要是顧慮到一旦中共進入國府，最後的結

〔註34〕 Department of State, *United States Relations With China: With Special Reference to the Period 1944~1949*, pp. 607~609.

〔註35〕 William D. Leahy, I Was There, p. 392.

〔註36〕 Linda McClain, *The Role of Admiral William D. Leahy in U. S. Foreign Policy*, p. 391.

〔註37〕 根據在日後嚴厲攻擊杜魯門與馬歇爾的對華政策，並引發麥卡錫主義的參議員麥卡錫表示，1945年十二月，李海曾經與馬歇爾雙方，為了對華政策彼此產生不小的爭執。見 McCarthy, Joseph R., *America's Retreat From Victory: The Story of George C. Marshall* (New York: The Devin-Adair Co., 1951), p. 80.

〔註38〕 Adams, Henry H., *Witness to Power, The Life of Fleet Admiral William D. Leahy*, p. 307.

〔註39〕 William D. Leahy, *I Was There*, p. 133.

〔註40〕 Ibid., p. 43.

〔註41〕 Ibid., p. 167.

果可能會導致中國落入蘇聯的勢力範圍。〔註 42〕李海認為此刻蘇聯的力量已經在歐洲大有斬獲，並且危及到中東地區，所以美國不能再丟掉中國，一定要將蘇聯的影響力排除於中國之外。當李海獲知馬歇爾建議對華實施武器禁運時，相當不悅。〔註 43〕因為他認為一旦對華禁運，會導致美國失去中國。李海支持國府的態度，和參謀首長聯席會議可謂是一致的。雖然李海和馬歇爾等人的對華態度有所差異，進而導致他與國務院漸行漸遠，不過後來國共的發展，卻也證明李海似乎有先見之明。〔註 44〕如李海在 1945 年十二月的日記裡，既早已指出聯合政府的政策是不可行的。〔註 45〕

直到魏德邁於 1947 年被指派前往中國，進行調查工作之前，參謀首長聯席會議對中國政策的影響力，始終相當有限。主要原因是該組織本來就是不涉入非軍事以外的事務。〔註 46〕不過，參謀首長聯席會議非常擔心萬一馬歇爾調處失敗，會導致美國退出中國，蘇聯勢將趁機控制中國。所以他們曾建議杜魯門政府，給予中國軍事介入以外的所有支持。〔註 47〕

雖然李海也不確定援助蔣介石是否能夠改善積弊已久的國民政府，但李海還是主張給予國府必要的援助。因這種援助不但延續羅斯福對中國的既往承

〔註 42〕 Linda McClain, *The Role of Admiral William D. Leahy in U. S. Foreign Policy*, p. 392.

〔註 43〕 Jonathan Daniels, *The Man of Independence* (Philadelphia: J. B. Lippincott Company, 1950), p. 317.

〔註 44〕 當羅斯福總統的行政助理丹尼爾斯（Jonathan Daniels）向他暗示，或許中共佔領中國之危險性並不如外界所想像的嚴重，因為在歷史上，中國對於所有征服者而言，皆是難以下嚥的。李海以不贊同的口吻回答：「從我是少尉之時，即聽到此一說法，但迄今我仍然不相信這種說法。」見 Ibid., p. 317.

〔註 45〕 Linda McClain, *The Role of Admiral William D. Leahy in U. S. Foreign Policy*, p. 392.

〔註 46〕 雖然參謀首長聯席會議成立的目的，乃是作為總統的最高專業軍事參謀，提供各軍部專業的訓令。對於越來越強調將來的國家安全，必須根基於大戰略的考量下（所謂大戰略乃指整合所有部門人力與物資的分配。Liddell Hart B. H., *Strategy* (New York: Praeger, 1967), p. 332，參謀首長聯席會議也必須同時扮演軍事與政治的參謀工作，尤其他們與總統可謂是朝夕相處，整個戰爭過程中，幾乎也是唯一最重要的力量，對於政治與外交等諸多事務，是不能置身於外的。所以他們的活動已經超越了純粹是專業的軍事職責，而跨足到政治經驗上。二次大戰，給了參謀首長聯席會議全方位的軍事專業舞台，也給了他們將來涉足政治的傳統與角色。Samuel P. Huntington, *The Soldier And The State -- The Theory and Politics of Civil-Military Relations*, p. 318.

〔註 47〕 Linda McClain, *The Role of Admiral William D. Leahy in U. S. Foreign Policy*, p. 394.

諾，也能展延蔣介石的政權。惟李海與參謀首長聯席會議皆未能影響美國政府援華政策。〔註 48〕此時軍方無法說服國務院支持國府最明顯的例子，是 1946 年八月十九日至 1947 年五月二十六日止，杜魯門政府對華實施武器禁運。〔註 49〕

　　李海對於國務院與馬歇爾對國府所採取的一些負面的行動，曾給予強烈的質疑與批判。他認為國府如果缺少美國的軍援，則蔣介石的政權是岌岌可危的。對於此點，李海支持海軍部長即後來美國首任國防部長的佛洛斯特，以及國會中親蔣派的中國幫等人的訴求，積極要求應該給予國府必要的援助。〔註 50〕在 1948 年國共內戰激烈之時，李海甚至一度建議派遣五千名美軍前往中國，協助國民政府。〔註 51〕

　　1945～1950 年的中國議題，對於李海是一個相當不愉快的經驗，作為一個反共主義者，雖然他非常關心中國問題與支持蔣介石，不過始終無法發揮影響力，尤其是馬歇爾使華後，美國政府更是以馬歇爾為馬首是瞻。直到 1950 年六月韓戰爆發，中共介入之後，李海即指責此危機就是根源於國務院當初未能援助國府所致。〔註 52〕不但如此，根據羅伯特・李海的描述，直到後來的歲月裡，李海還是認為從雅爾達密約起，中國一直遭到出賣。他相信國府如果在內戰中，能多獲一些美國的援助，則或許可以佔據中國西南半壁江山，繼續和中共對抗。〔註 53〕

〔註 48〕 Ibid.
〔註 49〕 FRUS, 1946, X, "The Acting Secretary of State to the Administrator of the War Assets Administration (Littlejohn)", pp. 755~756.八月六日，美國國務院通知華盛頓「戰餘物資軍火管理處」，告以運華軍火將交給「聯合政府」下的國軍。而儘管馬歇爾曾宣稱此時國民政府並不缺乏軍需品，見 Department of State, *United States Relations With China: With Special Reference to the Period 1944~1949*, p. 355，但還是有不少人把國府最後的失敗歸咎於這一年的禁運。見 Wu Chien-shiun, "*National Government-CCP Conflict 1945~1946: A Preliminary Study*", Shaw Yu-ming (ed.), *Reform and Revolution in Twentieth Century China* (Taipei: Institute of International Relations National Chengchi University, 1987), p. 182.
〔註 50〕 例如，1946 年十一月，馬歇爾希望美國在華北的海軍陸戰隊，應該在陷入中國內戰的泥沼之前，及早減少駐軍和撤軍時，佛洛斯特與李海卻是故意拖延執行此一政策。後來，引起艾奇遜的不滿一狀告到杜魯門，逼使杜魯門親自向他們兩人下達指令，必須加速執行馬歇爾的建議。見 Dean Acheson, *Present at the Creation*, p. 209.
〔註 51〕 Linda McClain, *The Role of Admiral William D. Leahy in U. S. Foreign Policy*, p. 397.
〔註 52〕 Ibid., 398.
〔註 53〕 Linda McClain, *The Role of Admiral William D. Leahy in U. S. Foreign Policy*, p.

第二節　布萊德雷的對華主張

1949 年八月十六日，參謀首長聯席會議成員之一的陸軍參謀長布萊德雷正式接替李海，被杜魯門任命爲參謀首長聯席會議主席。他在軍中素以對待部屬溫和與關懷著稱，因而被屬下暱稱爲「阿兵哥將軍」（the GI's General）。〔註 54〕當他上任之後，〔註 55〕遭遇兩件棘手的問題，一是著名的「海軍上將暴動」事件（revolt of the admirals）；〔註 56〕另一則是韓戰的爆發。而後者使他與美國的華政策發生關係。本節即在探討布萊德雷的對華主張，主要集中1949～1950 年，在他就任主席前後，究竟如何看待台灣，以及在韓戰發生後，他對中共與台灣又是抱持何種認知與建議。

布萊德雷的戰略理念是歐洲第一，〔註 57〕並不太重視太平洋地區的人力與物資援助，〔註 58〕所以對布萊德雷而言，1949 年之前的台灣並不是一個重要的課題。正如布萊德雷後來所言，美國政府在戰後並沒有特別爲台灣構想出一套防禦的計劃。他們的看法是，只要戰後的國民政府能夠控制它，台灣會相當的安全，不需要美國太過擔心。〔註 59〕

不過當國府在大陸失利，決定退守台灣後，在美國軍方的規劃中，就出現了重大的轉折。參謀首長聯席會議強調，由於國民政府的崩潰，造成亞洲大陸的混亂，再加上共產主義的勢力擴張，使其不得不重新評估台灣的戰略地位。〔註 60〕同時布萊德雷也認爲中共爲了徹底擊敗蔣介石與國民政府，它

397.

〔註 54〕 Cole, Ronald H., Lorna S. Jaffe, Walter S. Poole, Willard J. Webb, *The Chairmanship of the Joint Chiefs of Staff*, p. 44.

〔註 55〕 布萊德雷在 1948～1949 年之間，也是參謀首長聯席會議的成員之一。Korb, Lawarnce J., *The Joint Chiefs of Staff -- The First Twenty-Five Years*, p. 28.

〔註 56〕 所謂的海軍上將暴動事件是指戰後由於美國軍事戰略的改變，海軍將領深懼在未來的戰爭中，海軍無法扮演重要的角色，而且美國政府也準備取消建造大型航空母艦。爲此，海軍於是大力攻擊軍方所規劃的戰略核子武器計劃，尤其反對空軍的 B-36 轟炸機。Cole, Ronald H., Lorna S. Jaffe, Walter S. Poole, Willard J. Webb, *The Chairmanship of the Joint Chiefs of Staff*, p. 45.

〔註 57〕 杭亭頓除了也指出布萊德雷是歐洲主義者外，還強調他主張圍堵、地面作戰（land warfare），Samuel P. Huntington, *The Soldier and the State -- The Theory and Politics of Civil-Military Relations*, p. 436.

〔註 58〕 David M. Finkelstein, *Washington's Taiwan Dilemma, 1949~1950 -- From Abandonment to Salvation*, pp. 222~223.

〔註 59〕 Bradley, Omar N., *A General's Life*, p. 527.

〔註 60〕 Michael Schaller, *Douglas MacArthur -- The Far Eastern General* (New York: Oxford University Press, 1989), p. 164.

隨時有可能入侵並佔領台灣。〔註 61〕於是有不少軍方將領出面積極呼籲美國應該盡力援助台灣，以免它受到共黨的威脅，其中最爲人所熟知的便是麥克阿瑟的對台主張。

麥克阿瑟是一位強烈的「亞洲主義」者，這和布萊德雷所主張的歐洲第一戰略是截然不同，所以在 1949 年，面對美國國防部準備把美軍在亞洲的海、空軍資源移轉至歐洲時，他便疾言譴責五角大廈內的「大西洋主義者」準備從大平洋地區逃離。〔註 62〕而且他也把台灣形容是不沈的航空母艦，更強調台灣對美國的價值，其實已超越軍事意義，具有象徵意義，要求華府應該給予台灣軍事、經濟以及政治的援助。〔註 63〕

在布萊德雷的傳記中，他也引述麥克阿瑟對台灣的戰略分析：美國如果想從菲律賓到日本，進行周邊島嶼防禦，那麼台灣在地理位置上，具有重要的價值。日本在二次世界大戰期間，就曾積極在台灣建立許多的空軍基地，戰後則由國民政府接收這些空軍基地並且加以整修。麥克阿瑟評估，如果台灣的空軍基地爲中共佔領，則會威脅到菲律賓，甚至是在琉球的盟軍基地。〔註 64〕

所以當布萊德雷在 1949 年八月任參謀首長聯席會議主席，便接受其成員之一陸軍上將柯林斯（Joe Collins）的建議，再次評估台灣的問題。〔註 65〕這次的評估結果，即成爲在十二月二十四日的國家安全會議第 37-9 號文件。〔註 66〕此一文件主要受到兩方面的影響，分別爲麥克阿瑟的對台戰略評估以及柯林斯的建議。〔註 67〕後者主張華府應該把對台灣的軍事援助，定位在「不使用美國的主要軍力」，由於柯林斯的這項意見頗符合布萊德雷的對台理念，所以布萊德雷採納了柯林斯的意見。〔註 68〕

〔註 61〕 Omar N. Bradley, *A General's Life*, p. 527.

〔註 62〕 David M. Finkelstein, *Washington's Taiwan Dilemma, 1949~1950 -- From Abandonment to Salvation*, p. 222.

〔註 63〕 Michael Schaller, *Douglas MacArthur -- The Far Eastern General*, p. 179.

〔註 64〕 Omar N. Bradley, *A General's Life*, p. 527.

〔註 65〕 Omar N. Bradley, *A General's Life*, p. 527.在此要略爲介紹柯林斯，他在 1949～1953 年成爲參謀首長聯席會議成員之一，於此之前，他曾在 1930 年代與布萊德雷共事，並深獲布萊德雷的信任。David M. Finkelstein, *Washington's Taiwan Dilemma, 1949~1950 -- From Abandonment to Salvation*, pp. 231~232.

〔註 66〕 該文件可詳見 FRUS, 1949, XI, pp. 460~461，或本文第五章第二節。

〔註 67〕 Bradley, Omar N., *A General's Life*, p. 527.

〔註 68〕 不過，儘管布萊德雷同意有限度的軍援台灣，但在某些學者的分析中，他是在某種壓力的情況下，才同意提出國家安全會議第 37-9 號文件。根據芬克斯

　　布萊德雷也瞭解，國務卿艾奇遜會對這份參謀首長聯席會議的報告非常的不滿。〔註69〕因為艾奇遜在韓戰爆發之前，一直認為美國的對台政策應該是盡量透過外交、經濟的手段，而不是以武力援助台灣。因為艾奇遜評估在台灣的蔣介石已注定會失敗，即然國民政府不可能防禦台灣，那麼任何對台灣的軍援都會造成不利的後果。〔註70〕

　　故艾奇遜在得知參謀首長聯席會議的評估之後，即召集布萊德雷在內的參謀首長聯席會議成員會商研議，以說服他們修正軍援台灣的建議。經過一番討論後，布萊德雷等人接受艾奇遜的意見，同意以政治考量解決台灣問題，〔註71〕也就是不予中共攻擊美國的藉口，並準備從台灣脫身。

　　總之，雖然布萊德雷一再強調他與參謀首長聯席會議純粹是從軍事角度對台評估，不過他能尊重美國政府的對台政策，改變參謀首長聯席會議原先「適度援助台灣」的建議。〔註72〕這也或許可以解釋為避免以軍方的立場捲入政治的漩渦。〔註73〕杭亭頓曾評價布萊德雷是一位軍事政治人物（military statesman），而不是軍事專家（military expert）。〔註74〕

　　不同於李海全力支持國民政府，布萊德雷的態度相當消極。分析布萊德雷從1948年二月進入參謀首長聯席會議後，其對華理念，可歸納以下幾點：

　　　敦的說法是，麥克阿瑟、詹森、陸軍部長萬雷（Gordon Gray），以及陸軍副部長沃希斯（Tracy S. Voorhees）等人曾對參謀首長聯席會議施壓，要求他們對台提出積極性的建議，布萊德雷因為感到一股無法抵擋的援台力量，最後才同意這份對台評估。David M. Finkelstein, *Washington's Taiwan Dilemma, 1949~1950 -- From Abandonment to Salvation*, pp. 222, 231.

〔註69〕參謀首長聯席會議的這份報告也引發了詹森與艾奇遜之間的衝突。

〔註70〕這些不利的影響包括：（一）引起中國人民的排外情緒；（二）使美國陷入中國內戰；（三）對美國在遠東地區的聲望造成負面影響。Omar N. Bradley, *A General's Life*, p. 528, Christensen, Tomas J., *Useful Adversaries: Grand Strategy, Domestic Mobilization, and Sino-American Conflict, 1947~1950*, p. 108.

〔註71〕FRUS, 1949, IX, "Memorandum of Conversation, by the Secretary of State", pp. 466~467.簡言之，在這場重要的會議中，艾奇遜的說辭是，保衛台灣所要付出的政治代價太大了，故台灣問題應該由政治考量解決。Shu Guang Zhang, *Deterrence and Strategic Culture -- Chinese-American Confrontations, 1949~1958*, p. 54.

〔註72〕FRUS, 1949, IX, "Memorandum of Conversation, by the Secretary of State", p. 466, David M. Finkelstein, *Washington's Taiwan Dilemma, 1949~1950 -- From Abandonment to Salvation*, p. 231.

〔註73〕Ibid., p. 232.

〔註74〕Samuel P. Huntington, *The Soldier and the State -- The Theory and Politics of Civil-Military Relations*, p. 436.

　　（一）他對於國府的統治能力深感懷疑，也不滿國府想要利用美國的企圖心。所以他「完全同意」1949 年底，美國在華軍事顧問團團長巴大維對國府批評作的報告。〔註75〕甚至在韓戰初期，布萊德雷還將參謀首長聯席會議，誤判中共是否會參與韓戰，歸罪於台灣提供的錯誤情報。基於此，他更批判台灣是別有用心試圖利用美國。〔註76〕

　　（二）布萊德雷基於參謀首長聯席會議對於中國的局勢所知有限，以及美國政府已準備經援中國，所以他反對該會議對國府的軍援計劃，認爲這是一項極大的錯誤，並將使美國介入中國內戰。〔註77〕雖然參謀首長聯席會議後來接受中國集團的意見，對國民政府進行「有限度」的軍事援助，但布萊德雷也坦承此一軍援方式只不過是「買時間」（buying of time）。〔註78〕

　　（三）布萊德雷對華的悲觀理念，因韓戰爆發而出現轉折。參謀首長聯席會議非常擔心台灣會被中共赤化，於是他們就在國防部長詹森的支持下，修正先前的對台主張，向杜魯門建議三件事：一是應該立即給予台灣援助；二是派遣軍事調查團前往台灣；三是允許國府空軍可以攻擊中共的軍隊與大陸的港口。〔註79〕結果這三項在布萊德雷評估是「非常激烈」的建議，最後杜魯門與艾奇遜只同意前二項建議。〔註80〕

　　不過，布萊德雷此時的對台態度已不若韓戰前的消極，反而批評杜魯門與艾奇遜對台的保守政策。〔註81〕他的看法是台灣的戰略價值比韓國更爲重

〔註75〕報告的內容指出，國府的失敗主要源自於，它衰弱、不穩定以及過度中央化的體質，加上又得不到人民的支持，還極力維持特權階級的利益。Omar N. Bradley, *A General's Life*, p. 518.

〔註76〕Ibid., p. 561.

〔註77〕Ibid., p. 517.

〔註78〕Ibid., p. 518.

〔註79〕Ibid., pp. 547~548.

〔註80〕Ibid., p. 547. Acheson, Dean, *Present at the Creation*, p. 422, Bradley, Omar N., *A General's Life*, p. 548.歷來學者對於韓戰爆發，杜魯門政府如何評估台灣，解讀不一。例如芬克斯敦強調韓戰前，杜魯門與艾奇遜從不認爲台灣有任何戰略價值，但韓戰一爆發，台灣的戰略地位即刻水漲船高，引起華府的重視。Tomas J. Christensen, *Useful Adversaries: Grand Strategy, Domestic Mobilization, and Sino-American Conflict, 1947~1950*, p. 133.相反地，克里斯汀森（Thomas J. Chirstensen）卻持不同的看法，他認爲芬克斯敦的證據太過薄弱，反倒是他有充分的理由相信，即使韓戰爆發後，台灣的戰略意義在杜魯門與艾奇遜的評估中，仍然沒有改變。Ibid., p. 134.

〔註81〕艾奇遜事後也批評參謀首長聯席會議誤解杜魯門總統在韓戰發生時，所下達中立化台灣命令的意涵。

要，如果共產集團持續攻擊遠東諸國，美國有必要盡最大的力量保護台灣。因爲布萊德雷從美國在此一地區的戰略考量，認爲失去台灣將是重大的損失。〔註 82〕而且布萊德雷強調，北韓會攻擊南韓，背後一定有蘇聯的支持與鼓勵，蘇聯的策略是想利用韓戰作爲牽制，讓中共入侵台灣，最後掩護蘇聯「聲東擊西」奪取西歐。〔註 83〕

基於布萊德雷對蘇聯的看法，與認定台灣的重要性，所以當 1950 年十月十四日中共跨越鴨綠江後，他向杜魯門建議，美國應該在亞洲某個地方劃線（draw the line），以展示華府對抗蘇聯共產集團的決心。〔註 84〕很明顯的，布萊德雷認爲台灣可以作爲劃線的理想地方。當在 1950 年十二月五日，美軍在朝鮮半島面對中共與北韓聯軍頑強抵抗時，他又再次特別強調台灣的戰略價值，他說：「我們也許會失去韓國，所以必須在台灣劃線。如果我們完全退讓，美國民眾將無法瞭解爲何我們會如此巨大的改變。」〔註 85〕

雖然布萊德雷強調從台灣劃線，牽制共產勢力的擴張，但並不代表他支持台灣對抗中共。儘管他瞭解中共的野心與潛在的威脅，不過除了主張把中共在朝鮮半島的力量擊退外，布萊德雷並不同意美軍對中共進行全面性的攻擊。他主張美國只能以有限度軍力，再配合其他制裁方式對付中共。所謂其他的制裁方式，主要是經濟手段。關於此點可借用二事件分析：（一）當 1950年十二月，國務院曾考慮是否要解除對中共的經濟制裁時，以布萊德雷爲首的參謀首長聯席會議，表達強烈的反對意見。他們同時還主張美國不但可以單方面，甚或聯合其他自由國家，共同對中共實施全面性的經濟制裁。〔註 86〕（二）在 1951 年四月十九日，麥克阿瑟被杜魯門解職返回華府，向美國民眾發表演說強調四件事：1. 擴大對中共的經濟封鎖；2. 以海軍封鎖中共；3. 解除對大陸沿岸與東北的偵察限制；4. 解除對國府軍隊攻擊大陸的限制，並給予他們必要的後勤援助，對抗共同的敵人。布萊德雷還是堅持他只同意麥克阿瑟的第一點主張，尤其斷然拒絕第四點。〔註 87〕布萊德雷所以不贊成麥克阿瑟

〔註 82〕 Omar N. Bradley, *A General's Life*, p. 534.

〔註 83〕 Ibid., p. 557.

〔註 84〕 FRUS, 1950, VII, p. 158.其實，布萊德雷非常擔心中共會趁著韓戰，攻取南韓後，再入侵日本本島。蘇聯則趁勢從庫頁島向日本北方進逼，形成中蘇共雙面夾擊日本的勢態。Omar N. Bradley, *A General's Life*, p. 611.

〔註 85〕 FRUS, 1950, III, p. 1736.

〔註 86〕 FRUS, 1950, VI, "The Joint Chiefs of Staff to the Secretary of Defense (Marshall)", pp. 680~681.

〔註 87〕 Omar N. Bradley, *A General's Life*, p. 639.

的意見，主要是他認為美國不可因韓戰而擴大與中共的戰事。在韓戰期間，布萊德雷曾經有過一句名言：「這是一場在錯誤的地方，錯誤的時間，與錯誤的敵人發生的錯誤戰爭。」〔註88〕他的解釋是：美國應該盡力避免與中共發生全面性的戰爭。因為布萊德雷只主張從台灣劃線以對抗共產勢力，但又不希望和中共展開全面性的戰爭，以免讓蘇聯在西歐有機可趁。

總的分析，布萊德雷的對華主張可以韓戰為界，分成二個階段。韓戰前，布萊德雷的對華主張比較傾向杜魯門與艾奇遜。〔註89〕換言之，即是以消極、負面刻板印象來看待中國事務，和比較尊重國務院的外交立場。但自韓戰起，為了應付共產勢力的擴張，他對台灣的評估出現重大的轉折，主張在台灣劃線以防禦遠東地區的安全。不過他對台灣的重視還是有限度的，他一再強調美國對台一定要保留主動與自由行動的權利。〔註90〕

歸納李海與布萊德雷在對華政策上所扮演的角色約略為以下幾點：

（一）李海是反共主義者，也是一位對蔣介石友好的軍方將領。他對中國有一份特別的情感，所以有學者會認為李海在對中國問題上無法務實的思考美國國家利益，而李海也的確在各種場合表達他對國民政府與蔣介石的支持。〔註91〕

（二）李海即使在杜魯門總統上任後，仍趨向羅斯福的中國政策，即堅定的支持蔣介石與國民政府。〔註92〕例如，當1947年初，馬歇爾以國務卿之

〔註88〕 Ibid., p. 640.不過，布萊德雷也強調許多歷史學家解釋，參謀首長聯席會議此言指的是韓戰本身，實是錯誤的解讀。

〔註89〕 其實布萊德雷相當懷疑詹森的政治野心以及軍事戰略的理念，他甚至指出詹森主掌國防部，是杜魯門任期內最差的任命。Ibid., p. 501~502.

〔註90〕 FRUS, 1950, VI, "Memorandum by the Joint Chiefs of Staff to the Secretary of Defense (Johnson)", p. 393.

〔註91〕 Linda McClain, *The Role of Admiral William D. Leahy in U. S. Foreign Policy*, p. 377.在1943年五月的華盛頓會議上，李海會明白的表示，美國應該立即援助中國的力量，以對付日本。Paul L. Miles, Jr., *American Strategy in World War II: The Role of William D. Leahy* (Ann Arbor MI: A Bell & Howell Information Company, 1999), p. 155.即使在1945年十一月二十七日，李海依然強調美國應該透過外交的手段，給予國民政府充分，而且是公開的軍事支援，以對抗蘇聯在華北的擴張。Edward J. Marolda, *The U. S. Navy and Chinese Civil War, 1945~1952*, p. 34.在1947年，李海為了加強美國民眾對蔣介石的支持，他甚至公開的表示，美國海軍正在訓練中國的水手。Ibid., p. 54~55.

〔註92〕 事實上，羅斯福總統是不是堅定的支持蔣介石，歷來也有不少的爭議。在戰時，羅斯福即曾為了試圖結合所有的抗日力量，決定採取近接中共的策略。為此，羅斯福於戰時，派遣著名的延安調查團（Dixie Mission）前往延安。依

職，主張美國不應給予國民政府軍事援助時，李海還是主張美國政府應該公開且進一步的支持蔣介石。他不諱言的指出，在中國維持一個非共的政權，比保護土耳其與希臘等國家，對美國的未來安全更具有價值。〔註93〕此亦涉及到李海與馬歇爾，甚至是與杜魯門和國務院，對於戰後美國全球策略，存在著不同的思維所致。〔註94〕基本上，李海代表著海軍的戰略觀念，主張戰後的全球戰略應以亞太地區為主，在亞洲只有國民政府能夠對抗共產主義擴張的，所以美國應該支持蔣介石。因此，李海明白表示，若純粹從軍事觀點而言，對美國安全重要性，一個非共的中國，比復興歐洲更具意義。〔註95〕

（三）李海雖然長年為羅斯所倚重，但是在對中國事務上有其基本立場與堅持之處。例如他就認為羅斯福的雅爾達協定是一項背叛國府的行為。而李海在戰後的美國對華政策上，他始終未能直接參與對華政策的決策過程中，但這並不影響他在對華態度上的堅定立場，同時亦直言批評之，如李海認為中國的赤化，美國要負起部分責任。

（四）至於布萊德雷的對華主張以韓戰為分界，韓戰前傾向接受國務院的觀點放棄台灣。但是到韓戰爆發後，他比較堅持軍方的看法，力主保台，但也強調要避免與中共發生大戰。比較起來，布萊德雷是重視歐洲，連對亞洲防共事務的考量上，都會思考是否會影響到蘇聯勢力在歐洲的擴張，此應與其個人的經歷與軍種背景有關。

戰時，羅斯福企圖與中共接觸的情況而視，不少假設，如果羅斯福不在任期內病逝的話，其後的中美關係將不會急轉惡化。見汪熙、王邦憲著，《我國三十五來的中美關係史研究》，頁6。

〔註93〕 Edward J. Marolda, *The U. S. Navy and Chinese Civil War, 1945~1952*, pp. 53~54.

〔註94〕 根據馬洛達（Edward J. Marolda）的研究，此時的海軍領導人士，不論是部長佛洛斯特，或者是李海本人等都對國務院相當的不滿。例如佛洛斯特指責國務院中國科有一群左翼份子。李海則稱國務院內有一股紅色勢力（pinkies）。海軍之中對國務院進行最嚴屬的攻擊，當屬李海的一位海軍下屬，其後也成為杜魯門助理丹尼生（Robert L. Dennison）為代表。丹尼生曾指控「外交官」一辭已經變成一個骯髒的眼字，海軍完全不想與國務院打交道。Ibid., p. 30~31.

〔註95〕 Ibid., p.62.另一位可以代表海軍的亞洲主義者，是在 1953～1957 年接掌參謀首長聯席會議主席的海軍上將雷德福（Arthur W. Radford）。Samuel P. Huntington, *The Soldier and the State -- The Theory and Politics of Civil-Military Relations*, p. 436.

結　論

1947～1950 年，參謀首長聯席會議的對華政策，和其具有多大決策的影響力，是一個深具研究價值的議題。透過這個組織與國務院互動關係的比較，可以呈現華府在對華政策制定過程中的理想、現實、衝突與矛盾。從本文研究中得知，這兩個單位互動的結果，通常是參謀首長聯席會議的建議被修正的較多，讓步的也較多，往往是國務院凌駕於軍方。這固然是因爲美國的外交體系，歷來就是以國務院爲主。雖然冷戰與韓戰使軍方的意見更有份量，但仍不足以動搖國務院的地位。

綜合本文對於參謀首長聯席會議在對華政策上的角色，以及此時期美國對華政策的分析，約可以歸納出幾項結論：

（一）在首任主席李海的規範下，基本上，參謀首長聯席會議是儘量謹守專業軍事的本職，而不容許參謀首長聯席會議進行軍事以外的政治活動。〔註1〕但戰後美國的國家安全，對外所涉及的是整體外交與冷戰外交，故而在外交團隊上，需要仰賴參謀首長聯席會議的建言與評估。因此，其在戰後的外交範疇上，參謀首長聯席會議有不容忽略的力量。〔註2〕不過，除非是緊急狀況，或者是戰爭狀態，否則這個機構大都只有在被動的情況下，才被要求作出戰略上的評估。

（二）當 1947 年七月參謀首長聯席會議正式成立後，美國的對華政策，

〔註1〕 此種現象一直到 1947 年下半年，魏德邁將軍奉命使華調查中國內政，才略有改變。

〔註2〕 但也不必過度強調軍方在外交上的角色，因爲從美國歷史上也不難發現，從來沒有一次外交關係是由軍方主導。

係由馬歇爾等人主導，基於其對國府的成見，故當參謀首長聯席會議對華的軍事評估，在送抵國家安全會議，或者由國務院參酌時，經常難抵國務院的大幅度修正或否決。

　　（三）參謀首長聯席會議對於中國政策曾提出不少積極性的建議，不過由於對華政策決策人士的舉棋不定或拖延，故而錯失許多援助國府的機會，終致未能達成預期的效果。例如，參謀首長聯席會議所規劃的聯合軍事顧問團，蔣介石早在 1945 年，就對華府提出顧問團的要求，但此一顧問團一直到 1948 年底，才由美國國會立法正式通過。延宕的結果，是當軍事顧問團準備在華執行任務時，國共衝突已到尾聲，國軍已近全面潰敗的階段，顧問團即草草結束。另外，軍方建議應給予國府的軍援，也在行政部門的戰略與政治的改量下，經常遭到刪減。行政部門在對華援助過程中，這種「太慢又大少」的舉措，即成為日後在「誰失去中國」的論辯中，被反共人士所大力圍剿。〔註3〕

　　（四）根據本文研究發現，美國對華政策制定的體系中，軍事系統人員對國府的友善態度，始終是高於文人部門。無論是國府在大陸，或者是撤退到台灣，軍方常從戰略的角度思考來構思援助國府。即便從 1948 年下半後，參謀首長聯席會議仍然強調，若驟然斷言對華援助已遲，又恐非實情之建言。

　　（五）軍職人員中又以海軍對華的態度較為友善。例如，柯克、雷德福等人，不但積極支持國府，日後更成為蔣介石的忠實支持者。〔註4〕不過值得注意的是，軍事將領之所以會出現與國務院不同的看法，原因不外有：一是他們純粹以軍事戰略著眼，而國務院則是比較重政治外交的考量；二是有些是涉及到個人因素，或者是各個單位在爭奪政治與外交的領導權。〔註5〕

〔註3〕 Helen E. F., Anderson, *Through Chinese Eyes: American China Policy*, 1945~1947, pp. 3~4.

〔註4〕 雷德福後來更是一位「失去中國」論調的擁護者，他也在 1953～1957 年，成為參謀首長聯席會議主席。見 Lawrence J. Korb, *The Joint Chiefs of Staff -- The First Twenty-Five Years*, p. 29.

〔註5〕 這可以國防部長詹森與艾奇遜的互動為例，兩人幾已達到水火不容的地步。他們對華政策的歧異，與其說是戰略見解上的差異，毋寧說是個人與政治層次的差異，或者是政治權力的爭奪較為恰當。時殷弘，《敵對與衝突的由來——美國對新中國的政策與中美關係（1949～1950）》，頁 148。就如同共和黨的國會與民主黨的杜魯門之間，對華政策會產生磨擦，部分原因不是戰略上的考量，而是導源於政治議題的訴求所致，質言之，國會就是為了反對而反對，以便區隔與民主黨外交政策的差異性。

　　（六）美國對華政策的制定與執行，必然涉及機構以及各別人物。在軍
事機構方面，從首任的國防部長佛洛斯特，以及繼任的詹森，乃至李海，或
者參謀首長聯席會議成員，以迄亞洲戰區的各軍種司令，大多對國民政府抱
持較爲肯定的態度。尤其是詹森甚至還準備協同共和黨人士，對抗杜魯門與
艾奇遜的中國政策。〔註6〕

　　（七）有學者認爲，參謀首長聯席會議與國務院在對華政策的制定過程
中，有著某種程度的「契合」，例如自 1949 年國府撤退至台之後，兩個行政
部門皆認爲不應再給予蔣介石政府過多的援助。〔註7〕所以每當艾奇遜受到國
會的攻擊時，經常會利用參謀首長聯席會議的對台評估作爲擋箭牌。〔註8〕但
是實際上參謀首長聯席會議與國務院是各有考量。軍方主要著眼於美國有限
的軍力，以及全球軍事戰略考量，而國務院更多的思慮，則集中在美國未來
國際外交的發展，如與避免刺激中共倒向蘇聯，並希望與中共交往，將毛澤
東「狄托化」。

　　（八）個人因素也在參謀首長聯席會議的對華關係上扮演著角色。在參
謀首長聯席會議主席的職位上，如李海因爲資歷深，而較敢表達與堅持該組
織及其個人之主張，而布萊德雷則在角色上較具彈性，比較尊重國務院在外
交上之政治考量。一直到韓戰後，布萊德雷才比較力主軍事戰略的立場。而
此時期參謀首長聯席會議未能發揮足夠的影響力，主要是當時的國務卿馬歇
爾與艾奇遜強勢，而且在對華政策上有其成見與堅持，使得參謀首長聯席會
議難以抗衡或堅持，故影響力也相對減弱，未能在此時期突顯冷戰時期美國
外交在戰略考慮的特色。

〔註6〕　不過，也不可樂觀的認定所有軍方都支持國府。例如馬歇爾即是對蔣介石政
　　　　權持保留態度的重要決策人士之一。尤其整個軍方系統以歐洲優先爲最高的
　　　　戰略考量。

〔註7〕　當時也有報導分析，在美國政府內部中，國務院與參謀首長聯席會皆認爲此
　　　　時援助國府不但是徒勞無益，並且會疏離美國和印度，以及遠東地區人民間
　　　　的感情。Tomas J. Christensen, *Useful Adversaries: Grand Strategy, Domestic
　　　　Mobilization, and Sino-American Conflict, 1947~1950,* p.124.

〔註8〕　Ronald L. McGlothien, *Controlling The Waves -- Dean Acheson and U. S. Foreign
　　　　Policy in Asia,* p. 134.

徵引書目

壹、中文部份

一、文獻、檔案、回憶錄、選集

1. 毛澤東，《毛澤東選集》，重慶：人民出版社，1991 年。
2. 司徒雷登，《司徒雷登回憶錄——在中國五十年》，台北：新象書店，1984年。
3. 艾勒爾（Keith E. Eiler）著，王曉寒、翟國瑾譯，《魏德邁論戰爭與和平》，台北：正中出版社，1989 年。
4. 秦孝儀編，《中華民國重要史料——對日抗戰時期》第七編戰後中國（三），台北：中國國民黨黨史委員會，1981 年。
5. 國史館，《蔣中正總統檔案》，台北：國史館。
6. 顧維鈞，《顧維鈞回憶錄》，北京，中華書局，1988 年。

二、研究著作

（一）書 籍

1. 丁永隆、孫宅巍，《南京政府崩潰始末》，台北：巴比倫出版社，1992年。
2. 中共央黨史研究室，《中共黨史大事年表》，北京：人民出版社，1987年。
3. 孔華潤著、張靜爾譯，《美國對中國的反應——中美關係的歷史剖析》，上海：復日大學出版社，1997 年。
4. 牛軍，《內戰前夕——美國調處國共矛盾始末》，台北：巴比倫出版社，1993 年。
5. 王成勉，《馬歇爾使華調處日誌（1945 年 11 月～1947 年 1 月）》，台北：

國史館，1992年。

6. 王東主編，《中國共產黨大辭典》，北京：中國廣播電視出版社，1991年。

7. 王健民，《中國共產黨史》，台北：漢京文化事業有限公司，1988年。

8. 王國強，《美國有限戰爭理論與實踐》，北京：國防大學出版社，1995年。

9. 王淇主編，《從中立到結盟：抗戰時期美國對華政策》，廣西：廣西師範大學出版社，1996年。

10. 吳東之，《中國外交史──中華民國時期（1911～1949）》，河南：河南人民出版社，1998年。

11. 吳翎君，《美國與中國政治（1917～1928）──以南北分裂政局爲中心的探討》，台北：東大圖書股份有限公司，1996年。

12. 吳濁流，《台灣連翹》，台北：前衛出版社，1989年。

13. 李本京，《蔣中正先生與中美關係──從白皮書公佈到韓戰爆發》，台北：黎明文化事業公司，1992年。

14. 李榮秋，《珍珠港事變到雅爾達協定期間的美國對華關係》，台北：東吳大學中國學術著作獎助委員會，1978年。

15. 沈慶林，《中國抗戰時期的國際援助》，上海：上海人民出版社，2000年。

16. 林博文，《歷史的暗流──近代中美關係秘辛》，台北：元尊文化企業股份有限公司，1999年。

17. 邵玉銘，《中美關係研究論文集》，台北：傳記文學出版社，1980年。

18. 姚夫等編，《戰爭解放紀事》，北京：解放軍出版社，1987年。

19. 胡永銘，《1949～1950年美國對華關係：蔣公引退至韓戰爆發前夕》，台北：撰者自印，1987年。

20. 唐耐心（Nancy B. Tucker）著，新新聞編譯小組譯，《不確定的友情──台灣、香港與美國（1945～1992）》，台北：新新聞出版社，1995年。

21. 孫同勛譯，《不朽的美國歷史文獻》，台北：新亞出版社，1976年。

22. 時殷弘，《敵對與衝突的由來──美國對新中國的政策與中美關係（1949～1950）》，南京：南京大學出版社，1995年。

23. 張玉法，《中華民國史稿》，台北：聯經出版事業公司，1998年。

24. 梁敬錞，《中美關係論文集》，台北：聯經出版事業公司，1982年。

25. 梁敬錞，《史迪威事件》，台北：台灣商務印書館，1971年。

26. 陳景彪、彭錦華，《美俄國共大角逐》，台北：風雲時代出版社，1993年。

27. 陶文釗,《中美關係史》,上海:上海人民出版社,1999 年。

28. 陶文釗、梁碧瑩合編,《美國與近現代中國》,北京:中國社會科學出版社,1996 年。

29. 華慶昭,《從雅爾達到板門店——美國與中、蘇、英(1945～1953)》,北京:中國社會科學院出版社,1992 年。

30. 費正清編,章建剛譯,《劍橋中華民國史》,上海:上海人民出版社,1992 年。

31. 楊生茂編,《美國外交政策史》,北京:人民出版社,1991 年。

32. 資中筠,《美國對華政策的源起與發展(1945～1950)》,重慶:重慶出版社,1987 年。

33. 廖中和,《國際政治的理想主義與現實主義》,台北:台灣商務印書館,1985 年。

34. 福雷斯特·波格(Forrest C. Progue)著,施旅譯,《馬歇爾傳(1945～1959)》,北京:世界知識出版社,1991 年。

35. 劉國興,《評估美國杜魯門總統之中國政策》,台北:台灣商務印書館,1984 年。

36. 謝益顯,《中國外交史——中華人民共和國時期(1949～1979)》,河南:河南人民出版社,1998 年。

37. 關中,《國共談判(1937～1947)》,台北:民主基金會,1992 年。

(二)博碩士論文

1. 李文志,《美援來華(1946～1948)之政治經濟研究——歷史結構的觀點》,台北:台灣大學政治學研究所碩士論文,1989 年。

2. 林秀美,《魏德邁與中國》,台北:淡江大學美國研究所碩士論文,1988 年。

3. 莊榮輝,《美國學者對中美關係發展(1949～1958)的看法》,台北:中國文化大學歷史學研究所博士論文,2000 年。

4. 陳俊宏,《美國對華經濟援助之研究(1937～1948)》,台中:東海大學政治學研究所碩士論文,1995 年。

5. 黃春森,《魏德邁與中國(1944～1947)》,台北:文化大學中美關係研究所碩士論文,1989 年。

6. 葉偉濬,《戰後美國軍經援華之研究(1946～1949)》,台北:中國文化大學中美關係研究所碩士論文,1981 年。

(三)期　刊

1. 王成勉,〈馬歇爾與中國——國務卿任內之探討〉,台北:《國史館刊》第二十二期,1996 年,頁 205～238。

2. 王成勉，〈馬歇爾使華訓令之檢討〉，台北：《近代中國》雙月刊，第一二〇期，1997 年八月，頁 110～129。

3. 陳驥，〈冷戰新詮釋〉，收錄於國立中興大學歷史學系主編，《第三屆國際史學史論文集》，1991 年，頁 449～483。

4. 趙綺娜，《美國親國民黨國會議員對杜魯門政府中國政策影響之評估》，台北：中研院歐美所，《歐美研究》二十一卷第三期，1991 年，頁 83～129。

貳、英文部份

一、政府出版品、檔案、日記、傳記、回憶錄、選集

（一）政府出版品

1. Department of State, *Foreign Relations of the United States, 1945, Vol. V, The Far East: China*, Washington, D. C.: United States Government Printing Office, 1969.

2. Department of State, *Foreign Relations of the United States, 1946, Vol. IX, The Far East: China*, Washington, D. C.: United States Government Printing Office, 1972.

3. Department of State, *Foreign Relations of the United States, 1946, Vol. X, The Far East: China*, Washington, D. C.: United States Government Printing Office, 1972.

4. Department of State, *Foreign Relations of the United States, 1947, Vol. VII, The Far East: China*, Washington, D. C.: United States Government Printing Office, 1972.

5. Department of State, *Foreign Relations of the United States, 1948, Vol. VII, The Far East: China*, Washington, D. C.: United States Government Printing Office, 1973.

6. Department of State, *Foreign Relations of the United States, 1948, Vol. VIII, The Far East: China*, Washington, D. C.: United States Government Printing Office, 1973.

7. Department of State, *Foreign Relations of the United States, 1949, Vol. VIII, The Far East: China*, Washington, D. C.: United States Government Printing Office, 1973.

8. Department of State, *Foreign Relations of the United States, 1949, Vol. IX, The Far East: China*, Washington, D. C.: United States Government Printing Office, 1974.

9. Department of State, *Foreign Relations of the United States, 1950, Vol. VI, East Asia and The Pacific*, Washington, D. C.: United States Government Printing Office, 1976.

10. Department of State, *United States Relations With China: With Special*

Reference to the Period 1944~1949, Stanford, California: Stanford University Press, 1967.

11. National Security Council, *Documents of the National Security Council, 1947~1977* (5 reels), Washington, D. C.: University Publications of America, 1980.

12. *Record of the Joint Chiefs of Staff, Meetings of the Joint Chiefs of Staff, Part II, 1946~1953*, Washington, D. C.: University Publications of America, Inc., 1980.

13. *Record of the Joint Chiefs of Staff, Part II, 1946~1953, The Far East*, Washington, D. C.: University Publications of America, Inc., Microfilm, 1979.

14. U. S. Senate Committee on Foreign Relations, *Hearing on the State Department Loyalty Investigation, 81st Congress, 2nd Session*.

（二）傳記、日記、回憶錄、選集

1. Acheson, Dean, *Present At the Creation*, New York: W. W. Norton & Company Inc., 1969.

2. Arnold, Henry H., *Global Mission*, New York: Harper & Brothers, 1949.

3. Bradley, Omar N., *A General's Life*, New York: Simon and Schuster, 1974.

4. Clifford, Clark, *Counsel to the President: a memoir*, New York: Bantam Doubleday Dell Publishing Group, Inc., 1991.

5. Goldwater, Barry, *Goldwater*, New York: Bantam Doubleday Dell Publishing Group, Inc., 1988.

6. Kennan, George F., *Memoirs -- 1925~1950*, Toronto: Bantam Books, 1969.

7. Leahy, William D., *I Was There*, New York: Whittlesey House, 1950.

8. MacArthur, Douglas, *Reminiscences -- General of the Army*, New York: McGraw Hill, 1963.

9. White, Theodore H., *The Stilwell Papers*, New York: William Sloane, 1948.

二、研究著作

（一）書 籍

1. Adams, Henry H., *Witness to Power, The Life of Fleet Admiral William D. Leahy*, Annapolis, Maryland: Naval Institute Press, 1985.

2. Ambrose, Stephen E., *Rise of Globalism*, New York: Penguin Group, 1993.

3. Bohlen, Charles E., *Witness to History, 1929~1969*, New York: W. W. Norton & Company Inc., 1973.

4. Borg, Dorothy & Heinrichs, Waldo, *Uncertain Years: Chinese-American Relations*, New York: Columbia University Press, 1980.

5. Borklund, C. W., *The Department of Defense*, New York: Frederick A. Rraeger Inc., 1968.

6. Brinkley, Douglas, *Dean Acheson and the Making of U. S. Foreign Policy*, New York: St. Martin's Press Inc., 1993.

7. Buhite, Russell D., *Soviet-American Relations in Asia, 1945~1954*, Norman: University of Oklahoma Press, 1981.

8. Chang, Gordon H., *Friends and Enemies -- The United States, China, and the Soviet Union, 1948~1972*, Stanford, California: Stanford University Press, 1990.

9. Christensen, Tomas J., *Useful Adversaries: Grand Strategy, Domestic Mobilization, and Sino-American Conflict, 1947~1950*, Princeton: Princeton University Press, 1991.

10. Cohen, Warren I., *America's Response to China*, New York: Columbia University Press, 1990.

11. Cohen, Warren I., *Pacific Passage -- The Study of American-East Asian Relations on the Eve of the Twenty-first Century*, New York: Columbia University Press, 1996.

12. Cole, Ronald H., Jaffe, Lorna S., Poole, Walter S., Webb, Willard J., *The Chairmanship of the Joint Chiefs of Staff*, Washington, D. C.: Joint History Office, Office of the Chairman of the Joint Chiefs of Staff, 1995.

13. Condit, Kenneth W., *The History of the Joint Chiefs of Staff, The Joint Chiefs of Staff and National Policy, Vol. II, 1947~1949*, Wilmington, Delaware: Michael Glazier, Inc., 1976.

14. Cray, Ed, *General of the Army: George C. Marshall -- Soldier and Statesman*, New York: W. W. Norton Company Inc., 1990.

15. Curry, Roy W., *Woodrow Wilson and Far Eastern Policy, 1913~1921*, New York: Bookman Associates, 1957.

16. Daniels, Jonathan, *The Man of Independence*, Philadelphia: Lippincott, 1950.

17. Deconde, Alexender, *Encyclopedia of American Foreign Policy*, New York: Charles Scribner's, Sons, 1978.

18. Esherick Joseph W. (ed.), *Lost Chance in China: The World War II Dispatches of John S. Service*, New York: Random House, 1974.

19. Feis, Herbert, *The China Tangle: The American Effort in China from Pearl Harbor to the Marshall Mission*, New Jersey: Princeton University Press, 1953.

20. Finkelstein, David M., *Washington's Taiwan Dilemma, 1949~1950 -- From Abandonment to Salvation*, Fairfax, VA: George Mason University Prerss, 1993.

21. Freeland, Richard M., *The Truman Doctrine and the Origins of McCarthyism*, New York: Alfred A. Knopf, Inc, 1972.

22. Gaddis, John L., *The United States and the Origins of the Cold War*, New York: Columbia University Press, 1972.

23. Gaddis, John L., *We Now Know -- Rethinking Cold War History*, New York: Oxford, 1997.

24. Gallicchio, Marc S., *The Cold War Begins in Asia*, New York: Columbia University Press, 1988.

25. Gati, Charles, *Caging the Bear -- Containment and the Cold War*, New York: Bobbs-Merrill Company, Inc., 1974.

26. Grasso, June M., *Truman's Two-China Policy*, New York: M. E. Sharpe, Inc., 1987.

27. Griswold, A. Whitney, *The Far Eastern Policy of the United States*, New York: Harcourt, Brace and Co., 1938.

28. Harding, Harry and Yuan Ming, *Sino-American Relations, 1945~1955 -- A Joint Reassessment of a Critical Decade*, Wilmington, Delaware: Scholarly Resources Inc., 1989.

29. Hayes, Grace Person, *The History of the Joint Chiefs of Staff in World War II: The War Against Japan*, Annapolis, Maryland: Naval Institute Press, 1982.

30. Head, William P., *America's China Sojourn -- America's Foreign Policy and Its Effects on Sino-American Relations, 1942~1948*, Lanham, Maryland: University Press of America, Inc., 1983.

31. Hechler, Ken, *Working with Truman: A Personal Memoir of the White House Years, 1941~1946*, New York: G. P. Putnam's Sons, 1982.

32. Huntington, Samuel P., *The Soldier and the State -- The Theory and Politics of Civil-Military Relations*, Cambridge, Massachusetts: Harvard University Press, 1985.

33. Jason, Kathrine & Posner, Holly, *Explorations in American Culture*, Boston: Heinle & Heinle Publishers, 1994.

34. Kerr, George H., *Formosa Betrayed*, Boston: Houghton Mifflin, 1965.

35. Kissinger, Henry, *Diplomacy*, New York: Simon & Schuster Inc., 1994.

36. Koen, Ross Y., *The China Lobby in American Politics*, New York: Octagon Books, 1974.

37. Korb, Lawarnce J., *The Joint Chiefs of Staff -- The First Twenty-five Years*, Bloomington: Indiana University Press, 1976.

38. Krock, Arthur, *Memoirs*, New York: Funk & Wagnalls, 1968.

39. Kubek, Anthony, *How the Far East Was Lost: American Policy and the Creation of Communist China*, New York: Twin Circle Publising C., Inc., 1972.

40. Iriye, Akira, *The Cold War in Asia: A Historical Introduction*, Englewood Cliffs, N. J.: Prentice-Hall Inc., 1974.

41. LaFeber, Walter, *America, Russia, and the Cold War*, New York: Newbery Award Records, Inc., 1985.

42. LaFeber, Walter, *American Age*, New York: W. W. Norton & Company Inc.,

1989.

43. Lauren, Paul G., *The China Hands' Legacy: Ethics and Diplomacy*, Boulder, Colorado: Westview Press, 1987.

44. Lederman, Gordon N., *Reorganizing the Joint Chiefs of Staff -- The Goldwater-Nichols Act of 1986*, Westport, Connecticut: Greenwood Publishing Group Inc., 1999.

45. Levine, Steven I., *Anvil of Victory: The Communist Revolution in Manchuria, 1945~1948*, New York: Columbia University Press, 1987.

46. Liddell, Hart B. H., *Strategy*, New York: Praeger, 1967.

47. Liu, Xian Yuan, *A Partnership for Disorder -- China, the United States, and their Polices for the Postwar Disposition of the Japanese Empire*, New York: Cambridge University Press, 1996.

48. May, Ernest R., *The Truman Administration and China, 1945~1949*, New York: J. B. Lippincott Company, 1975.

49. Mayers, David, *George Kennan and the Dilemmas of American Foreign Policy*, New York: Oxford University Press, 1988.

50. McCarthy, Joseph R., *America's Retreat From Victory: The Story of George C. Marshall*, New York: The Devin-Adair Co., 1951.

51. McCullough, David, *Truman*, New York: Simon & Schuster, 1992.

52. McGlothien, Ronald L., *Controlling The Waves -- Dean Acheson and U. S. Foreign Policy in Asia*, New York: W. W. Norton & Company, 1993.

53. Meyer, Edward C., Trainor, Bernard E., Millett, Aallan R., Owens, Mackubin T., Murray, Robert, *The Reorganizations of the Joint Chiefs of Staff: A Critical Analysis*, Washington D. C.: Pergamon-Brassey's International Defense Publisher, Inc., 1986.

54. Mills, Walter, *The Forrestal Diaries*, New York: Vinking Press, 1951.

55. Pepper, Suzanne, *Civil War in China: The Political Struggle, 1945~1949*, Berkeley: University of California Press, 1978.

56. Pogue, Forrest C., *George C. Marshall, Statesman*, New York: Viking Press, 1987.

57. Price, Harry B., *The Marshall Play and its Meaning*, Ithaca: Cornell University Press, 1955.

58. Reed, James, *The Missionary Mind and American East Asia Policy, 1911~1925* Cambridge, Massachusetts: Harvard University Press, 1983.

59. Roseboom, Eugene H., *A Short History of President Elections*, New York: The Macmillan Co., 1967.

60. Schaller, Michael, *The U. S. Crusade in China, 1938~1945*, New York: Columbia University Press, 1979.

61. Schaller, Michael, *The American Occupation of Japan: the Origins of the Cold War in Asia*, New York: Oxford University Press, 1985.

62. Schaller, Michael, *Douglas MacArthur -- The Far Eastern General*, New York: Oxford University Press, 1989.

63. Schilling, Warner R., *Strategy, Politics, and Defense Budgets*, New York: Columbia University Press, 1962.

64. Schnabel, James F. and Watson Robert J., *The History of the Joint Chiefs of Staff -- The Joint Chiefs of Staff and National Policy, Vol. III, The Korean War*, Wilmington, Delaware: Michael Glazier, Inc., 1978.

65. Schnabel, James F., *The History of the Joint Chiefs of Staff, The Joint Chiefs of Staff and National Policy, Vol. I, 1945~1947*, Wilmington, Delaware: Michael Glazier, Inc., 1979.

66. Shaw Yu-ming, *Reform and Revolution in Twentieth Century China*, Taipei: Institute of International Relations Nation Chengchi University, 1987.

67. Smith, R. Harrison, *OSS -- The Secret History of America's First Central Intelligence Agency*, New York, Dell Publishing Co. Inc, 1973.

68. Stoler, Mark A., *Allies and Adversaries: the Joint Chiefs of Staff, the Grand Alliance, and U. S. strategy in World War II*, Chapel Hill: University of North Carolina Press, 2000.

69. Stueck, William W., Jr., *The Road to Confrontation -- American Policy toward China and Korea, 1947~1950*, Chapel Hill: The University North Carolina Press, 1981.

70. Sulzberger, Arthur O., *The Joint Chiefs of Staff*, Washington D. C.: Marine Corps Institute, 1954.

71. Tsou, Tang, *America's Failure in China, 1941~1950*, Chicago: University of Chicago Press, 1963.

72. Tuchman, Barbara W., *Stilwell and the America Experience in China*, New York: Macmillan, 1970.

73. Tucker, Nancy B., *Patterns in the Dust*, New York: Columbia University Press, 1983.

74. Waldron, Arthur, *How the Peace Was Lost -- The 1935 Memorandum: Developments Affecting American Policy in the Far East*, Stanford, California: Hoover Institution Press, 1992.

75. Westad, Odd Arne, *Cold War and Revolution -- Soviet-American Rivalry the Origins of the Chinese Civil War, 1944~1946*, New York: Columbia University Press, 1993.

76. Yoshpe, Harry B. & Falk, Stanley L., *Organization For National Security*, Washington, D. C.: Industrial College Of The Armed Force, 1963.

77. Yu, Mao Chun, *OSS in China -- Prelude to Cold War*, New Haven: Yale University Press, 1996.

78. Zegart, Amy B., *Flawed by Design: The Evolution of the CIA, JCS, and NSC*, Stanford, California: Stanford University Press, 1999.

79. Zhang, Shu Guang, *Deterrence and Strategic Culture -- Chinese-American Confrontations, 1949~1958*, New York: Cornell University Press, 1992.

（二）博碩士論文

1. Anderson, Helen E. F., *Through Chinese Eyes: American China Policy, 1945~1947*, Charlottesville, Virginia: University of Virginia, Ph. D. dissertation, 1980.

2. Baron, Michael L., *Tug of War: The Battle Over American Policy Toward China, 1946~1949*, New York: Columbia University, Ph. D. dissertation, 1980.

3. Binkley, John C., *The Role of the Joint Chiefs of Staff in National Security Policy Making; Professionalism and Self-perceptions, 1942~1961*, Chicago: Loyola University of Chicago, Ph. D. dissertation, 1985.

4. Brower, Charles F., *The Joint Chiefs of Staff and National Policy: American Strategy and the War with Japan, 1943~1945*, Philadelphia: University Pennsylvania, Ph. D. dissertation, 1987.

5. Collester, Janet S., *J. V. A. MacMurray, American Minister to China, 1925~1929: The Failure of Mission*, Indianapois, Indiana: Indiana University, Ph. D. dissertation, 1977.

6. Foltos, Lester J., *The Bulwark of Freedom: American Security Policy for East Asia, 1945~1950*, Sprignfield, Illinois: University of Illinois at Urbana-Champaign, Ph. D. dissertation, 1980.

7. Hall, Gwendolyn M., *Managing Interservice Competition: The Relation between the Secretary of Defense and the Joint Chiefs of Staff*, Annapolis, Maryland: University of Maryland College Park, Ph. D. dissertation, 1992.

8. Heer, Paul James, *George F. Kennan and U. S. Foreign Policy in East Asia*, Washington D. C.: The George Washington University, Ph. D. dissertation, 1995.

9. Houchins, Lee S., *American Naval Involvement in the Chinese Civil War, 1945~1949*, Ann Arbor, Michigan: A Xerox Company, Microfilms, Ph. D. dissertation, 1971.

10. Marolda, Edward J., *The U. S. Navy and Chinese Civil War, 1945~1952*, Washington, D. C.: The George Washington University, Ph. D. dissertation, 1990.

11. McClain, Linda, *The Role of Admiral William D. Leahy in U. S. Foreign Policy*, Charlottesville, Virginia: University of Virginia, Ph. D. dissertation, 1984.

12. Mandel, Richard, *The Struggle for East Asia's Rimlands: Franklin D. Roosevelt, The Joint Chiefs of Staff, and U. S. Far East Policy, 1921~1945*, New York: Cornell University, Ph. D. dissertation, 1990.

13. Manser, Richard L., *Roosevelt and China: Form Cairo to Yalta*, Philadelphia: Temple University, Ph. D. dissertation, 1987.

14. Miles, Paul L. Jr., *American Strategy in World War II: The Role of William D. Leahy*, Princeton: Princeton University, Ph. D. dissertation, 1999.

15. Ohn, Chang-il, *The Joint Chiefs of Staff and U. S. Policy and Strategy Regarding Korea, 1945~1953*, Kansas City, Kansas: University of Kansas, Ph. D. dissertation, 1983.

16. Wang, Richard Yuping, *The Joint Chiefs of Staff and United States Policy on China, 1945~1949*, Jackson, Mississippi: Mississippi State University, Ph. D. dissertation, 1987.

17. Karmen Lynelle Pfeiffer（方可文），*United States Foreign Policy Toward China, American Perspectives, 1949~1950*（《美國對華政策的轉變（1949～1950)》），高雄：中山大學大陸研究所碩士論文，1996 年。

（三）期　刊

1. Sun, Tung-hsun, "Some Trends in Interpretations of Sino-American Relations of the Late 1940's by American Historians", Taipei: *Sino-American Relations*, 24:4, 1998, pp. 15~49.